リスク社会を生きる若者たち

高校生の意識調査から

友枝 敏雄 編

大阪大学出版会

目　次

序　章　21世紀の日本社会と第3回高校生調査 ……… 友枝敏雄　1

1．21世紀の世界と日本社会　1
2．第3回高校生調査の概要　3
3．本書の構成　8

第1章　規範に同調する高校生
　　　　　　　　　　　　　　　　　　　　………… 平野孝典　13
　　　―逸脱への憧れと校則意識の分析から―

1．若者の規範意識をめぐる2つの見解　13
2．高校生の規範意識に関する研究の整理　14
3．逸脱への憧れと校則意識の趨勢　17
4．学校タイプと逸脱への憧れ・校則意識　22
5．規範への同調性の高まり――その背景の解明に向けて　28

第2章　日常生活場面における規範意識 …………… 杉村健太　33

1．はじめに　33
2．「常識」としての若者のモラル崩壊　33
3．日常生活場面における規範意識の趨勢　36
4．日常生活場面における規範意識の規定要因　43
5．現代高校生の実態とこれから　51

第3章　若者的コミュニケーションの現在
　　　　　―高校生の友人関係志向に見る―
　　　　　　　　　　　　………………… 小藪明生・山田真茂留　57

1．横溢する関係性　57
2．現代高校生の友人志向　60
3．若者の多様性　72

第4章　物の豊かさを求める高校生
　　　　　　　　　　　　　　　　………　多田隈翔一　77
　　　　　―「失われた20年」における価値観の変化―

1．現代社会と価値観の変化　77
2．価値観の3時点比較　81
3．高校生の価値観は分化しているか　83
4．価値観の分化の検討　85
5．なぜ高校生は物の豊かさを求めるのか　91

第5章　保守化の趨勢と政治的態度　………………　友枝敏雄　102

1．はじめに　102
2．社会観の趨勢　103
3．政治的態度　108
4．新たな変数を加えての政治的態度の分析　118
5．保守化の趨勢が意味するもの　122

第6章　性別役割分業意識の変容 ……………………… 森　康司　127
　　　—雇用不安がもたらす影響—

1. 性別役割分業とは　127
2. 性別役割分業意識はどう変わったのか　128
3. 女性のライフコースイメージの変容　132
4. 性別役割分業意識の規定要因　137
5. 男女共同参画社会に向けて　142

第7章　高校生の非正規雇用リスク認知 …… 平松誠・久保田裕之　147

1. 非正規雇用の増大　147
2. 客観的リスクと主観的リスク認知　149
3. 非正規雇用リスク認知　152
4. 非正規雇用リスク認知はどのように形成されるのか　159

第8章　東日本大震災と原発事故以降のリスク意識 … 阪口祐介　166

1. リスクをめぐる社会的亀裂の浮上　166
2. いかなる人々が原発リスクを認知し、脱原発へと向かうのか　167
3. 高校生における震災・原発リスク意識　170
4. リスクをめぐる意見の相違を生み出すもの　180

第9章　震災後の高校生を脱原発へと向かわせるもの
　　　　　―自由回答データの計量テキスト分析から―
　　　　　　　　　　　　　　　　……………阪口祐介・樋口耕一　186

1．問題意識　186
2．質問項目と得られたデータの概要　189
3．性別と脱原発賛否による回答内容の違い　192
4．理系とその他のクラスにおける回答内容の違い　196
5．ジェンダーや進路によるリスク評価の差はなぜ生じるのか　199

（コラム）調査票調査を深く理解するための基礎知識 ……………… 205
　　　　　―調査票の作成からデータの統計分析へ―

1．調査票の作成の仕方（友枝敏雄）　206
2．平均値の差の検定、一元配置の分散分析（樋口耕一）　208
3．クロス集計表の分析（阪口祐介）　211
4．因子分析（阪口祐介）　215
5．重回帰分析（樋口耕一）　218

あとがき（友枝敏雄）………………………………………………… 222

［付録］2013年高校生調査・調査票　………………………… 225
　　　福岡県・大阪府・東京都　基礎集計

索引　237
執筆者紹介　243

序章
21世紀の日本社会と第3回高校生調査

友枝敏雄

1．21世紀の世界と日本社会

　不安と緊張の時代　2001年9月11日にアメリカで発生した世界同時多発テロは、これからはじまる新しい世紀が不安の時代であることを予兆させるものであった。その後の国際情勢では、民族対立・宗教対立による紛争が頻発するようになった。21世紀になってまだ10有余年しかたっていないが、これまでの10有余年の歴史をふまえると、21世紀は不安と緊張の時代として位置づけることができるであろう。

　不透明さとリスク社会　ひるがえって日本社会に目を向けるならば、バブル経済崩壊以後の「失われた10年」を経て、小泉内閣時代（2001～2006年）に、経済は若干の立ち直りを見せたが、2008年9月のリーマンショック以降、再び不況に陥っている。2009年9月の民主党政権（正確には民主党・社民党・国民新党の連立政権）の成立は、多くの人々に日本社会再生への期待を抱かせたが、それも束の間の儚い夢に終わってしまう。折しも2011年3月に東日本大震災が発生し、すでに閉塞状況にあった日本社会のあり方が根底から問われるようになった。
　中国経済の躍進によって、19世紀から20世紀にかけて近代化を成し遂げた（ロストウのいう「離陸」を終えた）先進諸国は、おしなべて経済不況を経験している。もちろん短期間におけるアメリカの景気回復や、2012年に誕生した安倍内閣による「アベノミクス」が企業の業績を好転させていることな

どはあるが、この好況感が生活者のレベルまで反映しているとはいいがたい。

　このような社会情勢をふまえると、21世紀の日本社会は、将来展望のまったくできない不透明なリスク社会になっているといえる。ここでいうリスクとは、盛山和夫（2013：10）にならえば、「不確実な未来の災厄」に関わっている概念である。リスク社会とは、いうまでもなく「社会的リスク」が問題になっている社会であり、「人びとが未来に起こるかもしれない不確実な社会的災厄を問題にし合い、語り議論し合っている社会」である（盛山 2013：24）。

　社会的リスクとして、日本人の多くが思いつくのが、災害（震災、集中豪雨による土砂崩れ、火山噴火による災害）に伴うリスク、犯罪に伴うリスク、雇用不安が生み出すリスク、将来社会保障が受けられないかもしれないリスクなどであろう。

　第二次大戦後の焼け跡から、「奇跡」ともいわれる経済成長を経験した日本人にとって、21世紀の日本社会がリスク社会であることは耐えがたいものであろうし、この閉塞状況からいかにして脱出するかに苦悩しているというのが、現在の私たちの状況についての的確な描写ではなかろうか。

　「将来展望のまったくできない不透明なリスク社会」と表現される21世紀の日本社会を、高校生の意識という一断面から、計量分析によって正確に捉えようとしてきたのが、我々の3回にわたる高校生調査である。すでに言い古された感もあるが、若者は次代を担う人々であるから、若者の意識と行動の分析をとおして、将来社会を構想する際の一助としようとするのは、社会学の王道である。

　本書は、これまで3回にわたって実施してきた高校生調査の分析結果をまとめたものであるが、序章では3時点高校生調査の概要を紹介するとともに、本書の構成を記しておく。

2．第3回高校生調査の概要

　21世紀に入ってから、我々の研究チームは高校生の意識調査の分析を過去2回、実施してきた。2001年に第1回調査を実施し、2007年に第2回調査を実施した。そして第3回調査を2013年に実施した。そこでまず第1回調査と第2回調査を紹介した上で、第3回調査の概要を紹介しておく。

（1）2001年調査（第1回調査）

　2001年9月～10月に、福岡県内の高校（公立高校7校、私立高校2校）の2年生に、自記式の意識調査「高校生の生活と価値観に関する調査」を実施した。その分析結果は、2003年に九州大学出版会から刊行された友枝敏雄・鈴木譲編『現代高校生の規範意識―規範の崩壊か、それとも変容か―』（友枝・鈴木編 2003）にまとめられている。福岡県という日本全国47都道府県のなかの1つの県で行った調査にもかかわらず、この本には、規範意識を中心とする現代青年の意識が浮き彫りにされているという好意的な評価を得てきた。

（2）2007年調査（第2回調査）

　2001年調査の継続調査というべきものを、2007年9月～10月に、福岡県（公立高校5校、私立高校2校）と大阪府（公立高校7校、私立高校2校）で実施し、高校2年生、3,658名分のデータを収集した。調査方法は2001年同様、自記式である。2007年調査の目的は、2001年から2007年へと至る6年間に高校生の意識はどの程度変化したのか、それとも変化しなかったのかを明らかにすることであった。と同時に、2007年調査では大阪でも実施し、福岡と大阪という地域の違いを明らかにすることも試みた。この分析結果は、2007年に世界思想社から刊行された友枝敏雄編『現代の高校生は何を考えているか』（友枝編 2009）にまとめられているが、保守化の趨勢のなかで、高校生の職業観、ジェンダー観、社会観が変容していることが明らかにされて

いるし、総じて福岡と大阪という地域の違いが高校生の意識にはあまりみられないことを指摘した。

（3）2013年調査（第3回調査）

　2007年から6年経った2013年9月～10月に、第3回高校生調査を実施した。第3回調査は、第1回調査および第2回調査の継続という側面があることは事実だが、第3回調査を設計する際に、つぎの2点を新機軸として取り入れた。第1に、福岡、大阪のみならず東京で実施することによって、より日本社会の縮図となるようなデータの収集につとめたことである。第2に、2011年3月11日発生した東日本大震災をふまえて、高校生がそもそもリスクというものをどのように考えているのかについて質問するとともに、東日本大震災と原発についての意識を尋ねたことである。これらの質問をとおして、科学技術と社会のあり方について考える際のヒントを得ることをめざした。

　第3回調査は、福岡県では、第1回調査および第2回調査と同じ7校（公立高校5校、私立高校2校）で実施した。大阪府では、9校（公立高校7校、私立高校2校）で実施したが、公立高校1校を除いた残り8校は第2回調査と同一の高校である。東京都では、10校（国公立高校6校、私立高校4校）で実施した。

　表序-1には、『平成24年度学校基本調査報告書』から計算した全国、福岡、大阪、東京の普通科・職業科の生徒の割合が示されており、表序-2には、2013年度調査における普通科・職業科の生徒の割合が示されている。

　表序-1と表序-2を比べてみると、福岡県では回収数が、実際の福岡県の普通科・職業科の生徒の割合よりも普通科の生徒が3ポイント強、大きく、大阪では回収数が、実際の大阪府の普通科・職業科の生徒の割合とほぼ同じである、東京では回収数が、実際の東京都の普通科・職業科の生徒の割合よりも職業科の生徒が15ポイント強、大きくなっている。福岡、大阪、東京3都府県での回収数の合計においても、実際の3都府県の普通科・職業科の割合よりも、職業科の生徒が5ポイント強高くなっている。

表序-1　普通科・職業科の生徒（高校2年生）の数

	普通科		職業科		合計	
	生徒数	（%）	生徒数	（%）	生徒数	（%）
全国	856,393	(77.4)	250,018	(22.6)	1,106,411	(100.0)
福岡県	33,720	(75.9)	10,732	(24.1)	44,452	(100.0)
大阪府	66,480	(83.6)	13,054	(16.4)	79,534	(100.0)
東京都	90,974	(89.0)	11,266	(11.0)	102,240	(100.0)
合　計	191,174	(84.5)	35,052	(15.5)	226,226	(100.0)

（出典）文部科学省、2012、『平成24年度学校基本調査報告書』の高校1年生に関するデータ（本科／全日制のみのデータ）より計算。総合学科は普通科に含めた。

表序-2　2013年調査における普通科・職業科の生徒の数

	普通科		職業科		合計	
	生徒数	（%）	生徒数	（%）	生徒数	（%）
福岡県	1,463	(79.2)	384	(20.8)	1,847	(100.0)
大阪府	1,975	(83.8)	383	(16.2)	2,358	(100.0)
東京都	1,389	(73.6)	498	(26.4)	1,887	(100.0)
合　計	4,827	(79.2)	1,265	(20.8)	6,092	(100.0)

（4）調査方法・調査期間・質問項目

① 調査方法

　自記式・集合調査法

② 調査期間

　2013年9月〜10月

③ 質問項目
    問1：属性（性別、クラス）
    問2：将来の進路
    問3：友人の数、親友の数、異性の友人の数
    問4：友だちづきあい
    問5：友だちの定義
    問6：対教師態度
    問7：校則評価
    問8：勉強について
    問9：アウトローへの憧憬
    問10：将来希望する職業
    問11：生活の重要度
    問12：職業観
    問13：満足度
    問14：結婚後のライフコース
    問15：ジェンダー観（性別役割分業意識ほか）
    問16：日常生活場面における規範意識
    問17：東日本大震災についての自由記述
    問18：ブランド品・おしゃれへの関心
    問19：同調行動
    問20：社会観
    問21：リスク認知
    問22：政治的有効性感覚、権威主義
    問23：きょうだい構成
    問24：所有財
    問25：蔵書数
    問26：友人関係、震災の影響
    問27：成績、部活動

（5） データの種類

データとしては、つぎの3種類がある。

①福岡3時点統合データ　　　　　4,976名分
　　2001年福岡調査　　1,576名分
　　2007年福岡調査　　1,702名分
　　2013年福岡調査　　1,698名分

②福岡・大阪2時点統合データ　　7,402名分
　　2007年福岡調査　　1,702名分　　　2007年大阪調査　1,774名分[1]
　　2013年福岡調査　　1,698名分　　　2013年大阪調査　2,228名分

③2013年福岡・大阪・東京データ
　　福岡調査　　1,847名分
　　大阪調査　　2,358名分
　　東京調査　　1,887名分

　②福岡・大阪2時点統合データにおける、福岡調査、大阪調査の生徒数と、③2013年福岡・大阪・東京データにおける福岡調査、大阪調査の生徒数が異なっている。これは、②福岡・大阪2時点統合データでは、2007年調査と同じ高校もしくは学科にそろえたことによるものである。

（6）学校タイプ

　2001年調査と2007年調査で用いた学校タイプという変数を、2013年調査でも用いている。高校生調査の分析において中心的な変数なので、ここで説明しておく。
　学校タイプとは、①高等教育進学率が90％以上で、いわゆる難関大学への進学者数がその都府県で上位に入る普通科の高校もしくはクラスを「普通科A」、②①以外の普通科の高校もしくはクラスを「普通科B」、③専門教育学

科の高校もしくはクラスを「職業科」という3つに分類したものである。なお本調査（第1回調査、第2回調査、第3回調査すべて）では、総合学科のクラスを職業科ではなく、普通科に分類している。

3．本書の構成

本書の目的と3時点高校生調査の概要を述べたので、以下では本書の各章の内容を簡単に紹介しておこう。

第1章では、高校生の規範意識を、逸脱への憧れ（社会のルール一般への同調性）と校則意識（学校のルールへの同調性）という2つの指標を用いて検討している。その結果、以下の2点が明らかになった。第1に、高校生の規範意識は悪化しておらず、むしろ規範への同調性が高まっていることがわかった。2001年から2013年にかけて、逸脱への憧れは大幅に低下し、同時に校則を守るべきだという意識は大幅に増加していた。第2に、2013年では、学校タイプ間で規範への同調性に差がなくなっていた。この12年間で普通科B・職業科の逸脱への憧れが大幅に低下し、同時に校則を守るべきだという意識は顕著に増加した。その結果、2013年には普通科Aとの差が消失したのである。これら2つの知見のうち、とりわけ第1の知見は、高校生の規範意識が悪化しているという世間一般で言われている見解を反証するものとなっている。

第2章では、高校生の日常生活場面における規範意識の実態を明らかにするために、以下の2つの分析を行っている。第1に、福岡3時点統合データを用いて日常生活場面における規範意識の趨勢を検討した。その結果、規範への同調性が高まっていることが明らかになった。第2に、2013年福岡・大阪・東京データを用いて、日常生活場面における規範意識の規定要因を解明した。規範意識の因子分析によって、「公共の場における規範意識」と「人間関係における規範意識」という2つの因子が抽出された。この2つの因子を従属変数にして重回帰分析を行い、規範への同調性に大きな影響を与えているのが、友人満足度や教師・校則満足度、学校外相対充実といった学校適

応・満足度であることを明らかにしている。第2章でも、第1章同様、規範への同調性の高まりが発見されたことは注目される。また規範への同調性に影響を与えている要因を考察していることは興味深い。

　第3章では、情報化の進展によって数多くの関係性を多様な形で張り巡らせている近年の高校生において、それらの関係性は、浅薄なものに留まっているのであろうか、あるいは関係性に引きずられるあまり社会性を減じ、規範意識を薄めがちになっているのであろうかという問題意識のもとに分析を行っている。その結果、今日の高校生たちは友人関係にかなりの程度満足していること、自らの気持ちや考えを比較的素直に表明していること、深い関係性をそれなりに大事にしていることなどが明らかになっている。そして、関係性の広さは必ずしも深さを阻害するものではなく、また規範意識を毀損するものでもないということも判明している。ただその一方で、彼らの多くが友人関係をあっさりしたものに留めており、また1人の方が落ち着くと回答しているというのも確かだ。若者たちの織り成す関係性は今日、きわめて複雑な様相を呈している。彼らを一枚岩的な存在として捉えるわけにはいかないのであり、その意味で単純な若者批判は十分に若者の実態を捉えているとは言えないのである。

　第4章では、失われた20年という低成長の時代での、高校生の社会経済的地位志向と自己充足志向の趨勢とその分化を検討している。まず3時点の価値観の趨勢として、「高い地位」や「高い収入」への回答が増加しており、高校生が物質的な地位を志向していることが明らかになった。また学校タイプによる価値観の分化については、普通科Aのみが社会経済的地位を志向し、職業科のみが自己充足志向を強く志向するという傾向は見られなかった。それどころか、近年では男性で職業科やマニュアル希望の生徒が社会経済的地位への意欲を強めていた。他方で、職業希望で専門職を希望する生徒は社会経済的地位よりも自己実現を志向していた。以上の結果より、この12年間で高校生は低成長の経済社会状況に対応するように物の豊かさを求めるようになったこと、そして、生徒間の社会経済的地位志向の強さの差異の要因として、学校タイプのみならず、無業や貧困になるかもしれないというリスクの

認識が関係してきていることが示唆されている。

　第5章では、社会観の質問項目を用いて、保守化の進展を分析している。すでに2007年調査で、ある程度判明していた保守化の趨勢が、2013年データを加えることによって、さらに顕著になっていることが明らかになった。また政治的有効性感覚と権威主義の分析によって、高校生の保守意識が政治的有効性感覚と結びつくようになっており、保守意識が単なる現状肯定意識にとどまらないで、政治的色彩を帯びてきていることが発見された。かくて「グローバル化が進行するにもかかわらず、保守化が進行する」という命題ではなくて、「グローバル化が進行するがゆえに、保守化が進行する」という命題が妥当すると指摘している。

　第6章では、12年間における性別役割分業意識の変容を検討する。近年若者の性別役割分業意識の保守化が話題となっているが、2013年調査ではその傾向はみられず、性別役割分業規範の衰退傾向が底を打ったようである。性別役割分業規範に影響を与える要因として、2007年調査で明らかにした消費社会の影響と伝統志向が2013年調査でも確認された。つまり消費文化への同調性が強い生徒は、消費を通して性役割を学習しているのである。また、今後「古き良き日本」といった伝統尊重という名の下に、性別役割分業規範が復活する可能性も示唆される。

　2013年調査で性別役割分業規範に影響する新しい要因として、雇用不安が見出されたことは注目される。正社員になれないリスクを感じている男子生徒は性別役割分業に否定的であるとともに、女子生徒でも性別役割分業に肯定的な層で専業主婦志望が弱まっており、皮肉なことに厳しい雇用環境という経済状況の悪さが性別役割分業に関する意識の変革をもたらすかもしれないと考察している。

　第7章では、高校生の非正規雇用リスク認知はどのようにして形成されるのかを検討している。分析の結果、二つの知見が見出された。第1に、非正規雇用リスク認知は、さまざまな進路選択の中で形成されていくことである。具体的には、どのような高校に進学するのかという中学生の時の選択と高校2年生時の進路希望の影響を受けて、非正規雇用リスク認知が形成されると

いうことが分かった。第2に、非正規雇用リスク認知は、高校生の所属集団内における相対的地位を反映して形成されていくことである。つまり、学業成績が悪く、友人数が少なく、文化系の部活動に所属している高校生は非正規雇用リスクを感じやすいのである。本章は、高校生における非正規雇用リスク認知の形成について興味深い分析を提供している。

　第8章では、震災と原発に対するリスク意識に焦点を当てている。東日本大震災と福島第一原発事故以降、日本社会においても震災や原発に対するリスク不安が高まり、リスクをめぐる政治的議論が日々活発になされている。こうしたなか、どのような要因が現代高校生のリスク意識を高めるのかについて分析している。その結果、学校タイプについては、今後社会の中核となると予想される普通科Ａと理系クラスで原発リスク認知が低く、原発支持が高いこと、そして震災からの影響をあまり受けていないことが示された。ジェンダーについては女子生徒で脱原発への支持が高く、いまだ家族形成をしていない段階で内面化されたケア役割が原発リスク認知や脱原発志向に影響していることがうかがえる。価値観については、格差是正・政治不信・戦争責任への態度が脱原発支持と結びついていることが発見された。高校生のリスク意識は一様ではなく、学校タイプや進路、ジェンダーによって異なっているのである。

　第9章では、東日本大震災と原発事故という未曾有の出来事を目の当たりにして、どのような要因が高校生を脱原発へと向かわせたのかについて、調査に協力してくれた6092名の高校2年生のうち、記入のあった4856名（6092名の79.7％）の自由回答データの計量テキスト分析から明らかにする。第8章では、女子生徒において脱原発志向が高く、理系クラスにおいて原発支持が高いという重要な知見が得られたが、なぜこのようなジェンダー差や進路による差は生じているのだろうか。震災と原発について感じ考えたことを自由に回答してもらった文章（自由回答データ）を分析した結果、女子生徒はより身近な人間関係を想起しながら震災と原発に対する恐怖を感じているのに対して、男子生徒は社会の大きな仕組みについて考えようとする傾向が明らかになった。また、理系クラスではリスクを認識しつつもそれは人間に

とってコントロール可能なものとみなす傾向があった。こうした震災・原発事故への意味づけの違いが原発に対する態度について、ジェンダー差や進路による差を生んでいると考えられる。

[注]
(1) ②福岡・大阪2時点統合データのうちの、2007年調査データの生徒数は、3,476名（1,702名と1,774名との合計）であり、本文中（2）2007年調査（第2回調査）でふれた3,658名にならないのは、2007年では調査を実施したが、2013年には実施しなかった高校の調査票を除いているからである。

[文献]
盛山和夫、2013、『社会学の方法的立場――客観性とは何か』東京大学出版会。
友枝敏雄・鈴木譲編、2003、『現代高校生の規範意識――規範の崩壊か、それとも変容か』九州大学出版会。
友枝敏雄編、2009、『現代の高校生は何を考えているか――意識調査の計量分析をとおして』世界思想社。

第1章
規範に同調する高校生
―逸脱への憧れと校則意識の分析から―

平野孝典

1．若者の規範意識をめぐる2つの見解

　現代日本社会において、高校生を含む若者の規範意識の実態について相反する見解が存在する。第1の見解によれば、若者の規範意識は悪化し、規範から逸脱する傾向を強めている[1]。その帰結として、学級崩壊、いじめ、さらには若者による凶悪犯罪が生じているのである（千石 1991；諏訪 1995；前田 2000）。

　これに対して、第2の見解によれば、若者の規範意識は悪化しておらず、むしろ規範に同調する傾向を強めている。高校生の規範意識に関する実証研究の多くは、高校生は部活や勉強に熱心になったこと、校則や社会のルールへの同調性を高めていることを明らかにしている（轟 2001；高橋 2008；木村 2009；尾嶋ほか 2012）。

　実証研究の知見が正しければ、高校生の規範意識は悪化しておらず、社会的に問題化される必要はない。しかし、実際には若者の道徳性に関する非難は社会的に広く受け入れられ（浅野 2006）、少年法改正などの厳罰化の流れを形成した（浜井 2011）。また、少年少女の規範意識を問題視する認識は、「道徳の教科化」という形で教育政策に影響を与えつつある（道徳教育の充実に関する懇談会 2013）。若者の規範意識のあり方は、いまだ社会的に厳しい視線に晒され続けているのである。このような現状をふまえれば、高校生の規範意識の実態を明らかにすることは、現在進行しつつある制度・政策変更を評価するうえでも一定の視座を提供するものと思われる。

そこで本章では、現代の高校生は規範から逸脱するような意識を持つ傾向を本当に強めているのだろうか、という点について検討していく。具体的には、社会のルールという一般的な規則・規範への意識（逸脱への憧れ）と、校則という高校生が身近に接する規範に関する意識（校則意識）との2つの側面から、高校生の規範意識の実態を明らかにすることを試みる[2]。

2．高校生の規範意識に関する研究の整理

それでは、高校生を含む若者の規範意識はどのように論じられてきたのだろうか。これまでの研究は大きく2つに整理することができる。第1に、規範意識の時系列的変化に注目した研究群である。ここでは、現代の高校生の規範への同調性が、先行する世代よりも高いか低いかという点が問題にされる。これに対し、第2の研究群は学校タイプによる規範意識の分化に注目する。すなわち、進学校（普通科A）と非進学校（普通科B）・職業科のあいだで規範への同調性に差があるのかという点が問題にされる。以下では、2つの研究群を整理し、分析課題を提示する。

規範意識の時系列的変化　まず、若者の規範意識のあり方に疑問を投げかけたのは千石保（1991）である[3]。彼のみるところ、現代日本社会は絶対主義と相対主義、集団主義と個人主義、手段的合理性とコンサマトリー的価値観（即自的な欲求充足を重視する価値観）との葛藤状態にある。このような価値観の対立状況下において、親や教師は子どもたちに道徳や規範といった絶対的な価値観を社会化することが困難となる。道徳や規範を内面化する機会を欠いた若者は、個人個人の即自的関心に従って利己的に振る舞うようになる。その帰結として、学級崩壊や理解不能な凶悪犯罪が生じるのである。

諏訪哲二（1995）は千石の議論を教育問題に適用し、自己中心的であり規範意識を欠いた学生たちによって教室の秩序は崩壊し、学校が危機にさらされていると警鐘を鳴らす。さらに、前田雅英（2000）は、家庭・学校・地域社会が少年たちを統制する力を失ったことによって、規範意識を欠いた少年

たちによる凶悪犯罪が増加していると論じた。

このように、批判論者たちは若者の規範意識の悪化を指摘し、その結果として、いじめ・学級崩壊・凶悪犯罪の増加などの社会問題・社会病理が引き起こされていると主張する。

しかしながら、批判論者たちの見解とは異なり、実証研究の多くは、高校生の規範への同調性が必ずしも低くないということを示唆している。たとえば、少年犯罪の凶悪化論については、犯罪社会学者の多くは否定的見解を有している。すなわち、公式統計の分析からは、少年による殺人や強盗殺人などの凶悪犯罪の増加傾向を読み取ることは難しいことが指摘されているのである（浜井 2011）。

さらに、現代の高校生の校則や社会のルールへの同調性は上昇傾向にあることが報告されている。仙台市内の高校生の規範意識を1999年と2003年の2時点で比較すると、校則に同調的な意識をもつ生徒が増加していることが示されている（高橋 2008）。同様に、2001年と2007年の福岡県内の高校生の規範意識を比較すると、やはり校則への同調性は高くなっており、「社会のルールを守らないこと」（逸脱への憧れ）に関しては否定的意見が増加しているのである（木村 2009）。

以上の知見をふまえるならば、現代の高校生が規範から逸脱的な態度を有しているとはいえず、むしろ規範への同調性は高まっているということがいえるだろう。批判論者たちの見解は経験的妥当性を有しているとはいえないのである[4]。

それでは、この規範への同調性の高まりという趨勢は、最新のデータによっても確認できるだろうか。本章の第1の課題は、福岡3時点統合データを用いて、高校生の規範意識（逸脱への憧れと校則意識）の変化を記述することである。これまでの時系列的研究の多くは2時点のデータを比較したものであり、どちらか一方が特異な時点であった可能性が残されている。これに対して3時点のデータセットであれば、この可能性は低くなると考えられ、趨勢に関してより確固たる知見を得ることができると思われる。

学校タイプによる規範意識の分化　このように、近年の高校生の規範意識に関する研究は、規範意識の時系列的変化に大きな関心を寄せている。しかしながら、伝統的には高校生の規範意識研究は、学校タイプによる規範意識の分化に大いに注意を払っていた。

　その背景には高校間の序列構造・格差が、非進学校・職業科の生徒に悪影響を与えているのではないかという批判意識があった（岩木・耳塚 1983；耳塚 1980；大多和 2000）。戦後日本社会における高校制度は「輪切り選抜」とも呼ばれた、普通科－職業科、普通科においても進学校－非進学校という学力に基づく厳格で可視的な序列構造に特徴がある。それと同時に、生徒たちは教育達成に基づく地位上昇への強いアスピレーションを有していると想定されてきた。したがって、非進学校あるいは職業科へと振り分けられた生徒は教育達成・地位上昇という目標達成が困難な状況に直面し、欲求不満を抱える。このような欲求不満が規範からの逸脱を生みだすと理論的に想定されていたのである。この理論的立場は、地位欲求不満説と呼ばれる[5]。

　高校生の規範意識に関する調査研究の多くは、この予想を支持している。進学校は規範に同調的である一方で、非進学校・職業科は規範から逸脱した非行文化に同調的であることが明らかにされているのである。

　たとえば、1979年に東北・北陸地方の高校生を調査した渡部真（1982）は、大学進学率の低い高校では、「ゲームセンター・パチンコに興味関心がある」「パーマ・リーゼントに興味関心がある」「喫煙に関心がある」などのいわゆる非行文化が支配的であると報告している。大多和直樹（2000）は渡部（1982）の用いた調査の継続調査データを分析し、97年においても大学進学率の低い高校ほど非行文化への関心が強いという基本的構造は確認できたと報告している。また、鈴木譲（2003）は2001年福岡調査の分析から、校則への同調性は普通科Aの生徒ほど高いことを明らかにしている[6]。

　しかし、学校タイプと規範意識・逸脱行動の関係性は変容しつつあるという知見も報告されている。兵庫県南東部の高校を対象とした3時点（1981年・1997年・2011年）の時系列的研究によれば、1981年と比較すると1997年・2011年では、学校タイプと逸脱行動（重大な校則違反）との関連は弱ま

る傾向が確認できたという（尾嶋ほか 2012）。この報告は、非進学校・職業科の生徒は進学校の生徒よりも規範から逸脱的という伝統的な関係性が弱まりつつある、もしくは変容しつつあることを示唆しているように思われる。

そこで、本章の第2の課題として、学校タイプと規範意識（逸脱への憧れと校則意識）の関連を時系列的に検討する。進学校は規範に同調的である一方で、非進学校・職業科は逸脱的であるという伝統的なパターンは、最新のデータによっても確認できるのだろうか。

3．逸脱への憧れと校則意識の趨勢

データと変数　まず、第1の課題である、逸脱への憧れと校則意識の3時点比較を行う。使用するのは福岡県の7つの高校について、2001年・2007年・2013年の3時点のデータを収集した福岡3時点統合データである。

使用する変数は、逸脱への憧れと校則意識である。それぞれの質問文は以下のとおりである。

〈逸脱への憧れ〉
- 社会のルールを守らないことをかっこいいと思うことがありますか。（調査票：問9）

〈校則意識〉
- 学校で集団生活をおくる以上、校則を守るのは当然のことだ（調査票：問7a）

逸脱への憧れの回答選択肢は、「1．よくある」「2．たまにある」「3．あまりない」「4．ほとんどない」の4件法（選択肢は4つ）で与えられている。肯定的意見は規範からの逸脱を意味し、否定的意見は規範への同調を意味する。

この変数は「社会のルール」という一般的な規則・規範への意識を尋ねた

ものであり、高校生の規範意識の全体像を探るうえでは適切だと思われる。また、「憧れ」という逸脱行動への情緒的な支持について尋ねた指標でもあり、高校生の意識レベルにおける逸脱行動のある種の威信・ステータスを理解するうえでも重要な指標であるといえる。

校則意識の回答選択肢は、「1.そう思う」「2.どちらかといえばそう思う」「3.どちらかといえばそう思わない」「4.そう思わない」の4件法で与えられている。肯定的意見は規範への同調を意味し、否定的意見が規範からの逸脱を意味する。

なお、校則意識にはさまざまな側面があると考えられるが（鈴木 2003）、本章では、校則への同調性をもっともよく測定していると考えられる「校則を守ることは当然」という校則遵守意識の変化について検討していく。

逸脱への憧れの趨勢——大幅に低下した逸脱への憧れ　それでは、逸脱への憧れはどのように変化したのだろうか。図1-1から全体の変化について検討すると、2001年から2013年にかけて、逸脱への憧れは大幅に低下したことがわかる。肯定的回答（よくある・たまにある）の合計を読み取っていくと、2001年の25.9％から2007年には18.1％に減少し、さらに2013年にはわずか9.7％となっており、12年間で肯定的回答が16.2ポイント減少している。また、より細かくみていくと、「あまりない」よりも「ほとんどない」が大幅に増加している。社会のルールを破ることに関して、高校生は強い否定的意識を有するようになったといえる。

また、男女別にみても同様の傾向が確認できる。男子の肯定的回答の合計を読み取っていくと、2001年の27.9％から2007年は21.9％に減少、さらに2013年は12.6％となっており、12年間で15.3ポイント減少している。女子は男子よりもやや減少幅が大きい。肯定的回答は2001年の23.8％から2007年の14.8％に減少し、2013年はわずか6.9％となっている。12年間で16.9ポイントも減少しているのである。

なお、福岡・大阪2時点統合データを用いて、2007年から2013年にかけての大阪の変化を検討したところ、同様の傾向が確認された。紙幅の都合のた

第1章　規範に同調する高校生

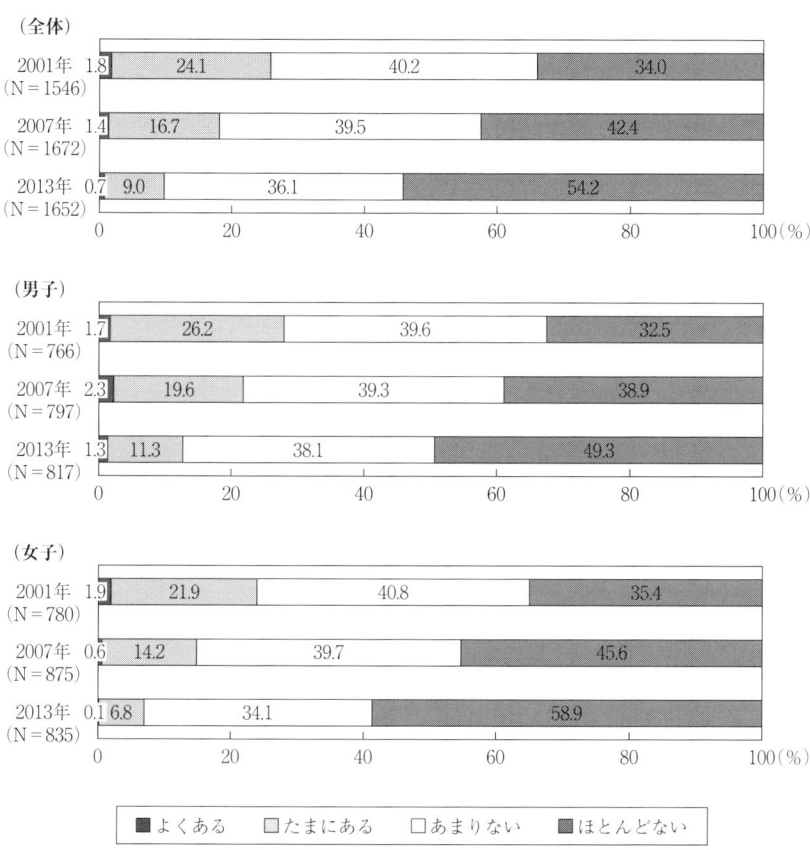

図1-1　逸脱への憧れ（社会のルールを守らないことはかっこいい）の趨勢

め図は割愛するが、肯定的回答の合計は、2007年の18.9％から2013年の10.0％となっており、肯定的回答は8.9ポイント減少している。福岡では、2007年から2013年にかけて肯定的意見が8.4ポイント減少（18.1％→9.7％）しており、福岡と大阪で同程度の変化が確認できたことになる。

　以上のように、逸脱への憧れは大幅に低下している。現代の高校生の大多数は、社会のルールを破ることを「格好が悪いこと」と見なしているのである。2001年から2013年にかけて逸脱行動への威信は大幅に低下したということができる。そしてこの傾向は福岡だけでなく大阪でも確認されており、一

地域の特殊な傾向とはいえないものと思われる。したがって、逸脱への憧れという指標からみた場合、高校生の規範への同調性は上昇しているといえよう。

校則意識の趨勢——校則遵守意識の大幅な上昇　次に、校則意識の分布の変化を検討していく。図1-2をみると、校則を守ることは当然という意識が増加していることがわかるだろう。まず、全体の肯定的回答の合計を読み

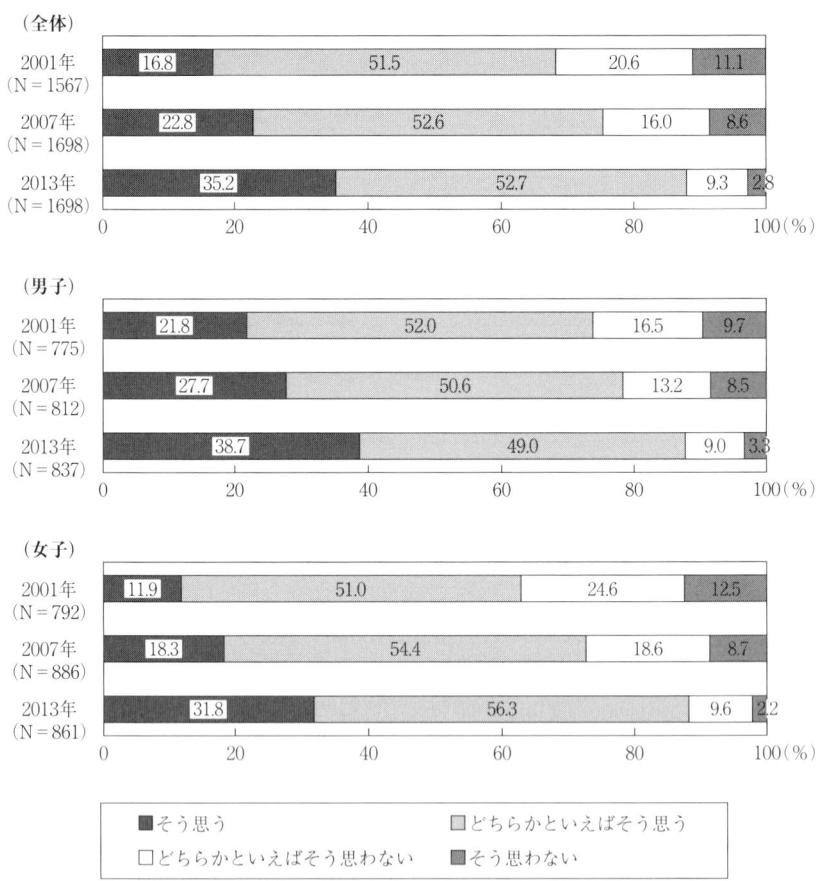

図1-2　校則意識（校則を守ることは当然）の趨勢

取っていくと、2001年の68.3％から2007年の75.4％に増加し、さらに2013年は87.9％となっており、12年間で19.6ポイント増加している。また、より細かくみていくと、「どちらかといえばそう思う」はほぼ一定であるのに対し、「そう思う」は20ポイント近く増加している。2001年から2013年にかけての校則意識の変化は、校則を守ることに対する強い肯定的意見の増加によって特徴づけられる。現代の高校生にとって校則を守ることはきわめて常識的な見解となっているようである。

　また、男女別にみても同様の傾向を確認できる。男子の肯定的回答の合計を読み取っていくと、2001年の73.8％から2007年の78.3％に増加、さらに2013年は87.7％となっており、12年間で13.9ポイント増加している。これに対して、女子は男子より増加幅が大きい。肯定的回答の推移は、2001年の62.9％から2007年の72.7％に増加、さらに2013年は88.1％となっており、実に25.2ポイント増加しているのである。

　なお、福岡・大阪2時点統合データを用いて2007年から2013年にかけての大阪の変化を検討したところ、基本的には同様の傾向が確認されている。紙幅の都合のため図は割愛するが、肯定的回答の合計は、2007年の79.9％から2013年の85.7％となっており、肯定的回答は5.8ポイント増加している。福岡におけるこの間の変化は75.4％から87.9％であり、肯定的回答は12.5ポイント増加している。

　以上のように、校則を守ることは当然という意識は強まっている。ただし、その変化の大きさは地域によって違いがみられた。福岡では大幅な肯定的意見の増加が確認できたが、大阪では相対的に変化が小さかった。このような違いがあるものの、「校則を守ることは当然」という指標をみたとき、高校生は規範への同調性を高めているということができる。

　ここまでに得られた知見を整理する。まず、逸脱への憧れは、2001年から2013年にかけて大幅に低下していた。とりわけ強い否定的意見が大幅に増加していたことから、今日の高校生は社会のルールを破ることにまったく魅力を感じなくなっているといえよう。逸脱行動の威信・魅力はこの12年間で大幅に低下したのである。同様の知見は校則意識からも得られた。校則を守る

ことは当然という意識は大幅に増加しており、特に強い肯定的意見の増加が顕著であった。したがって、これら2つの指標からみた場合、高校生の規範への同調性は上昇しているといえる。

4．学校タイプと逸脱への憧れ・校則意識

それでは、2つ目の課題である、学校タイプと規範意識の関連を確認していく。まずは、福岡3時点統合データを用いて、時点ごとにみた学校タイプと逸脱への憧れ・校則意識の関連を検討する[7]。使用する変数は、逸脱への憧れ・校則意識と学校タイプ（普通科A・普通科B・職業科）である。地位欲求不満説が想定するような、規範意識の序列構造、すなわち、普通科Aは他の学校タイプよりも規範への同調性が高いというパターンは確認できるだろうか。

学校タイプと逸脱への憧れ　図1-3には時点別にみた学校タイプと逸脱への憧れの関連を示した。結果をみてみると、2001年と2007年は肯定的意見の割合が大きい順に職業科＞普通科B＞普通科Aという序列が形成されている。また、χ^2値（カイ二乗値）は有意な値を示しており、学校タイプと逸脱への憧れのあいだには統計的に有意な関連があることがわかる。

しかし、2013年では肯定的意見の割合が大きい順に普通科A＞職業科＞普通科Bとなっており、学校タイプ間の序列構造が変容していることがわかる。2013年においては、普通科Aの生徒の方が社会のルールを破ることに憧れを抱いているのである。さらに、χ^2値は有意ではなく、もはや学校タイプと逸脱への憧れとのあいだには統計的に有意な関連を見出すことができなくなっている。このことは、2013年では学校タイプと逸脱への憧れは無関係であることを意味している。

なぜこのような変化が生じたのだろうか。この点を検討するために、学校タイプごとに逸脱への憧れの変化をまとめたものが表1-1である。なお、結果を把握しやすいように、肯定的意見の割合のみを記載している。表1-

第1章 規範に同調する高校生

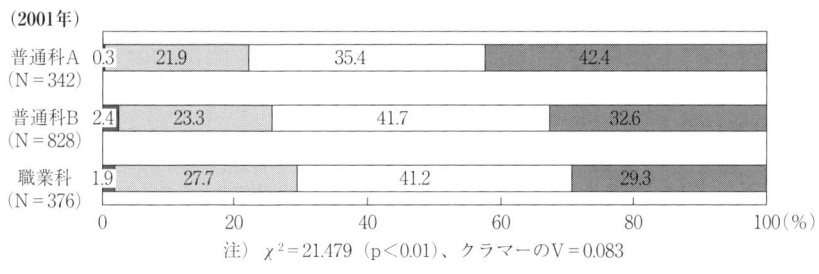

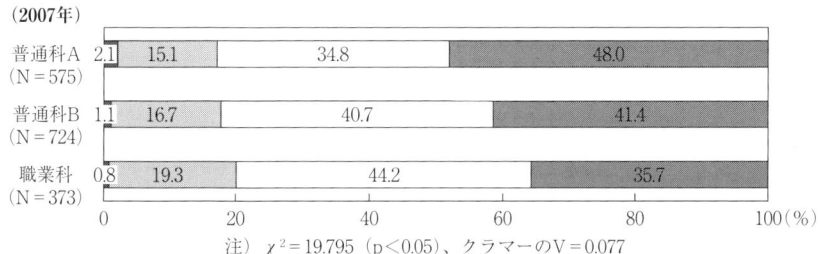

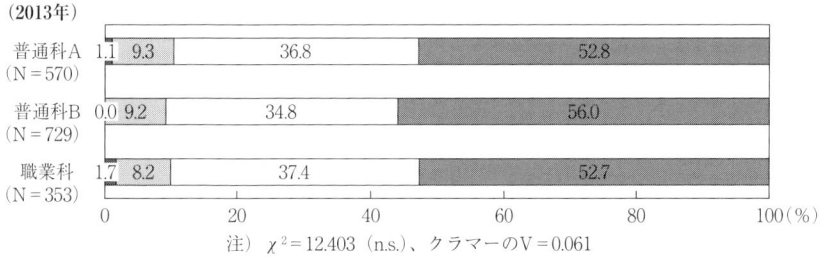

■よくある　□たまにある　□あまりない　■ほとんどない

図1-3　学校タイプと逸脱への憧れの関連

1をみると、すべての学校タイプで逸脱への憧れは低下しているが、普通科Aよりも普通科Bと職業科の減少幅が大きいことがわかる。したがって、2013年において、逸脱への憧れに学校タイプ間の差が生じなくなった理由は、普通科Bおよび職業科において、逸脱への憧れが大幅に低下したためだと考えられる。

では、福岡でみられた学校タイプと逸脱への憧れとの関連の消失は、他の

表1-1 学校タイプ別にみた逸脱への憧れの変化（%）

	普通科A	普通科B	職業科
2001年	22.2	25.7	29.6
2007年	17.2	17.8	20.1
2013年	10.4	9.2	9.9

注）値は「よくある」と「たまにある」の合計

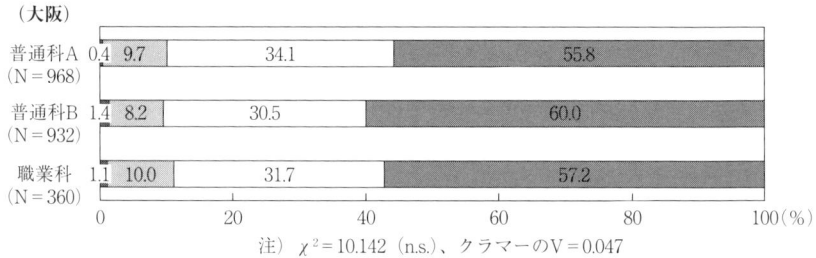

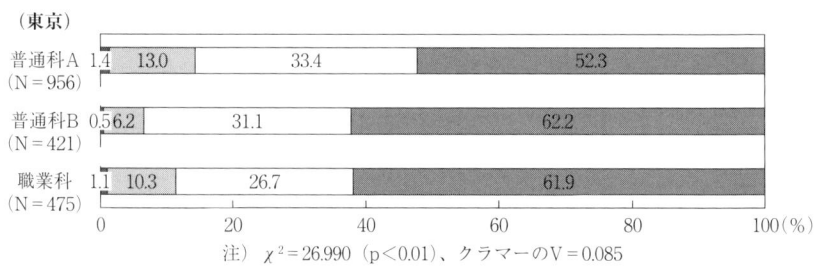

図1-4 学校タイプと逸脱への憧れ（2013年大阪・東京）

地域でも確認できるのだろうか。そこで、2013年福岡・大阪・東京データを用いて、地域別にみた学校タイプと逸脱への憧れの関連を検討しよう[8]。図1-4をみると、大阪においては肯定的意見の多い順に職業科＞普通科A＞普通科Bとなっており、やはり学校タイプ間の序列構造が変容していることがわかる。また、χ^2値は有意ではなく、福岡と同様に学校タイプと逸脱

への憧れは無関係である。これに対して、東京では学校タイプと逸脱への憧れとのあいだに有意な関連が確認できる。しかし、肯定的意見の多い順に普通科A＞職業科＞普通科Bとなっており、学校間の序列構造は変容していることがわかる。

　したがって、規範意識に関する学校タイプ間の序列構造の変容という知見は、福岡だけにみられるものではないと結論づけることができよう。逸脱への憧れという指標からみた場合、規範への同調性は進学校の方が非進学校・職業科よりも高いという関係は消失・変容している。そして福岡では、この変化はかつて逸脱への憧れが強かった普通科B・職業科において、普通科Aよりも大きく逸脱への憧れが低下したことによってもたらされたのである。

　学校タイプと校則意識　次に、学校タイプと校則意識（校則を守ることは当然）の関連について検討していこう。図1-5をみると、2001年と2007年は肯定的意見の割合が大きい順に普通科A＞普通科B＞職業科という序列が形成されていることがわかる。また、χ^2値は有意な値を示しており、学校タイプと校則意識のあいだには統計的に有意な関連がある。しかし、2013年では肯定的意見の割合が大きい順に職業科＞普通科A＞普通科Bとなっており、学校タイプ間の序列が変容している。さらに、χ^2値は有意ではなく、もはや学校タイプと校則意識とのあいだには統計的に有意な関連を見出すことができなくなっている。このことは、2013年では学校タイプと校則意識は無関係であることを意味している。

　なぜこのような変化が生じたのだろうか。この点を検討するために、学校タイプごとに校則意識の変化をまとめたのが表1-2である。なお、結果を把握しやすいように、肯定的意見の割合のみを記載している。表1-2をみると、すべての学校タイプで校則を守ることは当然という意識は増加しているが、普通科Aよりも普通科Bと職業科の増加幅が大きいことがわかる。したがって、2013年において、校則意識に学校タイプ間の差が生じなくなった理由は、普通科Bおよび職業科において、校則を守ることは当然という意識が大幅に増加したためだと考えられる。

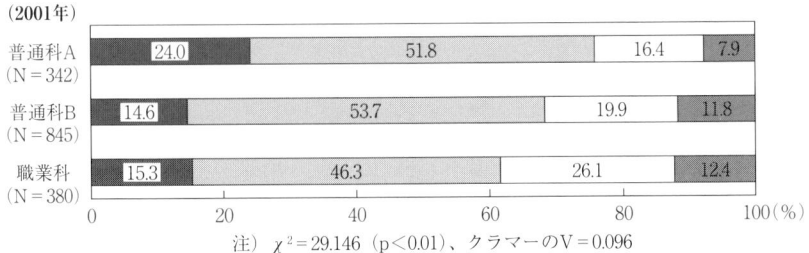

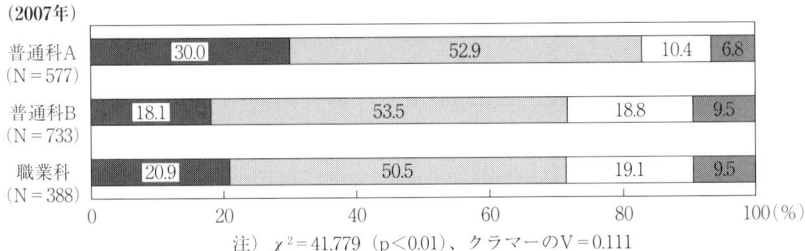

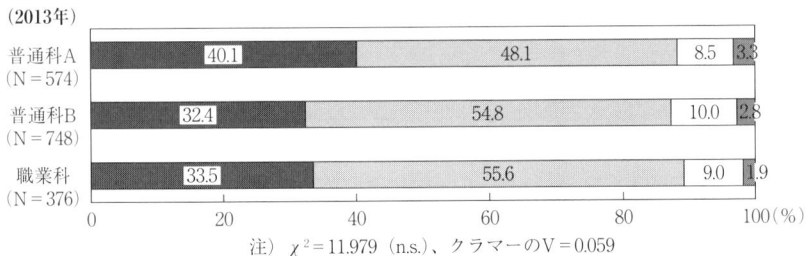

図1-5 学校タイプと校則意識（校則を守ることは当然）の関連

　では、福岡でみられた学校タイプと校則意識との関連の消失は、他の地域でも確認できるのだろうか。そこで、2013年福岡・大阪・東京データを用いて、地域別にみた学校タイプと校則意識の関連を検討しよう。図1-6をみると、大阪においては肯定的意見の多い順に職業科＞普通科A＞普通科Bとなっており、やはり学校タイプ間の序列構造が変容していることがわかる。

第1章　規範に同調する高校生

表1-2　学校タイプ別にみた校則意識（校則を守ることは当然）の変化（％）

	普通科A	普通科B	職業科
2001年	75.8	68.3	61.6
2007年	82.9	71.6	71.4
2013年	88.2	87.2	89.1

注）値は「そう思う」と「どちらかといえばそう思う」の合計

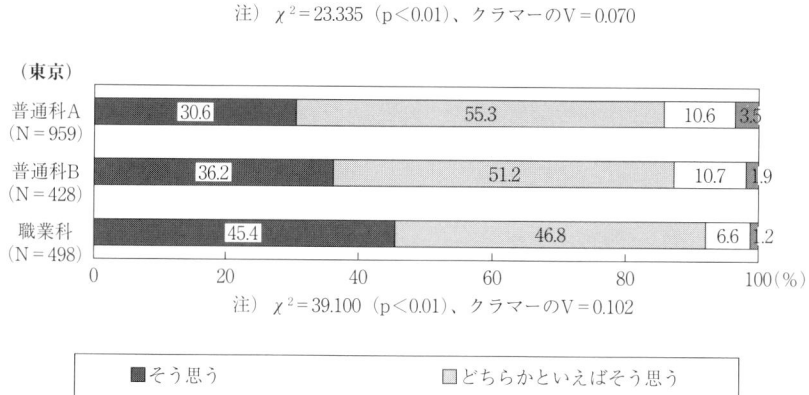

図1-6　学校タイプと校則意識（校則を守ることは当然）（2013年大阪・東京）

さらに、東京でも先行研究の想定する序列構造が変容している。すなわち、肯定的意見の多い順に職業科＞普通科B＞普通科Aとなっているのである。なお、大阪・東京ともに統計的に有意な関連が示されており、学校タイプと校則意識とのあいだには新たなパターンが確認されたといえる。

したがって、規範意識に関する学校タイプ間の序列構造の変容という知見は、福岡だけにみられるものではないと結論づけることができよう。校則を守ることは当然という指標から見た場合、規範への同調性は進学校の方が非進学校・職業科よりも高いという関係は消失・変容している。そして福岡では、この変化はかつて校則への同調性が低かった普通科B・職業科において、普通科Aよりも校則への同調性が上昇したことによってもたらされたのである。

5．規範への同調性の高まり──その背景の解明に向けて

　本章の目的は、現代高校生の規範意識の実態を「逸脱への憧れ」と校則意識という指標から描き出すことであり、2つの課題を検討してきた。

　第1の課題は、逸脱への憧れと校則意識の趨勢を確認することであった。分析の結果、逸脱への憧れは大幅に低下し、校則を守ることは当然という意識の大幅な増加が確認できた。以上の結果から、高校生は規範への同調性を高めていると結論づけることができる[9]。このような趨勢は2時点データの分析からも確認されていたが（高橋 2008；木村 2009）、3時点データの分析によってもその趨勢は裏づけられたことになる。

　第2の課題は、学校タイプと逸脱への憧れ・校則意識との関係性を検討することであった。福岡における3時点の分析からは、すべての学校タイプで逸脱への憧れの低下と校則を守ることは当然という意識の増加が確認できたが、この変化は普通科B・職業科において顕著であった。その結果、2013年には学校タイプと逸脱への憧れ・校則意識とのあいだに有意な関連が確認できなくなっていた。他の地域でも、2013年には普通科Aの方が他の学校タイプよりも規範への同調性が高いという関連を見出すことはできなかった。以上の結果は、規範への同調性は進学校の方が非進学校・職業科よりも高いという伝統的なパターンが崩壊もしくは変容しつつあることを示している。このような傾向は尾嶋ほか（2012）でも報告されていたが、本調査によってもその傾向は裏づけられたことになる。

それでは、なぜ高校生の規範への同調性は高まり、また普通科B・職業科でその傾向が顕著だったのだろうか。この点については、マクロな社会環境の変容に対する、高校生の合理的適応として解釈することができよう。ウルリッヒ・ベックやアンソニー・ギデンズら（Beck et al. 1994 = 1997）が指摘するように、現代社会（再帰的近代社会）は不確実性やリスクに富んだ社会であり、かつての時代であれば自明視されていた、安定的なライフコース・将来展望を期待することは難しい。

　木村好美（2009）は、このような不確実性やリスクに満ちた環境下では、冒険的・逸脱的に振舞うよりも慣習的な規範に同調したほうが合理的であると指摘した。たしかに、高校生にとって将来生活の見通しを確保するほぼ唯一の手段は「まじめ」に学校に通い、進学・就職を少しでも有利にすることである。非行や逸脱・校則違反に魅力を感じ、学業を疎かにすることは現代の高校生にとって非合理的であり忌避すべき態度なのである。また、普通科B・職業科の生徒は、普通科Aの生徒よりも、進学や就職後の生活面などのライフチャンスにおいて不利であり、また将来の生活見通しが不安定であると予想される。このような不利・不安定性を背景とすれば、普通科B・職業科の生徒がとりわけ「まじめ」に、つまり規範に同調的になることは、きわめて合理的なふるまいであると思われる。

　このほかに、教師−生徒関係の変容も重要だろう。土井隆義（2012）は教師と生徒との関係性がより葛藤の少ないものへと変化し、若者に規範から逸脱した考えや価値観（非行文化）を抱かせる機会が減少していると指摘する。かつての生徒−教師関係は現在に比べると厳しく抑圧的であり、「落ちこぼれ」の烙印を押された者たちは非行文化に同調することにより自らの居場所・アイデンティティを確保しなければならなかった。しかし、現在の生徒−教師関係はかつてより抑圧的ではなく、生徒が規範から逸脱する考えや価値観を抱く機会がなくなっているのである。また、90年代後半の調査では非進学校・職業科において校則指導・生活指導が緩やかになったという報告もあり（樋田 2000）、この知見が現在にも適用できるのであれば、普通科B・職業科における規範への同調性の高まりを説明することも可能だと思われ

る。この点を明確にすることは、今後の課題である。

　さらに、規範意識の趨勢については、今後さまざまな指標・さまざまな地域で検討しなければならないだろう。たとえば、先行研究で用いられてきた「非行文化への関心」のような指標を用いた場合にも同じ結果が確認できるのだろうか（大多和 2000）。同様に、本章で得られた知見が日本全国に一般化できるものなのか、さまざまな地域のデータにより検証されなければならない。

　このような課題はあるものの、本章の知見は若者の規範意識のあり方を否定的に捉える立場に対する一定の批判となりうる。少なくとも、本章から得られた知見によれば、現代の高校生が規範から逸脱するような意識を持つ傾向を強めているとはいえない。むしろ、高校生は規範への同調性を強めているという傾向が示唆されるのである。

[注]
(1) 規範意識の悪化という場合、規範への同調性の低下と善悪を認知・判断する能力（道徳的能力）の低下という２つの側面が含まれていると思われる。社会学的研究では規範への同調 - 逸脱の次元に注目することが多いため、本章と次章では規範への同調性の変化に限定して分析を進める。高校生の規範意識の全体像を探るためには、今後は両者の視点を統合した調査・分析が望まれよう。この点については高橋（2008）も参照のこと。
(2) 高校生の日常生活場面における規範意識の変化については、次章の杉村論文を参照のこと。
(3) 若者の規範意識への批判は1990年代に先鋭化したとされている（浅野 2006）。そのため、本章では1990年代以降の議論に限って検討している。
(4) ただし、このような批判論者たちの見解はすべて誤りというわけではない。彼らの問題意識の一部を裏づけするようなデータも存在する（大多和 2000）。たとえば、1979年と1997年の東北・北陸地方の高校生の校則への意識を比較してみると、「校則は校則だから当然守るべきだ」という校則遵守への肯定的意見の割合が、71.1％から54.3％に減少している。しかしながら、同調査によると飲酒や喫煙など「非行」とされる行為への関心も同時に減少しており、規範意識が「低下」していると単純に結論づけることはできない。

(5) 地位欲求不満説については、耳塚（1980）や大多和（2000）を参照のこと。
(6) ただし、2003年の仙台市内の高校生においては、職業科の生徒は進学校・進路多様校の生徒よりも校則への同調性が高いという報告がある（高橋 2008）。
(7) なお、大阪での2007年と2013年の比較は行っていない。大阪において、2007年調査と2013年調査に参加している職業科高校は1校のみであり、学校タイプ別の時系列比較は困難と判断したためである。
(8) 2013年福岡・大阪・東京データによれば、逸脱への憧れの肯定的回答の割合は、福岡：9.4％、大阪：10.0％、東京：11.8％であり、校則意識の肯定的回答の割合は、福岡：87.7％、大阪：85.8％、東京：87.9％であった。規範意識の地域差は極めて小さいようである。
(9) なお、規範への同調性の高まりから、現代の高校生が既存の権威や秩序に無批判に従う傾向を強めていると論じることも可能かもしれない。しかし、2007年の福岡調査の分析から、このような批判は妥当ではないことが示されている（木村 2009）。2013年の福岡調査の分析からも、権威主義と逸脱への憧れの相関係数は0.006（n.s.）であり、両者は無関係であることがわかった（N = 1769）。同じく校則意識との相関係数は0.087（$p < 0.01$）であった（N = 1831）。校則に同調的な生徒ほど権威に従順であるという関連はみられるものの、係数の小ささを踏まえるとその関連は強いとはいえない。また、次章でも権威主義と日常生活場面の規範意識に明確な関係性は確認されていない。したがって、校則意識と権威主義との関連には注意を払う必要があるものの、規範への同調性の高まりを理由に、「最近の若者は権威や秩序に無批判的で問題だ」という批判を展開することは困難だと思われる。なお、権威主義的態度は問22dから問22gの4項目を反転したうえで単純加算したものである（クロンバックの$\alpha = 0.685$、N = 1831）。

［文献］

浅野智彦、2006、「若者論の失われた10年」浅野智彦編『検証・若者の変貌——失われた10年の後に』勁草書房、1-32。

Beck, Ulrich, Anthony Giddens, and Scott Lash, 1994, *Reflexive Modernization: Politics, Tradition and Aesthetics in the Modern Social Order*, Cambridge: Polity Press.（= 1997、松尾精文・小幡正敏・叶堂隆三訳『再帰的近代化——近現代における政治、伝統、美的原理』而立書房。）

土井隆義、2012、『少年犯罪〈減少〉のパラドクス』岩波書店。

道徳教育の充実に関する懇談会、2013、「今後の道徳教育の改善・充実方策について（報

告）——新しい時代を、人としてより良く生きる力を育てるため」（http://www.mext. go.jp/b_menu/shingi/chousa/shotou/096/houkoku/__icsFiles/afieldfi le/2013/12/27/1343013_01.pdf　2014.11.19）。

浜井浩一、2011、『実証的刑事政策論——真に有効な犯罪対策へ』岩波書店。

樋田大二郎、2000、「教師の対生徒パースペクティブの変容と『教育』の再定義」樋田大二郎・耳塚寛明・岩木秀夫・苅谷剛彦編『高校生文化と進路形成の変容』学事出版、107-121。

岩木秀夫・耳塚寛明、1983、「概説高校生——学校格差の中で」岩木秀夫・耳塚寛明編『現代のエスプリ』195：5-24。

木村好美、2009、「規範意識は6年間でどう変化したのか——規範への同調性の高まりが意味するもの」友枝敏雄編『現代の高校生は何を考えているのか——意識調査の計量分析を通して』世界思想社、13-37。

前田雅英、2000、『少年犯罪——統計からみたその実像』東京大学出版会。

耳塚寛明、1980、「生徒文化の分化に関する研究」『教育社会学研究』35：111-122。

尾嶋史章・荒巻草平・轟亮、2012、「高校生の進路希望と生活・社会意識の変容——30年の軌跡」『日本教育社会学会大会発表要旨集録』64：114-117。

大多和直樹、2000、「生徒文化—学校適応」樋田大二郎・耳塚寛明・岩木秀夫・苅谷剛彦編『高校生文化と進路形成の変容』学事出版、185-213。

千石保、1991、『「まじめ」の崩壊——平成日本の若者たち』サイマル出版。

諏訪哲二、1995、「学校を脱構築する子どもたち——なぜ教師は精神的に疲れるのか」門脇厚司・宮台真司編『「異界」を生きる少年少女』東洋館出版社、45-66。

鈴木譲、2003、「高校生・高校教師の校則意識」友枝敏雄・鈴木譲編『現代高校生の規範意識——規範の崩壊か、それとも変容か』九州大学出版会、118-143。

高橋征仁、2008、「規範意識は低下したのか——同調性と序列性の形成」海野道郎・片瀬一男編『〈失われた時代〉の高校生の意識』有斐閣、59-91。

轟亮、2001、「職業観と学校生活感——若者の『まじめ』は崩壊したのか」尾嶋史章編『現代高校生の計量社会学——進路・生活・世代』ミネルヴァ書房、129-158。

渡部真、1982、「高校間格差と生徒の非行文化」『犯罪社会学研究』7：170-185。

第2章
日常生活場面における規範意識

杉村健太

1. はじめに

　本章の目的は、高校生の日常生活場面における規範意識の実態を明らかにすることである。前章の分析から、高校生の逸脱への憧れは低下し、校則を遵守する傾向が強まっていることが明らかになっている。それでは、「電車の中で化粧をすること」や「バスの中で携帯電話を利用すること」などに関する意識や態度、つまり日常生活場面における規範意識はどうであろうか。逸脱への憧れや校則意識と同様に、日常生活場面における規範への同調性も高まっているのだろうか。

2.「常識」としての若者のモラル崩壊

　若者批判とその受容　社会学者の浅野智彦（2006：2-3）によると、1990年代後半から、高校生を含む若者の規範意識のあり方への批判が高まってきたという。批判者たちによれば、「今日の若者は狭い仲間関係のうちに自閉する傾向を強めており、その結果として仲間以外の人々に対する感受性が極端に鈍麻しつつある」（浅野 2006：15）。換言すれば、若者たちは他者への配慮が決定的に欠如しており、彼らの形成する社会空間に公共性が欠如しているのである。そしてその象徴が「電車の中で化粧をする」、「バスの中で携帯電話を利用する」、「年上に対してタメ口を使う」といった「典型的」な若者像であろう。

若者のモラルが低下し、マナーが乱れているという認識は、もはや疑いようもない「常識」として世間に定着しているといってよい。例えば、代表的な全国規模の社会調査である日本版総合的社会調査の2008年調査によると、ここ10年で子どもの道徳意識が下がったと認識しているのは回答者の約70％にも及ぶ[1]（大阪商業大学JGSS研究センター編 2010）。また、興味深いことに、当の若者自身もモラルの低下を憂えているようである。読売新聞の大学生を対象にした調査によると、以前とくらべて電車のマナーや普段の生活でのモラルが「よくなっている」と答えたのは、わずか３％に過ぎず、70％の学生が低下していると答えたという（『読売新聞』2008.4.14大阪本社・夕刊）。

　共通認識としての規範意識低下　また、若者の規範意識の「悪化」への危機意識は、一種の「常識」としてさまざまな論者の間でも共有されているようである。例えば、教育学者の貝塚茂樹（2012）は道徳教育における愛国心教育を求める立場から以下のように論じている。

　貝塚によれば、戦後日本社会は経済発展の代償として共同体意識を喪失した社会である。規範意識とはそもそも社会集団や他者との関わりのなかで育まれるものであるが、個人と家族や地域などの共同体との関係性が希薄になった日本社会では、若者の規範意識を育む主体が存在しない。したがって、若者たちは社会規範を内面化する機会を失ったまま成長せざるを得ないのである。そこで貝塚は、若者の規範意識を回復するためには、学校教育という強制力が必要であるとし、後述する道徳の教科化に希望を見出す。

　これに対して、若者を取りまく経済・雇用環境の悪化を懸念する論者も、若者の規範意識のあり方に危機感を抱いている。例えば、教育社会学者の大内裕和は、「一定の学校を卒業すれば就職ができて、一定の生活ができるという関係そのものが崩れ」、「学力低下、学習意欲や規範意識の低下というかたちで噴出してきた現象は、教育問題というより労働問題だった」として、経済・雇用環境の悪化が学生の規範意識の低下に繋がったとしている（大内ほか 2014：33）。基本的に大内は若者を取り巻く現状にきわめて同情的であ

り、彼の問題意識は若者の苦境を生みだした構造的要因に向けられている。しかし、その彼をもってしても「若者の規範意識の低下」が事実として語られている点に、「若者のモラル崩壊」が社会的に常識化していることを見出すことができよう。

このように半ば常識化している「若者のモラル崩壊」であるが、その政治的・政策的対応として注目されるのが、道徳の教科化である。道徳の教科化とは、教科外活動（2014年時点）の小中学校の道徳の時間を「特別の教科」[2]に格上げすることをいう。道徳の教科化については、2013年3月に文部科学省に設置された「道徳教育充実に関する懇談会」で検討され、報告書が公表されている。道徳の教科化の必要性は、第1に「いじめ問題」に対応するためである。しかし、それと同時に、社会全体のマナー意識の低下をその必要性の根拠としてあげているのは注目に値する。すなわち、道徳の教科化の背景として、「他者への無関心の広がりやお互いへの思いやりの不足、マナーの低下など」が指摘されているのである（道徳教育の充実に関する懇談会 2013：25）。

このように、若者のマナーに関する批判・非難は、若者のモラル意識の低下にその原因を求められ、それがいじめ問題あるいは犯罪の凶悪化の根拠として挙げられ、道徳教育の必要性をめぐる議論の背景となっているのである。

分析課題　しかし、以上のような「常識」は本当に正しいのだろうか。前章でも紹介したように、実証研究の多くは、高校生を含む若者の規範意識が悪化したという主張に懐疑的である。

そこで、本章では2つの分析課題を提示する。第1に、日常生活場面における規範意識の趨勢を検討する。木村（2009）が報告した規範への同調性の高まりは、2013年においても確認できるのであろうか。これまで取り上げてきた若者の規範意識の悪化という常識は現代日本を生きる高校生の意識調査のデータと合致しているのであろうか、福岡3時点統合データを用いて検討する。

第2に、2013年福岡・大阪・東京データを用いて、日常生活場面における規範意識の規定要因を明らかにする。日常生活場面における規範意識に関しては、これまでの研究では、趨勢の検討はなされてきたものの、その規定要因については十分明らかにされているとはいえない。また、道徳の教科化が推進される今日、いかなる要因によって高校生の規範意識が形成されるかを明らかにすることは、道徳の教科化に肯定的・否定的な論者双方にとって有益な議論の土台を提示するものと思われる。

3．日常生活場面における規範意識の趨勢

　これまでの知見　規範意識の趨勢を検討している研究としては、仙台の高校生を対象にした高橋征仁（2008）の調査研究が挙げられ、1999年から2003年にかけて男女とも規範への同調性が増大していることを明らかにしている（高橋 2008：70）。同様の研究としては、木村好美の研究が挙げられ、本研究の趨勢分析は、継続的意味あいが含まれている（木村 2003、2009）。ここでは特に、木村の2001年および2007年調査の知見を紹介したい。

　木村（2003）は、2001年調査のデータを用いて、福岡県の高校生の規範意識の実態を明らかにしている。それによると、高校生の半数以上は集団生活を送る上でのルールの必要性を認めており、公共の場におけるあからさまな迷惑行為や人間関係に対する規範意識も決して低いとは言えないと結論づけている（木村 2003：35）。

　また、木村（2009）は6年後に実施された2007年調査の福岡・大阪データを用いて、6年間で規範意識がどのように変化していったかを継続研究としてまとめている。それによると、高校生の規範への同調性は高まっており、その要因は、普通科A、普通科Bの規範意識が20ポイント上昇していることによる。木村はこの結果について、既存の権威や秩序に対する従順や保守性ではなく、器用に要領良く生きるためのしたたかさであると結論づけている（木村 2009：31-34）。

質問項目　以下、福岡3時点統合データを用いて、高校生の日常生活場面における規範意識の趨勢を明らかにしていくが、分析に用いる質問項目は以下の7つである。

- 「問16a. 電車やレストランの席などで、女性が化粧をする」
- 「問16b. 電車やお店の入り口付近の地べたに座る」
- 「問16c. 電車やバスの車内で、携帯電話やスマートフォンを使って話しこむ」
- 「問16d. エレベーターや電車のドアなどで、降りる人を待たずに乗りこむ」
- 「問16e. 年上の人に対してタメ口で話す」
- 「問16f. 他人のプライバシーに首を突っこむ」
- 「問16g. 友だち仲間の都合よりも、自分の都合を優先させる」

それぞれの質問項目に対して、「1.抵抗を感じる」「2.やや抵抗を感じる」「3.あまり抵抗を感じない」「4.抵抗を感じない」の4件法で回答してもらった。いうまでもなく、規範への同調性が高いことを意味するのは、「1.抵抗を感じる」「2.やや抵抗を感じる」の選択肢である。

　全体としての同調性の高まり　まずは、日常生活場面における規範意識の趨勢をみていく。2001年から2013年の12年間で、高校生の日常生活場面における規範意識はどのように変化したのだろうか（図2-1）。

　「公共の場での化粧」では、「抵抗を感じる」「やや抵抗を感じる」と回答した人の合計は、2001年の53.9％から、2007年の65.7％、2013年の73.5％と増加していることがわかる。とりわけ「抵抗を感じる」と回答した人の増加が著しく、2001年の22.3％から、2007年の31.5％、2013年の39.0％と、「公共の場での化粧」に対して年々抵抗感が強まっている傾向が読み取れる。

　「地べたに座る」では、「抵抗を感じる」「やや抵抗を感じる」と回答した人は2001年の68.5％から、2007年の86.2％と増加し、2013年には92.0％もの

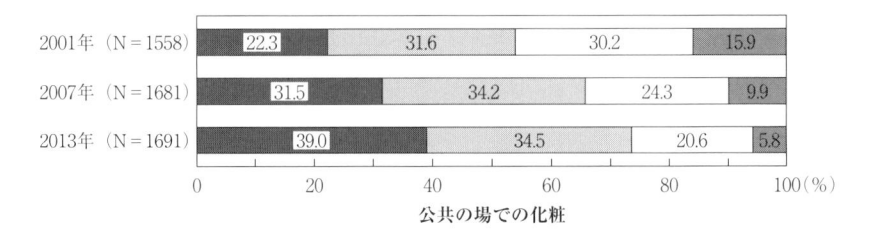

2001年（N=1558）	22.3	31.6	30.2	15.9
2007年（N=1681）	31.5	34.2	24.3	9.9
2013年（N=1691）	39.0	34.5	20.6	5.8

公共の場での化粧

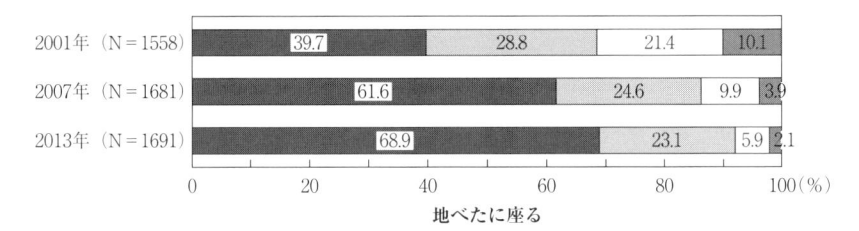

2001年（N=1558）	39.7	28.8	21.4	10.1
2007年（N=1681）	61.6	24.6	9.9	3.9
2013年（N=1691）	68.9	23.1	5.9	2.1

地べたに座る

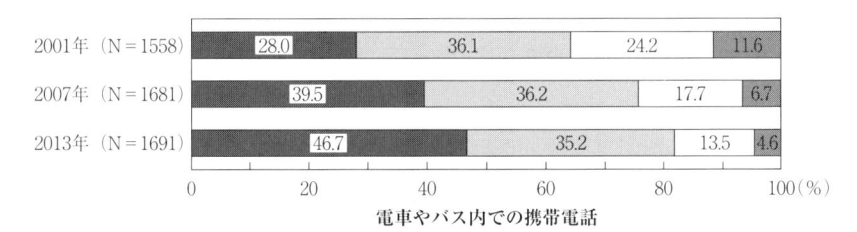

2001年（N=1558）	28.0	36.1	24.2	11.6
2007年（N=1681）	39.5	36.2	17.7	6.7
2013年（N=1691）	46.7	35.2	13.5	4.6

電車やバス内での携帯電話

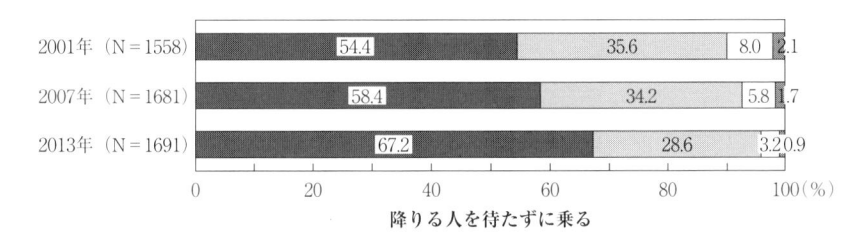

2001年（N=1558）	54.4	35.6	8.0	2.1
2007年（N=1681）	58.4	34.2	5.8	1.7
2013年（N=1691）	67.2	28.6	3.2	0.9

降りる人を待たずに乗る

2001年（N=1558）	39.3	37.8	16.6	6.2
2007年（N=1681）	48.9	35.6	11.7	3.8
2013年（N=1691）	49.6	34.5	13.1	2.8

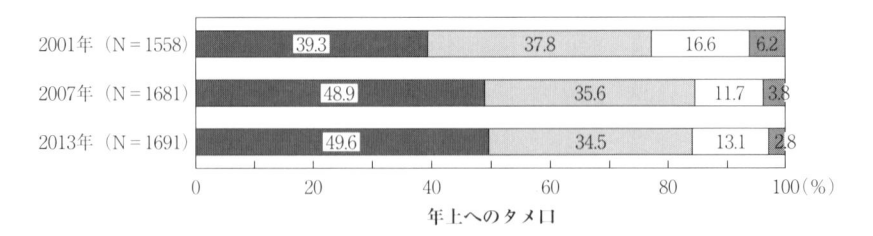

年上へのタメ口

第2章　日常生活場面における規範意識

	抵抗を感じる	やや抵抗を感じる	あまり抵抗を感じない	抵抗を感じない
2001年（N=1558）	56.9	34.7	7.0	1.5
2007年（N=1681）	57.0	35.6	5.8	1.5
2013年（N=1691）	53.6	38.5	7.0	0.9

プライバシーの侵害

	抵抗を感じる	やや抵抗を感じる	あまり抵抗を感じない	抵抗を感じない
2001年（N=1558）	42.5	45.1	10.7	1.7
2007年（N=1681）	42.8	40.8	13.4	2.9
2013年（N=1691）	44.5	41.4	11.4	2.7

自分の都合を優先させる

■抵抗を感じる　　▨やや抵抗を感じる
□あまり抵抗を感じない　■抵抗を感じない

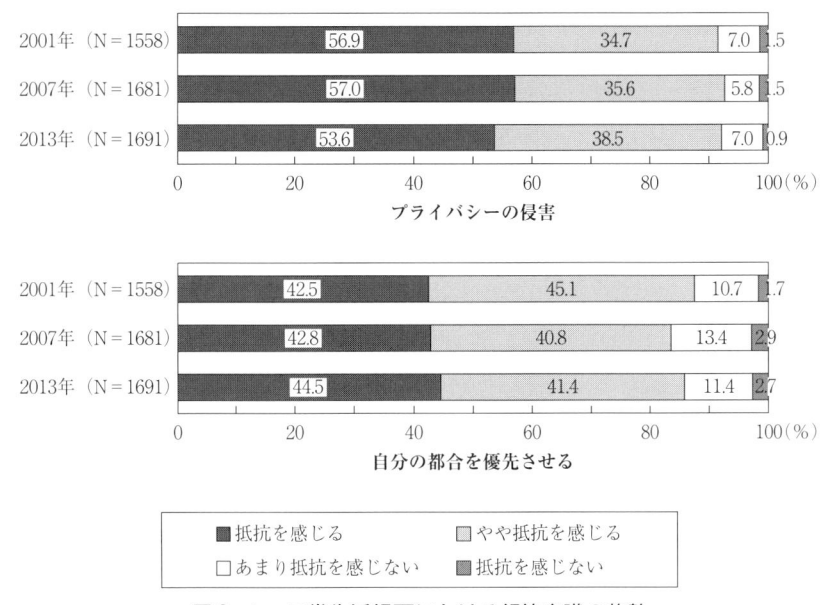

図2-1　日常生活場面における規範意識の趨勢

人が地べたに座ることに対して抵抗感をもっている。また68.9％もの人が「抵抗を感じる」と回答しており、地べたに座ることに対してかなり強い抵抗感を感じていることがわかる。

「電車やバス内での携帯電話」でも、「抵抗を感じる」「やや抵抗を感じる」と回答した人は2001年の64.1％から、2007年の75.7％、2013年の81.9％と増加している。とりわけ「抵抗を感じる」と回答した人は、2001年の28.0％から、2007年の39.5％、2013年の46.7％と増加しており、抵抗感の強まりを示唆している。

「降りる人を待たずに乗る」では、「抵抗を感じる」「やや抵抗を感じる」と回答した人は2001年の時点で90.0％であり、もともと多くの人が抵抗感を感じていたが、2007年では92.6％、2013年では95.8％と更なる規範意識の上昇を示す結果となった。逆に、「あまり抵抗を感じない」「抵抗を感じない」人は、2013年では4％をわずかに超える程度しかおらず、規範意識が低い人

の方が、かなりの少数派ということになる。

「年上へのタメ口」では、「抵抗を感じる」「やや抵抗を感じる」と回答した人は2001年で77.1％、2007年では84.5％、2013年では84.1％で、84％を超える高水準を保っており、「抵抗を感じる」に関して言えば2007年の48.9％から2013年には49.6％とやや上昇の傾向も読み取れる。

「プライバシーの侵害」は、「抵抗を感じる」「やや抵抗を感じる」と回答した人は2001年の91.6％から2007年では92.6％に高まりを見せた後、2013年では92.1％にやや低下に転じていた。しかし、いずれの年度も90％を超える高水準を保っており、規範意識が低いとは決していえない現状を示している。

「自分の都合を優先させる」は、「抵抗を感じる」「やや抵抗を感じる」と回答した人は2001年の87.6％から2007年には83.6％と一度低下に転じ、2013年に85.9％に再び増加に転じており、かなり高い水準を保っている。

全体の傾向として、規範への同調性が高まっているということができ、「公共の場での化粧」「地べたに座る」「電車やバス内での携帯電話」「降りる人を待たずに乗る」といった公共の場面での規範意識の著しい上昇が目立つ結果となった。

性別・学校タイプ別にみた趨勢の変化　次に、性別・学校タイプ別に趨勢

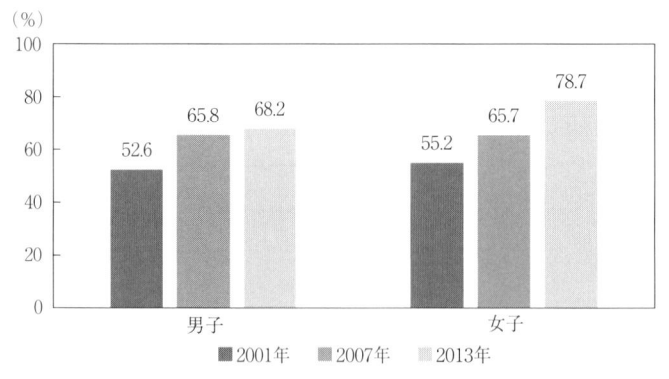

性別・調査年でみた「公共の場での化粧」への抵抗感

	2001年	2007年	2013年
男子	52.6	65.8	68.2
女子	55.2	65.7	78.7

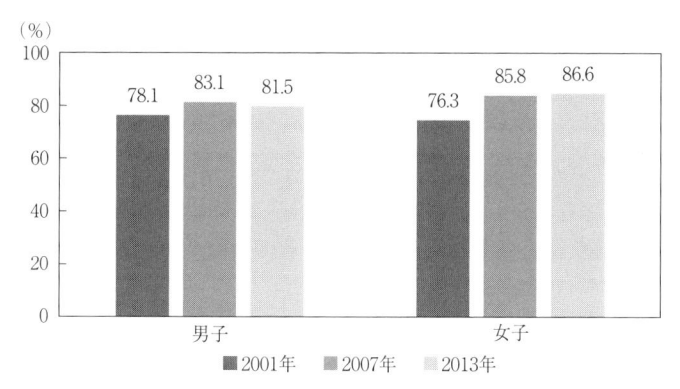

第 2 章　日常生活場面における規範意識

性別・調査年でみた「年上へのタメ口」への抵抗感

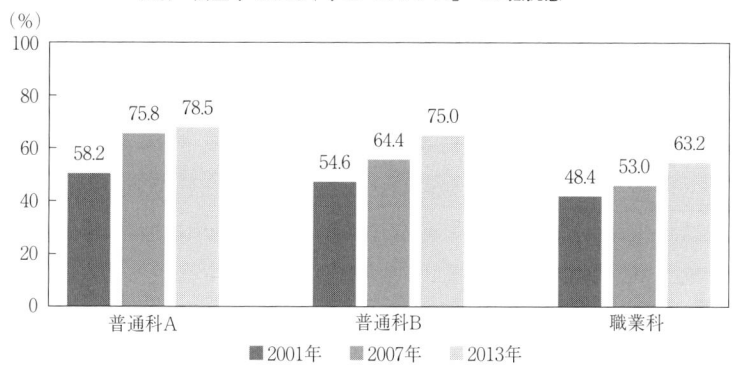

男子: 2001年 78.1、2007年 83.1、2013年 81.5
女子: 2001年 76.3、2007年 85.8、2013年 86.6

学校タイプ・調査年でみた「公共の場での化粧」への抵抗感

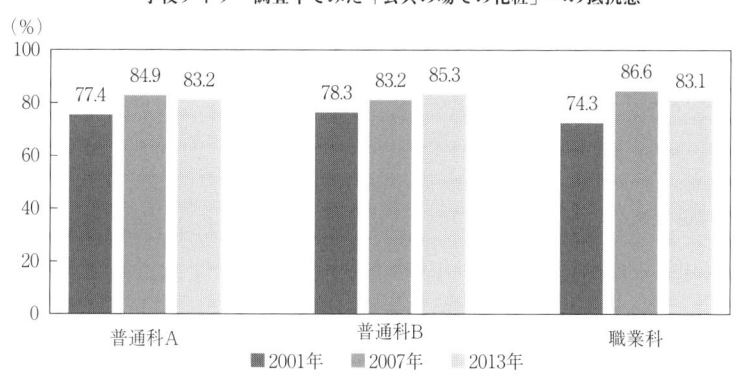

普通科A: 2001年 58.2、2007年 75.8、2013年 78.5
普通科B: 2001年 54.6、2007年 64.4、2013年 75.0
職業科: 2001年 48.4、2007年 53.0、2013年 63.2

学校タイプ・調査年でみた「年上へのタメ口」への抵抗感

普通科A: 2001年 77.4、2007年 84.9、2013年 83.2
普通科B: 2001年 78.3、2007年 83.2、2013年 85.3
職業科: 2001年 74.3、2007年 86.6、2013年 83.1

図 2-2　性別と学校タイプの規範への同調性

の変化を確認していく。分析の結果、性別でみると女子、学校タイプ別にみると普通科Bにおいて規範への同調性の高まりが顕著であることが明らかになった。以下では、とりわけ趨勢が明瞭に示された「公共の場での化粧」と「年上へのタメ口」の2つの質問項目に絞ってその変化を紹介する。分析結果は以下の図2-2に示した。図の中の数字は「抵抗を感じる」「やや抵抗を感じる」の合計である[3]。なお、すべての質問項目の結果は付表a・付表bに示している。

　性別・調査年でみた「公共の場での化粧」への抵抗感は、男子は2001年に52.6％、2007年に65.8％、2013年に68.2％、女子は2001年に55.2％、2007年に65.7％、2013年に78.7％となっている。男女とも上昇傾向がみられるが、2007年から2013年にかけては、男子は65.8％から68.2％の上昇で2.4ポイントの上昇にとどまるのに対し、女子は65.7％から78.7％の上昇で13ポイントとなっており、女子の同調性が飛躍的に上昇している。

　性別・調査年でみた「年上へのタメ口」への抵抗感は、男子は2001年に78.1％で、2007年に83.1％と上昇傾向を見せたが、2013年に81.5％となり、2007年から2013年かけては1.6ポイントの下降を示す結果となっている。それに対して、女子は2001年に76.5％、2007年に85.8％、2013年に86.6％であり、継続して上昇していることが明らかになった。

　学校タイプ・調査年でみた「公共の場での化粧」への抵抗感は、普通科Aでは2001年に58.2％、2007年に75.8％、2013年に78.5％、普通科Bでは2001年に54.6％、2007年に64.4％、2013年に75.0％、職業科では2001年に48.4％、2007年に53.0％、2013年に63.2％となっており、すべての学校タイプで上昇傾向が読み取れる。しかし、2007年から2013年にかけては、普通科Aでは75.8％から78.5％の上昇で2.7ポイントの上昇にとどまるのに対し、普通科Bでは64.4％から75.0％で10.6ポイントの上昇、職業科では53.0％から63.2％で10.2ポイントの上昇となっており、普通科Aよりも、普通科B・職業科の規範意識の高まり方が大きくなっていることがわかる。

　学校タイプ・調査年でみた「年上へのタメ口」への抵抗感は、普通科Aでは2001年に77.4％、2007年に84.9％、2013年に83.2％、普通科Bでは2001

年に78.3％、2007年に83.2％、2013年に85.3％、職業科では2001年に74.3％、2007年に86.6％、2013年に83.1％となっている。3つの学校タイプのうち、継続して上昇しているのは普通科Bのみで、他方、普通科A・職業科は2001年から2007年にかけて上昇していたものの、2013年にはそれぞれ1.7ポイント、3.5ポイントの下落に転じている。2013年において、普通科A・職業科の規範への同調性が低下したのに対して、普通科Bの規範への同調性は上昇しており、普通科Bの規範への同調性は相対的に顕著な高まりを見せていることになる。

以上の分析から、現代高校生の規範への同調性の高まりは、とくに女子・普通科Bにおける同調性の高まりによって押し上げられている側面があるといえよう。

4．日常生活場面における規範意識の規定要因

先行研究　以下では、日常生活場面における規範意識の規定要因を検討する。規範意識の規定要因に関する研究は多いとはいえないが、高橋（2008）は仙台の高校生を対象に2003年に行われた調査データをもとに、校則への同調性とマナーへの同調性の規定要因を多変量解析によって明らかにしている。

まず、高橋は校則意識について、校則同調性得点と校則相対性得点という2つの変数を従属変数とし、重回帰分析によって規定要因を明らかにしている[4]。それによると、校則同調性得点については、「学校の勉強」「学校内の活動」の重視度や「学校の先生」への満足度が有意な正の影響を与えているとしている（高橋 2008：83）。他方、校則相対化得点に関しては、「学校の友人関係」の満足度や「土日の電話・メール時間」が有意な正の影響を与え、一方「学校の先生」への満足感や「学校の勉強」の重視度は負の関連がみられるとしている（高橋 2008：84）。これらの分析結果から、高橋は、高校生の規範意識は「勉強を中心としたフォーマルな学校文化に関与できるかどうか、また各学校がどのような校則を設定しているかによって大きく異なって

いる」とし、つまるところ「学校生活を充実したものにすることができるか」に関わっているとしている（高橋 2008：84）。

さらに、高橋は規範意識についても、規範同調性得点を従属変数とした重回帰分析を行っており、規定要因を明らかにしている[5]。それによると、規範同調性得点については、校則同調性得点と同様の傾向がみられ、「学校の勉強」の重視度や「土日の電話・メール時間」が短いことが有意な正の影響を与えているとしている（高橋 2008：86）。また、「打ち込めるものをもつ」ことを重視することや「高い地位につくこと」を重視しないという価値志向も規範への同調性を高めており、結局は「自己実現のための自己実現という、学校文化が提供するストーリーに乗れるか、乗れないか」が規範への同調性と関連しているとしている（高橋 2008：86）。

また、木村（2009）は、福岡・大阪2地点統合データを用いて、高校生の規範への同調性が高まっていることを明らかにした後、規範への同調性の高まりが権威主義といかなる関係にあるのかを分析している。木村の行った規範意識と権威主義との相関関係の分析によると、2001年・2007年ともに2つの変数の間で負の相関がみられ、「規範意識の高い高校生が、既存の秩序や規範を無批判に取り入れ、盲目的に服従しているとは考えがたい」としている。しかし、権威主義が規範意識に影響を与えているのかどうかは、規範意識の内実を検証する上で常に注視すべき事柄であり、本章でも検討する。

以上のような先行研究があるが、規範意識の規定要因について分析した研究は多いとはいえない。そこで、以下では、まず規範意識の質問項目を因子分析し、抽出した規範意識の因子を従属変数とした重回帰分析を行っていく。

変数の概要　従属変数は、日常生活場面における規範意識[6]である。分析に先立ち、因子分析によって7つの変数を縮約することを試みた。変数の数が多く、分析が煩雑になるのをさけるためである。因子分析[7]の結果は、表2-1の通りである。

分析の結果、2つの因子が抽出された。「因子1」において因子負荷量が

表2-1　規範意識の因子分析

		因子1	因子2
a.	公共の場での化粧	**0.636**	-0.092
b.	地べたに座る	**0.647**	-0.020
c.	電車やバス内での携帯電話	**0.570**	0.045
d.	降りる人を待たずに乗る	**0.411**	0.203
e.	年上へのタメ口	0.025	**0.517**
f.	プライバシーの侵害	-0.019	**0.639**
g.	自分の都合を優先させる	-0.026	**0.521**
回転後の負荷量平方和		1.647	1.425
因子間相関		\multicolumn{2}{c}{0.707}
N		\multicolumn{2}{c}{5594}

因子抽出法：最尤法　　回転法：プロマックス回転
注）因子負荷量0.400以上は太字

0.400を超える高い値を示したものは、「公共の場での化粧」(0.636)、「地べたに座る」(0.647)、「電車やバス内での携帯電話」(0.570)、「降りる人を待たずに乗る」(0.411)の4つの項目であった。これを「公共の場における規範意識」と呼ぶことにする。他方、「因子2」において因子負荷量が0.400を超える高い値を示したものは、「年上へのタメ口」(0.517)、「プライバシーの侵害」(0.639)、「自分の都合を優先させる」(0.521)の3つの項目であった。こちらは「人間関係における規範意識」とする[8]。

　独立変数は、基本属性（地域、蔵書数、性別）に加えて、学校生活（学校タイプ、部活動、友人数、成績）、学校適応・満足度（友人満足度、教師・校則満足度、学校外相対充実）、権威主義である。変数の詳細は、以下の表2-2にまとめてある[9]。

　基本属性として、地域、蔵書数、性別を投入している。これらの変数はコントロール変数として投入した意味あいがある。地域は、東京を基準（ref.）とした福岡、大阪のダミー変数を投入している。蔵書数は、蔵書数が多いほど値が大きくなるようにリコードしてある。性別は、男子を基準（ref.）と

表2-2 分析に使用する変数

変数名	概要
地域	東京（ref.）、大阪、福岡
蔵書数	問25「家庭にある本の数」
性別	男子、女子（ref.）
学校タイプ	普通科A（ref.）、普通科B、職業科
部活動	体育系（ref.）、文化系、部活なし
友人数	問3a.「友人数」を使用。友人数が多いカテゴリーほど値が大きくなるようにリコード（7カテゴリー）
成績	問27a.「成績」を反転。成績がよい方が値が大きくなるようにリコード
友人満足度	問13c.「友人満足度」を反転
教師・校則満足度	問13b.「校則満足度」と問13c「教師満足度」を反転したうえで単純加算（クロンバックの$\alpha=0.678$）
学校外相対充実	問8h.「学校の外での生活が楽しい」を反転
権威主義	問22d～gを反転したうえで単純加算（クロンバックの$\alpha=0.693$）

した女子のダミー変数を投入している。

　学校生活を示す指標としては、学校タイプ、部活動、友人数、成績を投入している。学校タイプは、普通科Aを基準（ref.）とした普通科B・職業科のダミー変数を投入している。部活動は、体育系の部活動に入っている人を基準（ref.）とした文化系・部活なしのダミー変数を投入している。友人数は、友人数が多い人ほど値が大きくなるようにリコードしている。成績は成績が良い人ほど値が大きくなるようにリコードしている。

　学校適応・満足度を示す指標としては、友人満足度、教師・校則満足度、学校外相対充実を投入している。これは主に、校則意識・規範意識の形成メカニズムを検討した高橋（2008）の研究を参考にしている。高橋によると、規範への同調性は「家庭や学校への満足度を背景に、フォーマルな学校文化への関与を基礎に形成」（高橋 2008：89）されているとしており、学校の文化に適応し、学校生活に満足感を抱く人ほど規範への同調性が高いと結論づ

けている。そこで、本分析では、学校適応・満足度を示す指標として友人満足度、教師・校則満足度、学校外相対充実の3つの変数を投入している。

友人満足度の高さは学校文化への適応度を測る一つの指標とみなせるだろう。そこで、「友人満足度が高いと規範への同調性が高い」（仮説1）という仮説を立て、友人満足度[10]を投入している。また、教師・校則満足度の高さは、学校生活を充実したものにすることができているかを測る一つの指標であると考えられる。そこで、「教師・校則満足度が高いと規範への同調性が高い」（仮説2）という仮説を立て、教師・校則満足度[11]を投入している。さらに、高橋は「学校外の交友活動の活発さは、校則への同調性の低さと関連している」（高橋 2008：84）としている。この高橋の記述は校則への言及であるが、規範意識に関しても同様の傾向がみられることが期待される。そこで、「学校外相対充実が低いと規範への同調性が高い」（仮説3）という仮説を立て、学校外相対充実[12]を投入した。

最後に、権威主義を投入したのは、規範意識の同調性の高まりが権威主義によるものであるかどうかを検証するためである。先ほど紹介した木村（2009）は、規範意識と権威主義の相関をみるにとどまっているが、本研究では権威主義を独立変数とみなし、規範意識への影響をみている。これは、昨今の日本社会全体に広がる全体主義的な傾向が高校生の権威主義的態度を醸成し、それが規範への同調性という形となって示された可能性を検証するためである。そこで、「権威主義的であるほど規範への同調性が高い」（仮説4）という仮説を立て、権威主義を投入した。

分析は、「公共の場における規範意識」と「人間関係における規範意識」の2因子の因子得点をそれぞれ従属変数として重回帰分析を行い、規範意識の規定要因を探ってゆく。

「公共の場における規範意識」の重回帰分析　まず、「公共の場における規範意識」の分析の結果は、表2-3の通りである。

モデル1では、基本属性に関しては、福岡（B = −0.177）・大阪（B = −0.151）に比べて東京が、蔵書数が多い方が（B = 0.048）、規範への同調性が高いこ

表 2-3　公共の場における規範意識

		モデル1 B	se	β	モデル2 B	se	β	モデル3 B	se	β
	切片	-0.018	0.064		-0.157†	0.093		-0.011	0.099	
地域	福岡	-0.177**	0.029	-0.099	-0.177**	0.028	-0.098	-0.181**	0.028	-0.101
	大阪	-0.151**	0.027	-0.088	-0.144**	0.027	-0.084	-0.136**	0.027	-0.080
	東京（ref.）									
	蔵書数	0.048**	0.009	0.079	0.047**	0.009	0.079	0.044**	0.009	0.074
性別	男子	-0.262**	0.023	-0.157	-0.263**	0.023	-0.157	-0.262**	0.023	-0.157
	女子（ref.）									
学校タイプ	普通科A（ref.）									
	普通科B	-0.100**	0.027	-0.058	-0.038	0.028	-0.022	-0.018	0.029	-0.011
	職業科	-0.134**	0.033	-0.063	-0.094**	0.034	-0.044	-0.069*	0.034	-0.032
部活動	体育系（ref.）									
	文化系	0.050†	0.027	0.027	0.046†	0.027	0.025	0.040	0.027	0.022
	部活なし	-0.064*	0.027	-0.035	-0.040	0.027	-0.022	-0.043	0.027	-0.023
	友人数	0.013†	0.007	0.026	0.005	0.007	0.010	0.006	0.007	0.011
	成績	0.048**	0.011	0.055	0.036**	0.011	0.042	0.033**	0.011	0.038
	友人満足度				0.051**	0.015	0.048	0.052**	0.015	0.049
	教師・校則満足度				0.030**	0.008	0.059	0.033**	0.008	0.063
	学校外相対充実				-0.048**	0.013	-0.054	-0.044**	0.013	-0.049
	権威主義							-0.016**	0.004	-0.058
	調整済み決定係数	0.062**			0.072**			0.075**		
	N	5594			5594			5594		

** p＜0.01；* p＜0.05；† p＜0.10

とがわかった。学校生活に関しては、普通科B（B = -0.100）・職業科（B = -0.134）に比べて普通科Aが規範への同調性が高いことが明らかになった。

　学校適応・満足度を投入したモデル2と権威主義を投入したモデル3に注目すると、友人満足度、教師・校則満足度、学校外相対充実の効果が大きく（モデル2では、それぞれB = 0.051、B = 0.030、B = -0.048）、1％水準で有意な値を示している。言い換えると、友人満足度が高いほど、教師・校則満足度が高いほど、学校外相対充実が低いほど、規範への同調性が高まるという結果を示している。すなわち、「仮説1：友人満足度が高いと規範への同調性が高い」「仮説2：教師・校則満足度が高いと規範への同調性が高い」「仮説3：学校外相対充実が低いと規範への同調性が高い」といった仮説は支持されたといってよい。一方、モデル3の権威主義は、係数は小さいもの

の、負の値を示しており（B = -0.016）、権威主義的であるほど規範意識が低いという傾向が読み取れる。すなわち、「仮説4：権威主義的であるほど規範への同調性が高い」という仮説とは異なる結果が示された。

また、モデル1において普通科Bは有意な値を示しており、普通科Aより普通科Bの方が規範への同調性が低いという結果を示している。しかし、満足度を投入したモデル2では有意な値を示さなくなっている。これは、規範意識に直接影響しているのは満足度であるが、普通科Bの生徒の満足度は普通科Aに比べて低いので、普通科Bの効果は学校適応・満足度を媒介したものだと解釈できる。

この点をさらに詳細に分析するために、モデル1に加え、友人満足度、教師・校則満足度、学校外相対充実を一つずつ投入し、結果を比較して、どの独立変数が規範意識に対して直接効果を有しているかを検証した。その結果、教師・校則満足度、学校外相対充実を投入した際に、普通科Bの係数が大幅に小さくなることがわかった（それぞれ B = -0.100→ B = -0.052、B = -0.100→ B = -0.067）。他方、友人満足度を投入した際には、普通科Bの係数の下落の幅は小さく（B = -0.100→ B = -0.092）、統計的に有意な値を示したままであった。以上のことから、規範意識に直接効果をもたらしているのは、教師・校則満足度と学校外相対充実であり、普通科Bの効果を媒介していた変数だと思われる。

「人間関係における規範意識」の重回帰分析　次に、「人間関係における規範意識」の分析の結果は、表2-4の通りである。

モデル1では、基本属性に関しては、「公共の場面における規範意識」とは異なり、「人間関係における規範意識」では、地域では有意な値は示されず、地域差は認められなかった。学校生活に関しても、学校タイプや友人数では有意な値がみられず、学校タイプ間の差や友人数の差は認められなかった。

学校適応・満足度を投入したモデル2と権威主義を投入したモデル3は、前述の「公共の場における規範意識」と同様、友人満足度、教師・校則満足度の効果が大きく（モデル2では、それぞれ B = 0.052、B = 0.032）、1％

表 2-4　人間関係における規範意識

		モデル1 B	se	β	モデル2 B	se	β	モデル3 B	se	β
	切片	-0.017	0.062		-0.241**	0.091		-0.265**	0.097	
地域	福岡	-0.037	0.028	-0.022	-0.036	0.028	-0.021	-0.036	0.028	-0.021
	大阪	-0.005	0.027	-0.003	0.001	0.026	0.001	0.000	0.026	0.000
	東京（ref.）									
	蔵書数	0.015†	0.009	0.025	0.015†	0.008	0.026	0.015†	0.009	0.027
性別	男子	-0.221**	0.022	-0.138	-0.226**	0.022	-0.142	-0.227**	0.022	-0.142
	女子（ref.）									
学校タイプ	普通科A（ref.）									
	普通科B	0.012	0.026	0.007	0.064*	0.028	0.039	0.060*	0.028	0.037
	職業科	0.028	0.032	0.014	0.057†	0.033	0.028	0.053	0.033	0.026
部活動	体育系（ref.）									
	文化系	-0.016	0.027	-0.009	-0.021	0.027	-0.012	-0.020	0.027	-0.011
	部活なし	-0.063*	0.027	-0.036	-0.044	0.027	-0.025	-0.044	0.027	-0.025
	友人数	0.010	0.007	0.021	0.003	0.007	0.006	0.003	0.007	0.006
	成績	0.022*	0.011	0.026	0.012	0.011	0.015	0.013	0.011	0.015
	友人満足度				0.052**	0.015	0.052	0.052**	0.015	0.051
	教師・校則満足度				0.032**	0.007	0.064	0.031**	0.007	0.063
	学校外相対充実				-0.023†	0.013	-0.027	-0.024†	0.013	-0.028
	権威主義							0.003	0.004	0.010
	調整済み決定係数	0.020**			0.029**			0.029		
	N	5594			5594			5594		

** $p<0.01$; * $p<0.05$; † $p<0.10$

水準で有意な値を示していることがわかった。学校外相対充実の効果はやや小さいが（モデル2ではB=-0.023）、10％水準で有意な値を示した。言い換えると、友人満足度が高いほど、教師・校則満足度が高いほど、学校外相対充実が低いほど、規範への同調性が高まるという結果を示している。「人間関係における規範意識」の分析結果も、「公共の場における規範意識」と同様、「仮説1：友人満足度が高いと規範への同調性が高い」「仮説2：教師・校則満足度が高いと規範への同調性が高い」「仮説3：学校外相対充実が低いと規範への同調性が高い」といった仮説は支持されたといえるだろう。「公共の場における規範意識」と「人間関係における規範意識」の2つの規範意識は、因子分析の結果では比較的明瞭に分かれていたが、学校適応・満足度の効果が大きいという点は共通しているようである。一方、モデル3の

権威主義は「公共の場における規範意識」とは異なり、有意な値を示さなかった。これは、「人間関係における規範意識」では、権威主義的態度が規範への同調性とは関連性が見られないということを示している。ここでも、「仮説4：権威主義的であるほど規範への同調性が高い」という仮説とは異なる結果が示されたといえよう。

以上の分析を踏まえると、規範への同調性に大きな影響を与えているのは、学校適応・満足度であったと結論づけることができよう。

5．現代高校生の実態とこれから

規範への同調性の高まり　本研究の第一の課題は、「日常生活場面における規範意識」の趨勢の変化を追うことであった。ここでは、全体の傾向として、現代高校生の規範への同調性が高まっていることが明らかになった。木村（2009）による2001年と2007年の趨勢分析で明らかになった規範への同調性が高まっている傾向は、2013年調査をふまえると、さらに強まっているといってよい。つまり、現代高校生の規範への同調性は高まっていると結論づけることができる。

今回の分析結果は、現代日本社会の多くの人が抱く若者像とは合致しない結果となっている。しかし、こういった実態とはかけ離れた若者像は、電車内のマナー向上運動を促し、さらには「道徳の教科化」といった国策の根拠となっているのである。

また、今回の規範への同調性の高まりは、普通科Bと女子の顕著な上昇に由来するところが大きいことも明らかにされた。これは一つに、「普通科B」や「女子」が、昨今の経済社会情勢を敏感な嗅覚で感じ取り、将来に対する不安に対処しようとした結果だと解釈できるかもしれない。大学に進学し、エリートコースを進む可能性が高い「普通科A」や職業の専門的技能を身に付ける訓練を十分に受ける「職業科」に比べて、「普通科B」はそのどちらも有することが難しいため、将来の就職に不安を抱きやすいという解釈ができる。また、それは「男子」よりも「女子」の方が将来の就職に不安を

抱きやすいというのと同様である。女性の積極的な社会活用が叫ばれる一方で、女性の方が職に就きにくいというジレンマが、その不安を一層煽っているように思われる。

　新しい若者像へ　第二の課題にこたえるべく、規範意識の規定要因を分析した。重回帰分析の結果から、規範意識と権威主義の間に正の関係性は見られなかった。また、規範意識は、特に学校適応・満足度に規定されるところが大きく、学校内で行われる授業の効果だけでなく、さまざまな要因から規定されていることが明らかになった。分析の結果をふまえると、高校生の規範への同調性を高めるには、友人満足度、教師・校則満足度といった学校適応・満足度を高めるような施策を打つことが効果的ということになる。そして、この点は、道徳の科目を授業化することで若者を啓蒙しようとしている「道徳の教科化」をめぐる議論の根底と対立しているように思われる。授業を受けさせることで規範への同調性の高まりを狙うより、生徒の学校生活をいかに充実したものにできるのかという点こそ、真に注力すべき課題なのである。

　教科化に賛成の論者は、今までより若者はよく育つと主張してきた。教科化に反対の論者に対しては、不徳義な若者を放っておく無責任さを批判してきた。しかしながら、教科化をしていない現状においても、若者の規範意識は高まり続けているのであり、またさまざまな要因で規定される規範意識を教科化の効果によって改善させようとするのであれば、道徳の教科化には再考の余地が残るであろう。

　現代日本を生きる高校生は、世間が思っているのとは反対に、マナーやルールを守ろうとする規範意識の高い若者である。さまざまな解釈が可能であるが、昨今の社会経済情勢が高校生の不安を煽り、合理的選択としてルールを守ろうとさせたのかもしれない。

　規範意識の高い若者の実態は、近年になって世間で言われつつある「最近の若者は大人しい」という新たな若者像に合致している。これまで、若者は「最近の若者はけしからん」と言われて続けてきたが、これからは「最近の

若者は大人しい」という新しい若者像が一般的になるかもしれない。

[注]
(1) 回答は「上がった」から「下がった」まで7件法で与えられているため、4点を中間回答とし、1点から3点を上昇（上がった）、5点から7点を低下（下がった）とみなして集計した。なお、上がったと答えたのは約10％、中間回答は約20％であった。
(2) 各教科とは異なり、道徳教育は人格全体に関わる道徳性の育成を目指すものであることから、学級担任が担当することが望ましいと考えられること、数値などによる評価はなじまないと考えられることなど、教育課程上も各教科とは異なる新たな枠組みとして「特別の教科」（仮称）を設け、学校教育法施行規則に位置付けることが適切であるとされている（中央教育審議会 2014：5）。
(3) 「日常生活場面における規範意識」の7つ全ての項目のクロス分析は、以下の付表a、付表bに示しておいた。
(4) 校則意識に関する項目を因子分析して得られたものである。高橋（2008）を参照。
(5) 高橋（2008）を参照。
(6) 付表cは、規範意識と同調行動の相関係数を示している。規範に関する意識と行動の間の相関は非常に高いことが明らかになっている（杉村 2014：14-22）。
(7) 規範意識の7項目は反転済。規範への同調性が高いほど、値が大きくなるようにしてある。
(8) 因子分析によって抽出された「公共の場における規範意識」「人間関係における規範意識」と「権威主義」の相関分析を行った結果、全体として、権威主義的だからといって規範への同調性が高くなるとはいえず、むしろ権威主義的であるほど規範への同調性が低くなるという傾向さえ読み取れた。相関分析の結果からは、規範意識と権威主義の間に正の関連が見られないと結論づけられる。
(9) 反転して単純加算した。詳しくは第5章の友枝論文を参照。
(10) 友人満足度が高い人ほど値が大きくなるように値を反転した。
(11) 「校則満足度」と「教師満足度」の相関分析を行ったところ、0.515と非常に高い値を示した。また、変数の意味も学校制度への満足度を示すという意味で非常に似通っているため、単純加算して一つの変数にまとめている。
(12) 学校外相対充実は、学校内の生活に比べて、学校外の生活の方が充実している人ほど値が高くなっている。

［文献］

浅野智彦、2006、「若者論の失われた10年」浅野智彦編『検証・若者の変貌――失われた10年の後に』勁草書房、1-32。

道徳教育の充実に関する懇談会、2013、「今後の道徳教育の改善・充実方策について（報告）――新しい時代を、人としてより良く生きる力を育てるために（http://www.mext.go.jp/b_menu/shingi/chousa/shotou/096/houkoku/__icsFiles/afieldfile/2013/12/27/1343013_01.pdf　2014.11.28）。

貝塚茂樹、2012、『道徳教育の取扱説明書――教科化の必要性を考える』学術出版会。

木村好美、2003、「高校生と高校教師の規範意識――教師・生徒の意識のずれ」友枝敏雄・鈴木譲編『現代高校生の規範意識――規範の崩壊か、それとも変容か』九州大学出版会、11-36。

木村好美、2009、「規範意識は6年間でどう変化したのか――規範への同調性の高まりが意味するもの」友枝敏雄編『現代の高校生は何を考えているか――意識調査の計量分析をとおして』世界思想社、13-37。

大阪商業大学JGSS研究センター編、2010、『日本版General Social Surveys基礎集計表・コードブック JGSS-2008』大阪商業大学JGSS研究センター。

大内裕和・斎藤貴男・佐藤学、2014、「討議　『教育再生』の再生のために」『現代思想』2014年4月号、青土社、28-50。

杉村健太、2014、「日常生活場面における『規範意識』と『規範行動』」友枝敏雄・平野孝典編『高校生の規範意識――第3回高校生調査（福岡・大阪・東京）　計量分析第一次報告』科学研究費補助金研究成果報告書、大阪大学、5-24。

高橋征仁、2008、「規範意識は低下したか――同調性と序列性の形成」海野道郎・片瀬一男編『〈失われた時代〉の高校生の意識』有斐閣、59-91。

中央教育審議会、2014、「道徳に係る教育課程の改善等について」（http://www.mext.go.jp/b_menu/shingi/chukyo/chukyo0/toushin/__icsFiles/afieldfile/2014/10/21/1352890_1.pdf　2014.11.28）。

第 2 章　日常生活場面における規範意識

付表 a　性別と社会規範への同調性

質問項目	時点	男子	女子	クラマーの V		N
a 公共の場 での化粧	2001年 2007年 2013年	52.6% 65.8% 68.2%	55.2% 65.7% 78.7%	0.048 0.055 0.132	 **	1558 1681 1691
b 地べたに 座る	2001年 2007年 2013年	63.1% 82.4% 88.3%	73.7% 89.7% 95.5%	0.128 0.118 0.166	** ** **	1558 1681 1691
c 電車やバス での携帯電話	2001年 2007年 2013年	60.1% 71.2% 77.1%	68.1% 79.8% 86.4%	0.087 0.105 0.142	** ** **	1558 1681 1691
d 降りる人を 待たずに乗る	2001年 2007年 2013年	88.6% 91.2% 94.5%	91.4% 93.8% 97.2%	0.075 0.092 0.078	* ** *	1558 1681 1691
e 年上への タメ口	2001年 2007年 2013年	78.1% 83.1% 81.5%	76.3% 85.8% 86.6%	0.066 0.040 0.112	† **	1558 1681 1691
f プライバシー の侵害	2001年 2007年 2013年	89.1% 90.6% 88.7%	93.9% 94.5% 95.3%	0.092 0.110 0.127	** ** **	1558 1681 1691
g 自分の都合を 優先させる	2001年 2007年 2013年	85.6% 81.5% 81.8%	89.6% 85.6% 89.9%	0.079 0.109 0.130	* ** **	1558 1681 1691
	N	2407	2523			

** $p<0.01$；* $p<0.05$；† $p<0.10$
注 1 ）値は「抵抗を感じる」「やや抵抗を感じる」の合計。
注 2 ）クラマーの V の値は、従属変数を 4 点尺度としたときの値である。

付表 b　学校タイプと社会規範への同調性

質問項目	時点	普通科 A	普通科 B	職業科	クラマーの V		N
a 公共の場 での化粧	2001年 2007年 2013年	58.2% 75.8% 78.5%	54.6% 64.4% 75.0%	48.4% 53.0% 63.2%	0.073 0.138 0.102	* ** **	1558 1681 1691
b 地べたに 座る	2001年 2007年 2013年	77.9% 90.6% 94.0%	67.6% 88.3% 92.5%	61.9% 75.6% 87.6%	0.104 0.141 0.097	** ** **	1558 1681 1691
c 電車やバス での携帯電話	2001年 2007年 2013年	69.1% 78.3% 83.7%	63.9% 78.8% 83.2%	60.3% 65.9% 76.3%	0.048 0.096 0.061	 ** *	1558 1681 1691
d 降りる人を 待たずに乗る	2001年 2007年 2013年	92.4% 94.3% 96.8%	89.5% 93.5% 95.7%	88.9% 88.2% 94.6%	0.063 0.091 0.076	† ** **	1558 1681 1691
e 年上への タメ口	2001年 2007年 2013年	77.4% 84.9% 83.2%	78.3% 83.2% 85.3%	74.3% 86.6% 83.1%	0.081 0.061 0.038	** † 	1558 1681 1691
f プライバシー の侵害	2001年 2007年 2013年	88.8% 90.8% 90.2%	92.0% 93.5% 92.6%	92.9% 93.7% 93.8%	0.056 0.063 0.069	 * *	1558 1681 1691
g 自分の都合を 優先させる	2001年 2007年 2013年	83.5% 82.3% 84.8%	87.7% 85.8% 87.6%	91.0% 81.6% 84.4%	0.068 0.068 0.075	* * **	1558 1681 1691
N		1486	2313	1131			

** $p<0.01$：* $p<0.05$：† $p<0.10$
注1）値は「抵抗を感じる」「やや抵抗を感じる」の合計。
注2）クラマーの V の値は、従属変数を4点尺度としたときの値である。

付表 c　規範意識と同調行動の相関係数

電車やバス内での携帯電話	0.462	**
年上へのタメ口	0.510	**
自分の都合を優先させる	0.419	**

N = 5594、**$p<0.01$

第3章
若者的コミュニケーションの現在
―高校生の友人関係志向に見る―

小藪明生・山田真茂留

1. 横溢する関係性

文化から関係へ どの時代にも若者批判があるというのは事実だろう。またどんなときにも、年少者をやみくもに批判する大人は一定数いるものだ。しかし、これをもって若者のありようを無反省に擁護ないし賞揚するような姿勢もまた、かつての若者像を振り返りつつ現今の若者の様子を見据えるという社会学的洞察を欠いているという点で、素朴な若者批判と同じように愚かしい。そこで本章では可能なかぎり実証主義の精神を発揮し、また社会学的想像力を働かせながら、主として高校生の友人関係に照準し、その分析を通じて現代若者のコミュニケーションのあり方の一端を明らかにしていきたい。

昨今の若者論には、若者たちがたくさんの友人たちと多様な関係を取り結んでいることを前提としたうえで、状況に応じて異なる相貌を選択的に使い分けている彼らの姿を活写するものが少なくない。そしてそこで話題となるのは、そうした多元的な自己のありようがアイデンティティの統一性を毀損しがちかどうか、また社会関係やコミュニケーションの量や質の低下をもたらしているかどうか、などといった事柄である。ただ、こうした問題に挑む前にまず確認しておかなければならないのは、若者の関係性の稀薄化を憂うる議論は元々、友人の多さではなく少なさを前提にして始まっていたということにほかならない。

いわゆる団塊の世代の若者たちの多くは、共通の世代文化的なコードを結

節点にしつつ、直接的な対話というものを濃密に繰り広げていた。これに対して、一枚岩的な若者文化が崩れた後の世代では、コミュニケーションを支える確固たる拠り所が持ちにくくなる。また携帯・スマホ・PCといったパーソナルな電子メディアの発展・普及によって、新たな世代は直接的で緊密な関係を持たなくても必要な情報を容易に手に入れることができるようになった。そしてここに、もっぱら個室に閉じこもってPCをはじめとする電子機器ばかりを相手にし、本物の友だちは少なく、結果コミュニケーションがとてつもなく下手というタイプの若者イメージが新たに登場することになるわけである[1]。

　しかしながらそうした若者像は単なる予見に留まり、現実はそれを大きく裏切ることになった。若者の多くはけっして内に閉じこもることなく、かつてよりも多くの友人を持ち、そしてメディアを介してだけでなく対面的にもきわめて活発なコミュニケーションを交わしているのである。共通の世代文化が衰微したことで、若者たちは語るべき言葉を失ったわけではなかった。むしろ文化的なものに頼ることができにくいからこそ、彼らは関係性やコミュニケーションを非常に強く希求していると解釈することもできよう（浅野 2009；山田 2000；山田 2009：3・4章）。

　若者現象を語る際のキーワードが文化ではなくなってきたことに関しては、欧米の場合も同様だ。ここでは象徴的なこととして、イギリスの若者現象に関する社会学の代表的な著作3つのタイトルに注目してみよう。パンク現象について詳細な考究を行ったヘブディジの1979年の著書は『サブカルチャー』（Hebdige 1979＝1986）、クラバーやレイヴァーたちの世界を深く抉ったソーントンの1995年の作品は『クラブの諸文化』（Thornton 1995）、そして消費やメディアとの関わりで若者たちの姿を鋭く見据えたマイルズの2000年の著作は『変転する世界における若者のライフスタイル』（Miles 2000）だ。1970年代後半、ヘブディジが注目した代表的な若者文化は、まだサブカルチャーと単数形で呼ぶことができた。ところが1990年代、ダンスに興じる最先端のクラバーやレイヴァーたちの世界をソーントンが見たとき、これを単数の世代文化として語ることは最早不可能となる。クラブの外にも

たくさんの若者文化があるし、クラブ文化それ自体も一枚岩ではないのである。そしてその後、若者らしい個性的な消費を誘導する制度的・商業的な諸力について探究したマイルズにおいて、キーワードは集合的な文化ではなく、関係的ないし個人的なライフスタイルとなっていた。

　ソーントンやマイルズの研究では、仲間関係や仲間集団を非常に重視する若者像が浮き彫りになっている。若者たちの多くにとって大切なのは仲間の存在だ。彼らは共通の世代文化が稀薄な時代を生きるなかで、集団や関係から撤退したわけではけっしてなかった。

　それでは、個人的世界に引きこもるどころか、ひたすら外に出て誰かとつるむ今日的な若者たちが大事にする仲間関係、それはいったいどのような内実のものなのであろうか。彼らの関係は実質的な意味の深みを備えたものなのだろうか。かつて、関係性それ自体から身を引くという意味でのコミュニケーション稀薄化論が若者批評のなかで唱えられていたことがあったが、先述のようにそれは当たっていなかった。これに対して今日では、数多くの友人を持ち、たくさんの関係性を取り結んでいるからこそ、個々のつながりが脆弱なものになっているのではないか、という新たなコミュニケーション稀薄化論が台頭している[2]。ではそうした見方は、どれだけ現実に合致しているのであろうか。

　関係性の「広さ」と「深さ」　人が多様な関係性を取り結んでいるということは、それ自体さまざまな効用をもたらす。それに注目しているのが近年流行の社会関係資本論だ。例えばグラノヴェッターの「弱い紐帯の強さ」命題は、従前の研究で漠然と想定されていたいわば「人脈力」が実際に役に立つことを経験的に立証している。それまでの社会的ネットワークに関する議論が、接触頻度が高くサポートし合う関係となる「強い紐帯」の重要性ばかりを論じていたのに対し、グラノヴェッターはたまにしか会わない「知人」が持つ新鮮な情報の供給源としての役割を指摘したわけである（Granovetter 1973）。またパットナムによる「橋渡し型」の紐帯と「結合型」の紐帯の議論に即して言えば（Putnam 2000＝2006：19-20）、若者の交友圏の拡大は新

たな情報の入手を容易にし、異なる立場の人々をつなぎ、また一般的な互酬性を育む可能性のあるものとして期待されよう。関係性の「広さ」は諸々の世界を結ぶ「橋渡し型」の役割を果たし得るのである。

　ただし、コミュニケーション稀薄化論が憂えるように、若者の交友圏の拡大が親密な関係性を損なう形で進展しているとするならば問題であろう。特定の相手との親密な関係性すなわち「結合型」の社会関係資本は、互酬性を安定させ、物的・人的・情緒的サポートを発展させ、生活の基本的な支えとなる。このような人間関係の「深さ」の側面は人々が社会生活を送るうえで不可欠なものであり、「広さ」によってこの「深さ」が犠牲になるとすればそれは大きな問題と言わざるを得まい。

　では実際にこの「広さ」と「深さ」はどのような関係にあるのであろうか。今日的な若者たちの世界において関係性の「広さ」は「深さ」を阻害してしまうものなのだろうか、それともこの2つは両立可能なのだろうか。この問題は実は既存の社会関係資本論の諸研究においてもそれほど深く探究されてはこなかった。われわれの高校生調査データはこの問題を解く一つの手がかりとして大いに期待されよう。

　また、人間関係の拡大が規範意識にどのような影響を及ぼすのかという点も重要な検討課題の一つである。コミュニケーション稀薄化論の立場に立つならば、現代の若者は交友圏の拡大によって、その場の状況やそのとき一緒にいる周囲の人々に流されてしまい、より普遍的なルールを無視するようになったり自己中心性を高めてしまったりする、ということになる。一方で社会関係資本論の議論に沿うならば、より幅広い人々と交わることで、彼らが普遍的なルールや一般的互酬性を尊重する志向を高めていくということも考えられよう。では現実にはいったいどちらのメカニズムがより強く効いているのであろうか。

2．現代高校生の友人志向

　以上、今日的な若者が関係志向を失うどころか、むしろこれを強めている

第3章　若者的コミュニケーションの現在

ということが確認された。そしてその関係性の「広さ」が「深さ」を毀損してしまうのかどうか、またそれによって規範意識が減じてしまうのかどうかといった課題が提起された。そこで以下ではわれわれの高校生調査のデータの分析を行うことで、こうした諸問題に取り組んでいくことにしよう。本章で用いるのは2007年調査ならびに2013年調査のデータである。ただし、調査年ごとに質問項目に若干の違いがあるため、2007年・2013年の2時点で比較する場合はデータが揃う福岡・大阪2時点統合データを、また最新データで変数間の関連性を分析する場合は2013年福岡・大阪・東京データをそれぞれ用いる。なお、各分析の際、使用する変数に欠損値が含まれるケースは除外した。

態度の表出と抑制　まずは友人の数について見てみよう。図3-1は、友人数（「友だちと呼べる人」の数）について尋ねた結果を2時点・3地点別で集計したものである。なお2007年調査では「21人以上」が最大のカテゴリーとなっていたところが、2013年調査では「21〜50人」と「51人以上」に分かれている。さて2007年から2013年までの変化を見ると、福岡・大阪ともに「11

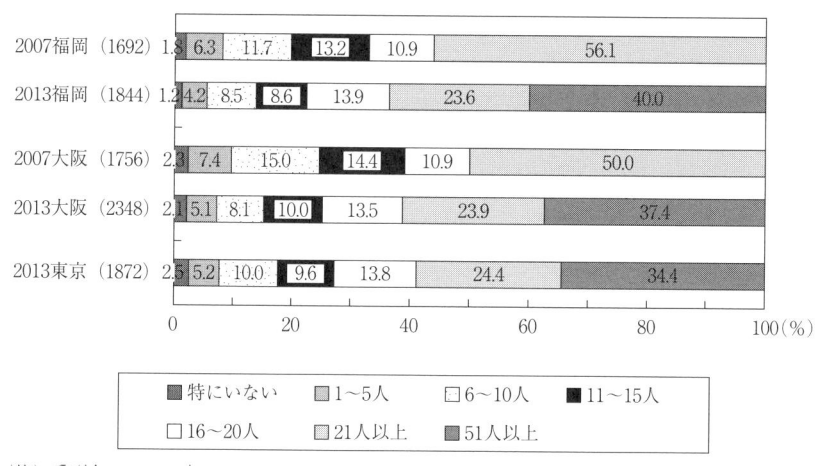

系列	特にいない	1〜5人	6〜10人	11〜15人	16〜20人	21人以上	51人以上
2007福岡（1692）	1.8	6.3	11.7	13.2	10.9	56.1	
2013福岡（1844）	1.2	4.2	8.5	8.6	13.9	23.6	40.0
2007大阪（1756）	2.3	7.4	15.0	14.4	10.9	50.0	
2013大阪（2348）	2.1	5.1	8.1	10.0	13.5	23.9	37.4
2013東京（1872）	2.5	5.2	10.0	9.6	13.8	24.4	34.4

（注）系列名のカッコ内はサンプル数、データラベルはすべて％。以下の図でも同様。

図3-1　友人の数

〜15人」以下のカテゴリーで減少し、「16〜20人」以上のカテゴリーで増加していることがわかる。また、「特にいない」や「1〜5人」のカテゴリーの割合も減少しているが、これは孤立した人が減っていると解釈することもできるし、孤立状態（いわゆる「ぼっち」）を忌避する傾向が強まったと読むこともできる。いずれにせよ友人志向の量的拡大は止まっていない。

なおこの間、異性の友人数も増加している。また友人数と異性の友人数の順位相関係数は0.564（Spearmanのロー、1％以下水準で有意）と非常に高いものとなっている。

次に友人関係の満足度について図3-2で確認してみよう。ここでは大きな変化は見られず、全体的に8割を超える高校生が友人関係に満足していることが判明した（2013年福岡・大阪・東京データでは83.7％が満足）。友人関係の稀薄化や、あるいは友だち疲れといったことはよく口の端に上るところだが、高校生の大半が友人関係に満足しているということは見落としてはいけない大切な点にちがいない。

では、現代の高校生は友だちに対してどのような姿勢で臨んでいるのであろうか。「自分の気持ちや考えを、言葉や態度で示すようにしている」かどうか尋ねた結果を示したのが図3-3である。ここでは2007年から2013年にかけて「非常にあてはまる」と「ややあてはまる」の合計が若干増えているのが注目される（63.2％→69.1％）。また図には示さないが、「友人には欠点や間違いを指摘できる」かどうかを訊いた別の項目においても、これと同様の分布ならびに微増傾向が認められた。この2つに関するかぎり、友人関係

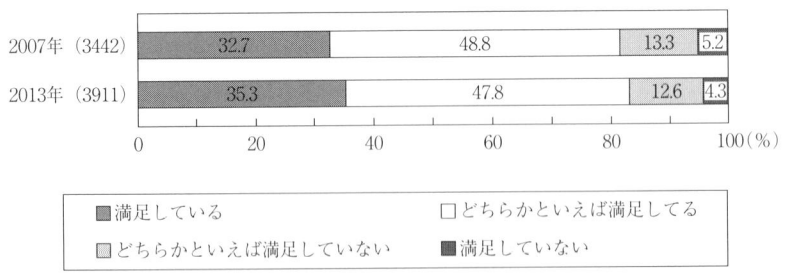

2007年（3442）	32.7	48.8	13.3	5.2
2013年（3911）	35.3	47.8	12.6	4.3

■満足している　　　　　　　□どちらかといえば満足してる
■どちらかといえば満足していない　■満足していない

図3-2　友人関係の満足度（福岡・大阪）

第3章　若者的コミュニケーションの現在

	2007年（3392）	2013年（3893）
値	21.2 / 42.0 / 30.4 / 6.4	19.2 / 49.9 / 27.5 / 3.4

■ 非常にあてはまる　□ ややあてはまる
■ あまりあてはまらない　■ 全くあてはまらない

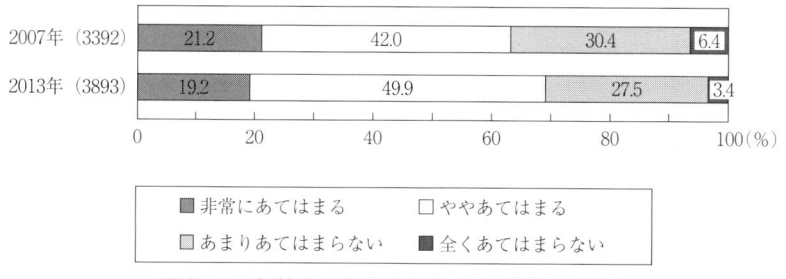

図3-3　気持ちや考えを表明する（福岡・大阪）

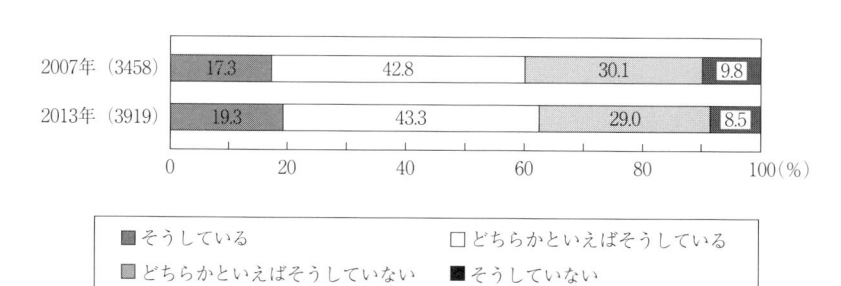

	2007年（3458）	2013年（3919）
値	17.3 / 42.8 / 30.1 / 9.8	19.3 / 43.3 / 29.0 / 8.5

■ そうしている　□ どちらかといえばそうしている
■ どちらかといえばそうしていない　■ そうしていない

図3-4　態度や表情の抑制（福岡・大阪）

の拡大にともなって意見表出を控え、自分を出さないようにするといったコミュニケーション稀薄化論の憂える傾向は認められない。

　しかしながら「友だちと意見が異なっていても、態度や表情に表わさないようにしている」への回答傾向は、これとはやや異なる。図3-4で確認してみると、態度や表情に出さないという人が6割を超え、それが微増傾向を示していることがうかがわれた。図3-3・図3-4には出ていないが、2013年福岡・大阪・東京データで言えば、69.1％の高校生が自分の気持ちや考えを表明すると答える一方で、61.3％の高校生が友だちと意見が違えばそれを態度や表情に表わさないようにしていると答えているのである[3]。今日的な若者は自分の意見を言わなくなっている自覚はないものの、相手との摩擦を避けるべくうまく空気を読むようにしているのかもしれない。

　さて、コミュニケーション稀薄化論的な関心を直截に測れるのが「友だちとの関係は、わりとあっさりとしている」という項目である。これへの回答

63

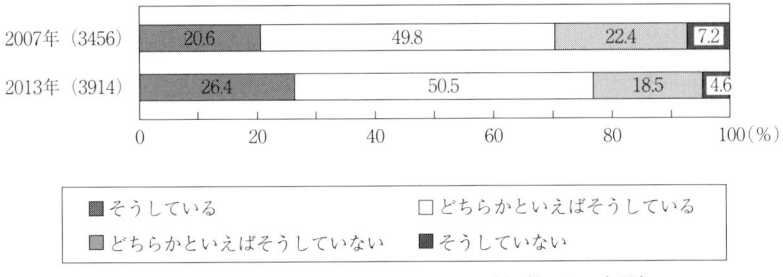

| 2007年（3456） | 20.6 | 49.8 | 22.4 | 7.2 |
| 2013年（3914） | 26.4 | 50.5 | 18.5 | 4.6 |

■ そうしている　　□ どちらかといえばそうしている
■ どちらかといえばそうしていない　■ そうしていない

図3-5　友だちとのあっさりした関係（福岡・大阪）

は図3-5のようになった。これを肯定する比率は2007年で既に70.4％と高かったが、2013年には76.9％とさらに高くなっている。また同様に2007年から2013年にかけて「友人といるより1人でいる方が落ち着く」は54.8％から65.6％に、そして「親友でも本当に信用することはできない」は28.7％から36.6％にそれぞれ増えている（福岡・大阪2時点統合データ）。ここからは友人関係を薄いものに留めようとする姿勢がそれなりに強くあること、そしてその強度が少しずつ増していることがうかがわれよう。この3つの質問項目群の結果が示しているのは、端的にコミュニケーションの稀薄化にほかならない。

それにしても、親友でも信用できないとする高校生が3人に1人もいるという事実は注目に値しよう。無条件に信用できる友人のことを親友と呼ぶ向きからすれば、これは驚くべき結果に映じるにちがいない。友人関係に概ね満足している今日的な若者たちだが、その関係の内実や満足の意味は意外な微妙さをはらんでいるようだ。

「深さ」か「広さ」か両方か　問26では既に上で対象とした項目も含み、友人関係についていくつかの質問をしている。そこで2013年福岡・大阪・東京データを用い、問26のa.からh.までの8項目を投入して因子分析を行ってみよう。するとその結果、表3-1に見るように、因子1「多方面との交流」、因子2「人格的な交流」、因子3「関係の忌避」の3つの因子が抽出された。因子1は問26c.「少数の友人より、多方面の友人といろいろ交流する

第3章 若者的コミュニケーションの現在

表3-1 友人関係の3因子

	因子1	因子2	因子3
問26c.：友人関係（少数の友人より、多方面の友人と交流する）	**0.886**	0.072	-0.028
問26b.：友人関係（浅く広くより、狭く深くを大切にする）	**-0.424**	0.19	-0.03
問26e.：友人関係（気持ちや考えを示すようにしている）	-0.045	**0.688**	-0.015
問26g.：友人関係（友人の欠点・間違いを指摘できる）	-0.09	**0.561**	0.045
問26d.：友人関係（いろいろな友人がいてそれぞれ話す内容が違う）	0.248	**0.257**	0.023
問26h.：自分自身（親友でも本当は信用することはできない）	0.104	-0.06	**0.593**
問26a.：友人関係（友人といるより1人の方が落ち着く）	-0.098	-0.009	**0.471**
問26f.：友人関係（相手に泣かれるとうっとおしく感じる）	-0.005	0.113	**0.459**
回転後の負荷量平方和	1.106	0.976	0.828

（注）因子抽出法：主因子法　　回転法：Kaiserの正規化を伴うプロマックス法

方だ」を因子負荷量の最も高い項目とし、次いで問26b.「浅く広くより、1人の友人との深いつきあいの方を大切にしている」と負の相関を持つ。この問26のb.とc.は質問文自体が事実上、対をなすものにほかならない。そこで以下では、交友圏の「広さ」と「深さ」が他の友人意識や規範意識などとどのように関連しているのかを検討することを主眼に、この因子1関連の2つの項目を中心として探索的な議論を進めていくことにしたい。

因子1関連の2つの質問（問26のb.とc.）は友人の数に関しても（少数か多数か）、つきあい方に関しても（深いか広いか）、対照的な文言で構成さ

れているため、単純に考えれば相互排他的な分布になることが予想されよう。ところがこの2つは別々に問われているので、双方に対してともに否定的な回答や、ともに肯定的な回答も現れ得ることになる。そこで実際にはどのような分布になるかを見るために、それぞれの肯定・否定を掛け合わせた2×2の分類表を作ってみよう。すると表3-2のように「ひとり」「深さ重視」「広さ重視」「両立」の4つのタイプが析出される。そして実際、データからは「ひとり」や「両立」も一定比率いることが明らかになった。表3-3を見てみよう。2013年福岡・大阪・東京データで「ひとり」は11.0%、「両立」は21.9%、それぞれ存在しているのである。

ところでこの4つのタイプにおいて最も多いのは「深さ重視」であり、2013年福岡・大阪・東京データで45.3%となっている。そしてそれぞれのタイプの2007年からの変化を見ると、「ひとり」と「広さ重視」が若干減り、「深さ重視」が増えていることが判明した[4]。また問26のb.とc.の単純集計（2013年福岡・大阪・東京データ）を比べてみれば、「深さ」(67.1%)の方が「広さ」(43.7%)を上回っていることに気づく。こうしたデータに鑑み

表3-2 友人関係志向の4タイプ

		多方面の友人と交流する	
		非常にあてはまる／ややあてはまる	あまりあてはまらない／全くあてはまらない
狭く深くを大切にする	非常にあてはまる／ややあてはまる	両立	深さ重視
	あまりあてはまらない／全くあてはまらない	広さ重視	ひとり

表3-3 友人関係志向の分布

	ひとり	深さ重視	広さ重視	両立	合計
2007年（3394）	12.7	39.6	25.1	22.6	100.0（%）
2013年（6032）	11.0	45.3	21.9	21.9	100.0

（注）2007年＝福岡・大阪　　2013年＝福岡・大阪・東京

第3章　若者的コミュニケーションの現在

ると、コミュニケーション稀薄化論に対して疑義を差しはさむ余地も出てこよう。高校生たちの多くは、その中身の如何はともかくとして、少なくとも主観的には深い関係をそれなりに大事にしているのである。

稀薄化命題の当否　社会関係資本論の枠組みに落とし込んで言えば、友人関係志向の４つのタイプのうち「ひとり」は社会関係資本の乏しさに、「深さ重視」は「強い紐帯」ないし「結合型」の社会関係資本に、「広さ重視」は「弱い紐帯」ないし「橋渡し型」の社会関係資本に、そして「両立」は双方の豊かさにそれぞれ照応している。では、この４つのタイプは他の変数との関係においていったいどのような違いを呈するのであろうか。以下、2013年福岡・大阪・東京データを用いて見ていくことにしたい。

まず、友人の数、親友の数、異性の友人の数についてカテゴリー数を組み直して検討してみよう[5]。すると友人の数に関しては「ひとり」「深さ重視」よりも「広さ重視」「両立」の方が多いということが明らかになった。また親友ならびに異性の友人については「ひとり」＜「深さ重視」＜「広さ重視」＜「両立」の順でどんどんその数が増えていく。

このうち親友の数の違いについて、その結果を示したのが図３-６だが、ここではとくに「深さ重視」よりも「広さ重視」の方が親友の数が多いとい

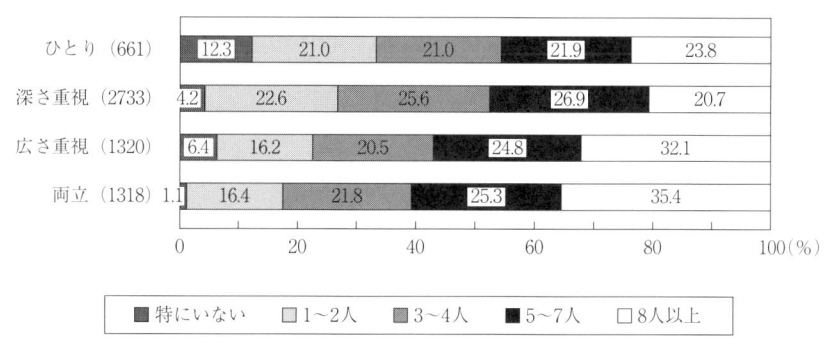

(注) 友人関係志向タイプ別の分析では2013年の福岡・大阪・東京３地点合算データを用いる。以下の図と表でも同様。

図３-６　親友の数（友人関係志向タイプ別）

うことに注目しよう。「広さ重視」は「深さ重視」に比して単に友人の数が多いというだけでなく、親友の数でも上回っているのである。友人関係に広さを求める志向は必ずしも親密性を損なうとはかぎらない。コミュニケーション稀薄化論が危惧するところとは違って、広さと親しさは両立し得るということをここで確認しておきたい。

では、友人関係をあっさりしたものに留める傾向に関してはどうだろう。これを友人関係志向のタイプ別に示すと、図3-7のようになる。コミュニケーション稀薄化論に則るならば、あっさりした関係を好む性向は「広さ重

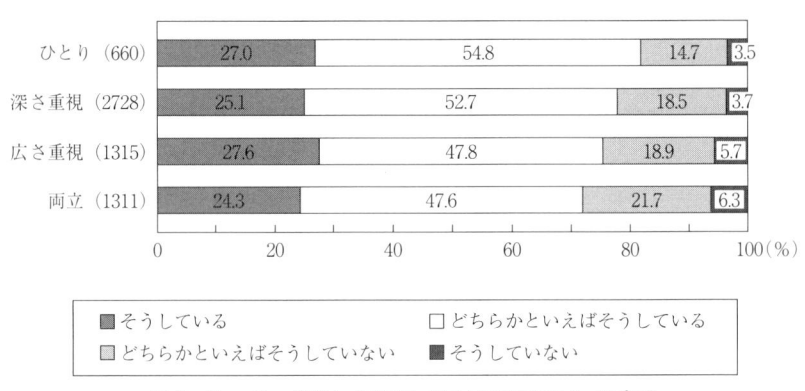

友人関係志向	そうしている	どちらかといえばそうしている	どちらかといえばそうしていない	そうしていない
ひとり（660）	27.0	54.8	14.7	3.5
深さ重視（2728）	25.1	52.7	18.5	3.7
広さ重視（1315）	27.6	47.8	18.9	5.7
両立（1311）	24.3	47.6	21.7	6.3

図3-7　あっさりした関係（友人関係志向タイプ別）

友人関係志向	非常にあてはまる	ややあてはまる	あまりあてはまらない	全くあてはまらない
ひとり（658）	11.7	44.2	39.7	4.4
深さ重視（2729）	17.5	49.4	29.8	3.4
広さ重視（1318）	22.2	50.0	24.6	3.2
両立（1316）	26.4	50.8	20.7	2.1

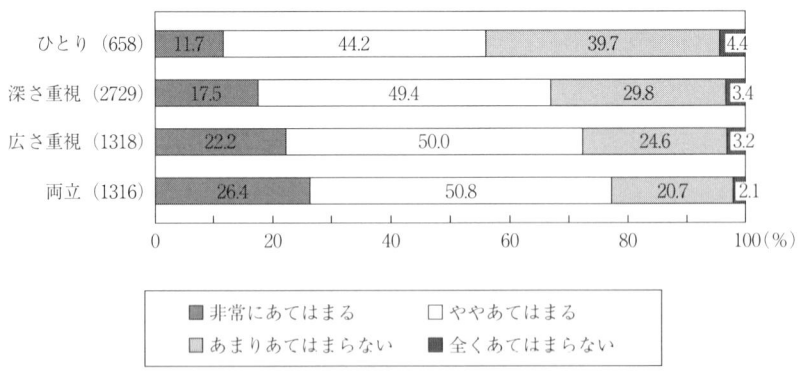

図3-8　気持ちや考えの表明（友人関係志向タイプ別）

視」で増えるはずである。しかしながら現実はそうではない。肯定的な回答選択肢2つの合計をタイプ別で見比べれば、あっさり志向は「広さ重視」でも「深さ重視」の場合とほとんど変わらない（むしろ若干少ない）ということがわかる。さらに自身の気持ちや考えの表明に関しては、図3-8に見るように「広さ重視」で高い積極性が看取された。ここでもまた、交友圏の広さによって関係が稀薄化するとはかぎらないということが判明したわけである。

　ただし、これに関しては次の2つの解釈があり得よう。1つは「広さ重視」の人たちは一般的にコミュニケーション能力に長けていて、さまざまな人たちと心打ち解けて深い話ができるというもの。これはコミュニケーション稀薄化論への端的な反論となる。これに対してもう1つは「広さ重視」の人々が想定しているコミュニケーションは元々さほど深いものではないがゆえに、彼らは比較的気楽に多くの人とつきあえるし、重い内容の話を除いたところで気持ちや考えを難なく表出することができる、という解釈。つまりは、積極的なコミュニケーションはその内容が薄いからこそ活発化する、という見方である。この解釈を採れば、他のタイプと比べて一見充実しているように見える「広さ重視」のコミュニケーションも、その実、次元の一つ深いところにおいて稀薄化した関係性を前提としている、ということになってこよう。

　ちなみに今日的な若者の場合、そもそも友人という言葉自体、それなりの軽さをまとっている。「友だち」とはどのような人かを尋ねた問いに対し「クラスメイト」と答えた人は67.0％もおり、「顔見知り」と答えた人ですら33.1％もいるのである（2013年福岡・大阪・東京データ）。そしてその軽さはとくに「広さ重視」と「両立」で際立っている。友人関係志向のタイプ別で示すと、「クラスメイト」という回答は「ひとり」：65.5％、「深さ重視」：58.1％、「広さ重視」：76.9％、「両立」：76.5％であり、また「顔見知り」という回答は「ひとり」：33.9％、「深さ重視」：27.5％、「広さ重視」：37.8％、「両立」：39.0％となる。

　このあたりの関係性のありようをどう評価するかによって、コミュニケー

ション稀薄化論が当たっているとするか外れているとするか、その判断もかなり違ってこよう。この高校生調査のデータに垣間見られる関係性のある種の軽さを肯定的に捉えるか否定的に捉えるかは、若者論の専門家の間でも微妙に異なってくるにちがいない。

　「広さ」の効用　ただいずれにせよ「広さ重視」の若者たちは、それなりに活発なコミュニケーションを多様な形で繰り広げている。現代的な若者たちのコミュニケーションの特徴として、複数の交友圏ごとにアイデンティティを切り替えるといった多元性、選択性がよく指摘されるが（例えば浅野2013a）、それは「広さ重視」でとくに顕著だ。「いろいろな友人とのつきあいがあり、それぞれ話す内容は違う」とした比率は、図3-9に見るように「広さ重視」で最も高くなっているのである。

　そして「広さ重視」の人たちは友人関係や生活全般に関する満足度が高い。「どちらかといえば満足している」を除き「満足している」だけで見てみよう。すると「学校での友人関係」に満足しているのは「ひとり」：28.2％、「深さ重視」：29.6％、「広さ重視」：44.7％、「両立」：42.6％であり、また「生活全般」に満足しているのは「ひとり」：17.1％、「深さ重視」：14.2％、「広さ重視」：21.3％、「両立」：22.2％という結果になる[6]。

　では社会性や規範意識についてはどうだろう。今日的若者は身近な関係性

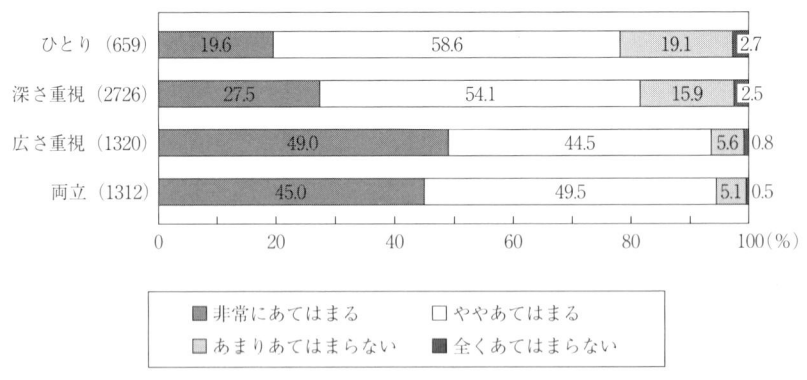

図3-9　いろいろな友人と内容の異なる会話（友人関係志向タイプ別）

への耽溺が過ぎるあまり、社会的・公共的な関心が薄れがちになるといった批判がよく聞かれる。これは当たっているだろうか。また友人関係志向のタイプ別に違いは見受けられるだろうか。ここで「社会のためにつくすこと」の重要性認知について図3-10で見てみると、「ひとり」や「深さ重視」よりも「広さ重視」の方がこれを重んじていることがわかる。交友圏の広さが社会性を阻害することはないようだ。

また公共の場での化粧や地べたへの座り込みや車内での携帯通話など各種の規範意識について尋ねた一連の質問項目（問16のa.〜g.）に関しても、「広さ重視」はそれなりに高い意識を示していた。むしろここで問題含みなのは「ひとり」の方だ。例えば公共の場での化粧に「抵抗を感じる」人は（「やや抵抗を感じる」は入れないで）、「ひとり」：37.7％、「深さ重視」：43.7％、「広さ重視」：42.0％、「両立」：45.1％となっている。

しかしながら、「広さ重視」の人たちの場合、こうした社会規範に対する違背への抵抗感をかなり強く保持する一方で、自身がそうした逸脱をする頻度に関しては「ひとり」や「深さ重視」よりも高くなっている、ということにも注意しておこう。「電車やバスの車内で、携帯電話やスマートフォンを使って話しこむ」という項目と「年上の人に対してタメ口で話す」の2つの項目について、意識と行動の両方を示すと表3-4のようになる。

ここに見るように、規範の存在をそれなりに知っていながら、場合によっ

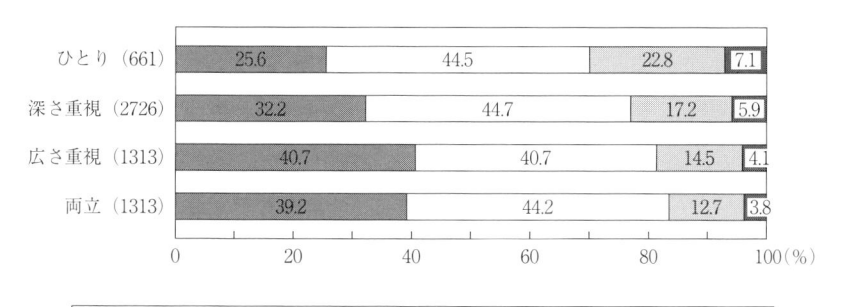

図3-10 社会のためにつくすこと（友人関係志向タイプ別）

	重要である	やや重要である	あまり重要ではない	重要でない
ひとり（661）	25.6	44.5	22.8	7.1
深さ重視（2726）	32.2	44.7	17.2	5.9
広さ重視（1313）	40.7	40.7	14.5	4.1
両立（1313）	39.2	44.2	12.7	3.8

表3-4 規範逸脱の意識と実際

	車内での携帯通話に抵抗感あり（意識レベル）	車内で携帯で通話をする（行動レベル）	年上者へのタメ口に抵抗感あり（意識レベル）	年上者にタメ口で話す（行動レベル）
ひとり	47.6	8.5	44.5	25.6
深さ重視	51.5	9.5	51.8	26.6
広さ重視	49.4	12.7	51.3	30.6
両立	49.4	17.4	49.9	34.1
合計	50.2	11.9	50.5	29.0

（注）意識レベルは4つの選択肢のうち「抵抗を感じる」という回答、行動レベルは4つの選択肢のうち「よくする」と「ときどきする」の合計。

てはそれを破ってしまうノリの軽さ、それはとくに「広さ重視」と「両立」で目立ったものになっている。「広さ重視」も「両立」も、多様な人々を軽々と受け入れ、諸々の規範を容易に肯定する性向を有している。そこにうかがわれるのは、悪く言えばいい加減な態度、よく言えばポジティヴな姿勢だ。それはときに、はた迷惑になる可能性もあろう。しかし当人たち自身は、上で確認したように活発なコミュニケーションを交わし、各種の満足感を表明している。交友圏に「広さ」を求める人たちは相対的に豊かな生活を送っていると言って間違いあるまい。

3．若者の多様性

濃さと薄さ　先述のようにソーントンやマイルズの研究は、文化的な諸表象よりも仲間関係・仲間集団をひたすら重視する今日的な若者たちの姿を活写した。しかしながら興味深いのは、そこで大切にされる仲間たちの姿が実のところ相当な虚構性をまとっているということだ。若者たちは彼ら独自のコミュニティをとても大事にする一方、自集団にせよ他集団にせよ、これをメディアの喧伝するイメージに沿って表面的に理解したり描出したりすることが少なくないのである（Thornton 1995: 108-9; Miles 2000: chap.8）。彼

らが重んじる関係や集団は、古典的なコミュニティのような濃密な関係や集団——すなわち社会学で言うところの第1次的な関係や集団——とは相当に異なっている、ということには十分に注意しておかなければなるまい。

芳賀学（1999）はかなり以前から、現代若者の心性や振る舞いのベースとなっているものとして1.5次関係というものを挙げている。彼によれば「情緒的人間関係を第1次関係、役割的人間関係を第2次関係と呼ぶ」のに対して、その中間に位置するのが1.5次関係にほかならない（芳賀 1999：30）。それは、大して情動的負荷が高くない場においてそれなりの親密さが発展してしまうような新たな関係性のことだ。

こうした議論に鑑みるに、コミュニケーション稀薄化論に与するにせよ、これに抗するにせよ、稀薄化の元となるべきノーマルなコミュニケーションをどのあたりに想定するかが——つまり、第1次関係を元に考えるのか1.5次関係を元に考えるのかが——非常に重要になってこよう。2013年福岡・大阪・東京データで、自分の気持ちや考えを表明している人は69.1％もおり、また83.7％もの人が友人関係に満足していたが、これはどうも古典的な第1次関係のことではなさそうだ。というのも、友だちとの関係をあっさりしたものに留めている人は76.5％にも上り、そして65.0％もの人が友人といるより1人の方が落ち着くとしているからだ。高校生の3人に1人（33.1％）が顔見知りを友だちとみなし、3人に2人（67.0％）がクラスメイトを友だちと考えていることを思えば、今日的な若者において友人関係というものの範域は相当に広く、そのなかには種々雑多なものが含まれていることがわかってこよう。それは到底、古典的な意味での第1次関係の枠内に収まるものではない。

若者たちの多くは、主として芳賀の言う1.5次関係のなかでそれなりに親密な関係を取り結び、活発なコミュニケーションを交わしている。これを情報のやり取りの頻度の高さということで濃い関係と呼ぶか、あるいは情動性の低さなどの理由から薄い関係と呼ぶか、その分かれ道は微妙なところにある。どちらの道を選ぶかの判断は、関係性の質の問題をどのように考えるかによって、あるいはまた濃淡の基準値をどこに置くかによって随分と異なっ

てくるにちがいない。

　多様な若者たち　今日的な若者の典型というと、すぐに多方面の人たちと広く交流し、その場に応じて異なった自己を表出する状況適応的な人格類型が思い浮かぶ。本章の友人関係志向の4つのタイプで言えば「広さ重視」がそれに相当しよう。「ひとり」や「深さ重視」に比べて「広さ重視」こそは今日的なタイプなので、コミュニケーションの稀薄化はとくに彼らにおいて顕在化するのではないかとも思われたわけだが、実際にはそうではなかった。例えば上で見てきたように、「広さ重視」派は他のタイプよりもあっさりした関係を好んでいるわけでも、規範意識を減じがちなわけでもない。これは本研究の大きな発見の一つと言える。交友圏の広さに関し、われわれの調査データでは概してそのポジティヴな側面ばかりが浮き彫りとなっていた。

　ただし「広さ重視」の場合、多様に拡がる関係性を統禦する主体としての当人の個我にかかってくる負荷はかなり大きなものにならざるを得ない。さまざまに異なる関係を数多く取り結んでいる場合でも、いやそうであればなおさら、自分という存在が肥大化する可能性は相当にあるのである（山田 2009：4章を参照）。友人といるより1人の方が落ち着くという回答は、「広さ重視」の場合は他のタイプよりも相対的に少なく58.0％に留まったものの、社交性が高いはずの「広さ重視」派ですら6割もが1人の方が落ち着くとしている――つまり、ある種の友だち疲れを呈している――というのは非常に興味深い事実と言えよう。

　そして「ひとり」では71.2％、「深さ重視」では69.5％の高校生が1人の方が落ち着くと回答している[7]。思えば、今日的コミュニケーションの主流が多方面との軽い結びつきにあるとして――より正確には、そうした軽やかな多元性が主流だと喧伝されているような状況が続いているなか――、「ひとり」や「深さ重視」の人たちは相対的に孤立感を深めていく可能性があろう。先に見たように彼らにおいては友人満足度や生活満足度が「広さ重視」や「両立」より低かったが、それは何も彼らがコミュニケーション能力に不足しているからではなく、単に軽い（あるいは1.5次という意味で第1次よりも薄い）

関係性が主流とされる昨今の状況についていけないだけなのかもしれない。

しかし、本当に多元的・選択的なコミュニケーションばかりがメジャーなのだろうか。振り返れば、「ひとり」(11.0%) と「深さ重視」(45.3%) だけで高校生の半数以上を構成している（表3-3を参照）。彼らこそ実は、あまり目立たないものの、若者の主流なのかもしれない。若者的世界は多元的自己や選択的関係性を謳歌する人たちだけで出来上がっているわけではない。これからの若者論は、先端像や典型像や平均像だけでなく、多様な人たちが呈するさまざまな姿をそれぞれ的確に捉えていく必要があろう。そうすることにより諸々の研究は、普通の若者たちのアクチュアルな生きづらさや喜びにさらに肉迫できるようになるにちがいない。

[注]

(1) インターネットの使用によって社会性が減じてしまうことについて実証的に論じた古典的な研究として、Kraut et al.（1998）がある。
(2) コミュニケーション稀薄化論にはいくつか反論も寄せられている。例えば辻（1999）、松田（2000）、浅野（2013a）。
(3) 気持ちや考えを表明する人たちのグループの中ですら、その半数以上（54.3%）が友だちとの意見の違いを表わさないと回答している。全体で言えば、気持ちや考えを表明すると答え、なおかつ意見の違いを表わさないと回答した高校生は37.5%にも上る。
(4) 2007年の調査地点に合わせて、福岡・大阪2時点統合データで2013年の比率を示すと次のようになる。「ひとり」：10.7%、「深さ重視」：44.5%、「広さ重視」：22.3%、「両立」：22.5%。
(5) 友人の数は「10人以下、11〜20人、21〜50人、51人以上」の4分類で、また親友の数は「特にいない、1〜2人、3〜4人、5〜7人、8人以上」の5分類で、そして異性の友人の数は「特にいない、1〜5人、6〜15人、16人以上」の4分類でそれぞれ分析した。
(6) なお友人関係への満足度と生活全般への満足度との間には、次のように高い関連性が見られる。順位相関（Spearmanのロー）0.390、1%以下水準で有意。ちなみに青少年研究会の調査データの浅野（2013b）による分析でも、この2つの間の正の相関が報告されている。
(7) ちなみに「広さ重視」と同様に社交的な「両立」の場合、59.4%という結果になって

いる。

[文献]

浅野智彦、2009、「若者とアイデンティティ——序論」浅野智彦編『若者とアイデンティティ』日本図書センター、1-19。

浅野智彦、2013a、『「若者」とは誰か——アイデンティティの30年』河出書房新社。

浅野智彦、2013b、「若者の幸福は『逆説』なのか」第86回日本社会学会大会報告。

Granovetter, Mark, 1973, "The Strength of Weak Ties," *American Journal of Sociology*, 78 (6): 1360-1380.

芳賀学、1999、「自分らしさのパラドックス」富田英典・藤村正之編『みんなぼっちの世界——若者たちの東京・神戸90's・展開編』恒星社厚生閣、19-34。

Hebdige, Dick, 1979, *Subculture: The Meaning of Style*. London: Methuen.（＝1986、山口淑子訳『サブカルチャー——スタイルの意味するもの』未來社。）

Kraut, Robert, Michael Patterson, Vicki Lundmark, Sara Kiesler, Tridas Mukopadhyay, and William Scherlis, 1998, "Internet Paradox: A Social Technology That Reduces Social Involvement and Psychological Well-Being?," *American Psychologist*, 53 (9): 1017-1031.

松田美佐、2000、「若者の友人関係と携帯電話利用——関係希薄化論から選択的関係論へ」『社会情報学研究』4：111-122。

Miles, Steven, 2000, *Youth Lifestyles in a Changing World*. Buckingham: Open University Press.

Putnam, Robert D., 2000, *Bowling Alone: The Collapse and Revival of American Community*, New York: Simon and Schuster.（＝2006、柴内康文訳『孤独なボウリング——米国コミュニティの崩壊と再生』柏書房。）

Thornton, Sarah, 1995, *Club Cultures: Music, Media and Subcultural Capital*. Cambridge: Polity Press.

辻大介、1999、「若者語と対人関係——大学生調査の結果から」『東京大学社会情報研究所紀要』57：17-42。

山田真茂留、2000、「若者文化の析出と融解——文化志向の終焉と関係嗜好の高揚」宮島喬編『講座社会学7　文化』東京大学出版会、21-56。

山田真茂留、2009、『〈普通〉という希望』青弓社。

第4章
物の豊かさを求める高校生
―「失われた20年」における価値観の変化―

多田隈翔一

1．現代社会と価値観の変化

　これからの日本は心の豊かさを求めるのか、物の豊かさを希求するのか[1]。これは内閣府が行っている「国民生活に関する世論調査」の質問項目のひとつである。興味深いことに、この質問項目への回答の傾向は1978年を境に、物の豊かさから心の豊かさへと逆転する（図4-1）。かつての高度経済成長

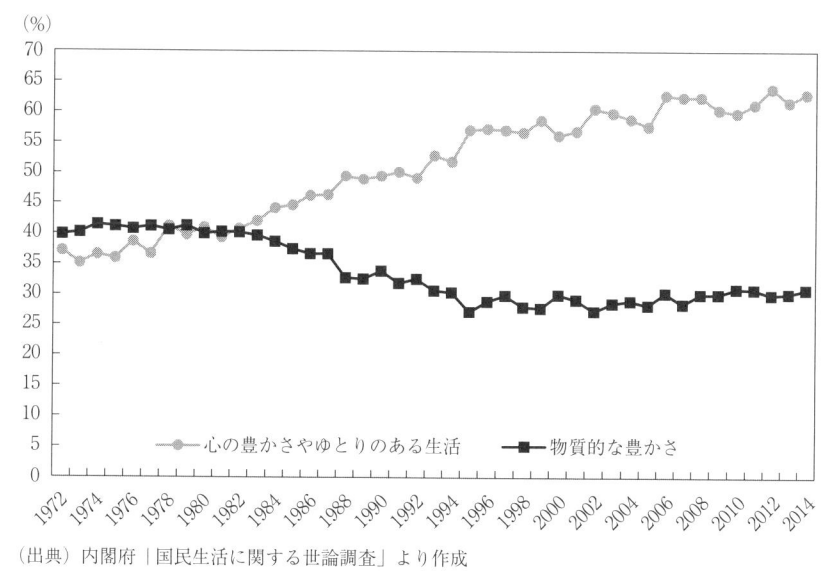

（出典）内閣府「国民生活に関する世論調査」より作成
図4-1　物の豊かさと心の豊かさの価値観の変化

期の中で、人々は豊かさを追求し、生活水準の向上を実感した（盛山 1990）。経済の発展や生活水準の向上という豊かさを享受した人々の価値観において、「物質的な豊かさ」は最も希求するべき対象ではなくなったのである。

　政治学者のロナルド・イングルハートは、このような共通目標としての物の豊かさに代わる価値観の変化を、社会・経済状況を要因にして論じた。彼の主張は、戦争がなく経済や教育などの水準が向上した社会では、物質主義（＝身体の安全や経済的安定を志向する価値観）が脱物質主義（＝政治的発言権や仕事のやりがいを重視する価値観）に取って代わられるというものである（Inglehart 1977＝1978）。豊かな社会における人々の価値観の変容、すなわち、「静かなる革命」をイングルハートは、欠乏仮説と社会化仮説というメカニズムによって説明する（Inglehart 1990＝1993）。言い換えれば、人々は今生きている社会経済環境において「欠乏」しているものを求めるようになる。そして、成人前に形成された価値観は、個人の中で維持され、社会・経済状況の変化に対応して、時間差のある形で社会に浸透していくのである。

　物の豊かさについては、SSM調査[2]（社会階層と社会移動全国調査）において「地位や収入」への志向の強さが測定されてきた。1985年のSSM調査においては、「高い地位」を重視する人の割合が34.1％で、余暇などに比べると地位は重視されていないことが明らかになった（片瀬・友枝 1990）。また、1995年のSSM調査では、1985年のSSM調査と比較して人々の階層志向性が低下したことが示された（川端 1998）。

「失われた20年」と若者　それでは、現代の高校生においても、物の豊かさを求めない傾向が見られるのであろうか。まず、現代社会と若者の置かれている状況を整理しておこう。

　日本社会は1990年代初頭のバブル経済崩壊以後、「失われた20年」と言われる経済不況に直面している。停滞した経済の中で、国民生活の水準は低下し続けている（厚生労働省 2012）。また、不況に伴い人々の貧困や格差も社

会問題として論じられてきた。こと若者に関しては、就職氷河期に代表されるような就職難が続いており、このことを小杉礼子は「学校から職業への移行の問題」と呼んでいる（小杉 2002）。文部科学省が行っている学校基本調査によると、新規大学卒業者のうち進学も就職もしていない人の割合[3]は、2000年には32.4％を記録した（文部科学省 2000）。2010年は24.2％と低下傾向にあるが（文部科学省 2010）、高等教育を受けてもなお、一定数の人が新卒時に無業状態に陥ってしまうのである[4]。また、高校の就職状況においても、「推薦指定校制」や「一人一社制」に象徴される学校経由の就職制度が、2000年代以降は経済、雇用情勢の悪化を反映して崩れつつある（文部科学省・厚生労働省 2002；本田 2005；堀 2010）。ただし、たとえ卒業時に就職できず無業者になっても、アルバイトや非正規雇用という形態で労働市場に参入することもできるが、そこには多くの問題が存在する。新規学卒以外でのキャリアの問題点としては、正社員と比べた能力形成や、労働条件や待遇面での格差、正社員への移行の困難さなどが繰り返し指摘されている（厚生労働省 2012；小杉 2002；太郎丸 2009）。このような若者の初期キャリアにおける構造的、制度的な移行の難しさは、「働きたくとも働けない」、「キャリアアップしたくともできない」といった、無業者にとっては一種の諦念（太田 2010）、非正規雇用者にとっては現状への不満や不本意の労働という形での主観的な意味づけがなされている（太郎丸 2009）。

　その一方で、無業者や非正規雇用者の若者へ向けられる視線は温かいものとは言えないようである。定職に就けないことは、勤労意欲やスキルの不足に起因する若者自身の責任と認識されている（文部科学省 2002）。その対策として、キャリア教育の見直しや、徴兵・強制労働を推奨するという過激な言論も見られる（内藤 2006）。

　浅野智彦（2006）によると、定職に就かない（就けない）若者に対するバッシングは、経済・社会保障の側面や、自律できない怠け者といった道徳的側面で、1990年代には既に一定の合意が形成されていたという。また、1980年代につくられた造語「フリーター」に込められた当初の意味は、企業や労働市場に縛られない、夢を追う自由な生き方であった。そして、フリーターで

ある当の若者自身は「やりたいこと」を基準として独自の職業意識を形成していると捉えられていた（下村 2002）。しかしながら、近年は前述したように、不本意の無業者や非正規雇用者の存在が明らかになっている。それにもかかわらず、一度形成された批判の構造は変わらないままなのである。

分析課題　過去3回の高校生調査の対象となったのは、この「失われた時代」を生きている人々である。教育課程の後に彼らを待ち受けるのは、かつての高度経済成長期のように、「金の卵」[5]として労働市場で歓迎され、誰しもが生活水準や社会的地位が上昇する社会ではない。彼らの生きる現代社会は、高度経済成長期と比較して経済的に豊かになる見通しが欠乏していると言っても過言ではない。だとすれば高校生は物の豊かさ、すなわち社会経済的地位への志向を強めているのであろうか。

ところで、冒頭で触れた国民生活に関する世論調査やSSM調査は、成人を対象にした調査であった。他方、本調査の対象は青少年の高校生であるから、彼らの価値観のトレンドを継続的かつビビッドに捉えることが可能であると言えるだろう。イングルハートが言うように価値観の変化が若い世代から起こるとするならば、分析を通して将来の社会で共有される価値観や、彼らが構築する社会制度について、その一端をつかむことができるかもしれない。

そこで本章では、高校生と社会経済的地位に関する価値観について、以下の分析課題に着目して分析を行っていく。

　　分析課題①　2001年、2007年、2013年の3時点比較を行い、高校生が物の豊かさ、社会経済的地位への志向を強めているのかを確認する。

　　分析課題②　社会経済的地位を志向するか、それとも志向しないかという価値観の分化が、学校タイプや職業希望によって起こっているかどうかを検討する。

データ　分析には福岡3時点統合データ[6]を用いる。高校生の価値観とし

て分析に使用する質問項目は、問11の地位や余暇といったものが日常生活の中でどれほど重要かを尋ねたものである。それぞれ「重要である」、「やや重要である」、「あまり重要でない」、「重要でない」の4件法で設計されており、この質問項目は2001年調査、2007年調査でも同一のものが用いられている。具体的な質問項目は、「a. 高い地位につくこと」、「b. 高い収入を得ること」、「c. 他人との競争に勝つこと」の地位や収入や競争に対する意識、そして「d. 社会のためにつくすこと」の社会奉仕への意識、「e. その日その日を、のんきにクヨクヨしないで暮らすこと」と「f. 仕事や家族のほかに、打ち込める趣味を持つこと」の余暇活動に関する質問の6つで構成されている（本書230頁参照）。

2. 価値観の3時点比較

　本節では、高校生の重視する価値観について、3時点における変化を明らかにしていく。そこで、問11の質問項目の回答に関し、「重要である」、「やや重要である」を肯定的回答、「あまり重要でない」、「重要でない」を否定的回答にリコードし、単純集計結果を3時点で比較した。

　分析の結果、図4-2に示されているように、「高い地位」の肯定的回答の割合が、2001年の47.6％から2013年の61.0％に10ポイント以上増加していることが確認された。同様に「高い収入」の肯定的回答が2001年の82.4％が2013年には88.4％に、「競争に勝利」の肯定的回答が2007年の58.5％から2013年の66.2％に増えていた。また、「社会に奉仕」についても、2001年の65.6％から2013年の82.5％へと10ポイント以上肯定的回答が増加する傾向が見られた。一方、「趣味を持つ」や「のんきに暮らす」の肯定的回答は3時点でわずかに減少していた。

　3時点の変化から特に着目すべき点は、「高い地位」、「高い収入」、「競争に勝利」といった項目への肯定的回答の増加、すなわち、物質的な豊かさを重視する価値観の台頭である。また、2013年の分布に関しては、「高い地位」、「高い収入」、「競争に勝利」のすべてで肯定的回答の方が多い結果と

図4-2 価値観の3時点変化

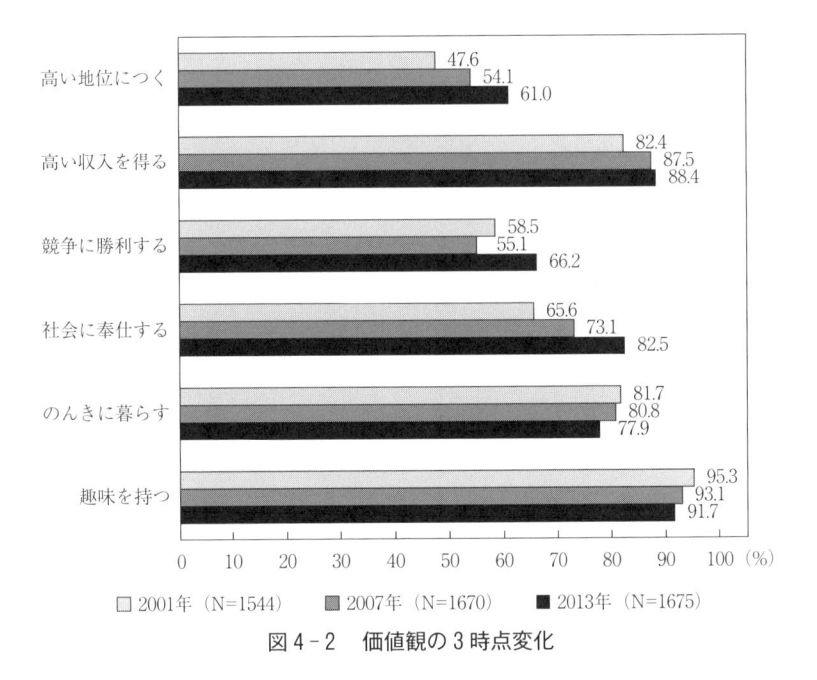

項目	2001年 (N=1544)	2007年 (N=1670)	2013年 (N=1675)
高い地位につく	47.6	54.1	61.0
高い収入を得る	82.4	87.5	88.4
競争に勝利する	58.5	55.1	66.2
社会に奉仕する	65.6	73.1	82.5
のんきに暮らす	81.7	80.8	77.9
趣味を持つ	95.3	93.1	91.7

なった。これより、現代の高校生にとっては、物の豊かさが目指すべき共通の目標となりつつあることが示唆されている。分析からは地位や収入だけでなく、社会奉仕への肯定的回答の増加も明らかになった。余暇や趣味に関しては、僅かに肯定的回答が減少しているものの、依然として7割以上の高校生が支持していた。

価値観の因子分析　問11の6つの質問項目について3時点それぞれで因子分析を行ったところ、すべての時点で固有値1以上の因子が2つ取り出された[7]。質問項目ごとの因子負荷量もそれぞれの時点で同様の傾向を示したため、ほぼ共通の因子構造を持つと捉えてよいだろう。因子について詳しく見ていくと、第1因子は「高い地位」や「高い収入」、「競争に勝利」を重視する質問項目で構成されているので「社会経済的地位志向」と命名した。この因子は、質問項目との対応関係で社会経済的地位志向としているが、本章の分析では「物質主義」や「物の豊かさ」を表すものとして取り扱っていく。

第2因子は「のんきに暮らす」や「打ち込める趣味を持つ」の負荷量が高いため、これは「自己充足志向」と命名した。

抽出された因子を因子得点化し、平均50、標準偏差10の偏差値得点化して、相関分析を行った（表4－1）。分析の結果より、3時点すべてで社会経済的地位志向と自己充足志向の間に正の相関関係が確認された。相関係数は2001年は0.135、2007年は0.089、2013年は0.309となっている。

図4－2の価値観の3時点変化より、高校生が「物の豊かさ」に意識を強めていることが明らかになった。実際の社会・経済状況との対応関係への解釈については最後に議論することにして、ここではデータの特徴からの言及にとどめておこう。「物の豊かさか心の豊かさか」や、「物質主義か脱物質主義か」という問いは、理論上はトレード・オフな関係で捉えられることも多い。そこには物の豊かさのために心の豊かさを犠牲にするというシンプルな想定が存在している。しかし、分析結果はそう単純な様相を呈してはいなかった。つまり、高校生にとって、物質的な地位や収入を得ること、趣味や私生活をのんびり営むことといった価値観は相反するものではなく、両立して双方を重視する傾向が示されたのである。

表4－1　社会経済的地位志向と自己充足志向の相関係数

2001年	0.135 $**$
2007年	0.089 $**$
2013年	0.309 $**$

$**$ $p<0.01$；$*$ $p<0.05$；$†$ $p<0.10$

3．高校生の価値観は分化しているか

前節の分析で明らかなように、高校生の重視する価値観は変容している。特に着目すべきは、地位や収入といった社会経済的地位への志向の強まりである。それでは、どのような高校生が物の豊かさを重視しているのだろうか。本節以下では第2の分析課題である、学校タイプや希望職業ごとでの価値観の分化に焦点を当てて分析を行っていく。

地位達成と教育達成　個人の社会的地位達成過程について、先行研究ではその要因として個人の属性やアスピレーションが注目されてきた。現代日本において、25歳から59歳の現役世代が就いている職業の威信は、本人の年齢、父親の職業、初職の職業威信、学歴に規定されている（平沢 2011）。人によっては40年近く前の学歴、すなわち教育達成が現在の職業に影響を与えている。言い換えるなら、個人が地位を達成する際に、「教育達成」が強く関係しているということだ。

また、教育達成には学歴を得たいという意欲、すなわちアスピレーションもまた影響を与え、地位達成過程において重要な要素となっている（相澤 2011）。日本の教育システムにおいて、学業成績は絶対的な教育選抜の基準となり、学業成績と将来の成功が主観的に結びついている。それ故に、入試や模擬試験を繰り返すことで、生徒自身が自己の成績について確認を「強いられる」ことに特徴づけられるという（苅谷 1986；竹内 1995）。このように日本の教育制度の中では、教育選抜という構造的側面が、アスピレーションという心理的側面を加熱する構図が維持されてきたのである。

そして高校生を対象とした研究においては、成績によって序列化された学校タイプに注目することが重要視されてきた。それは次にあげるような、教育と進路の関係にトラッキング（水路づけ）が存在すると想定されていたからである。入試などの学業選抜の結果として、生徒は異なる学校タイプに振り分けられる。そこで進学校と呼ばれる学校の生徒は大学へ進学したり、職業科の生徒は高卒で就職したりと、生徒は所属する学校タイプによって進路を特徴づけられる。このトラッキングによって、高校生は実質的にどの学校に入るかでその後の進路や職業上の地位へのアクセスが限定されてしまうのである（藤田 1998）。

学校タイプでの価値観の分化　先にふれた先行研究をまとめると、成績による学校タイプの振り分けは、生徒たちの心理的側面にも影響を与えるということになる。教育社会学では、教育達成＝社会的成功という価値観のもとに、それにコミットするか脱落するかという視点で、学校タイプ間で生徒の

価値観が分化することが指摘されてきた。つまり、高校入試の成績によって振りわけられた学校タイプによって、生徒は「エリート」か「落ちこぼれ」という異なる扱いを受け、異なる価値観を持つようになると考えられてきたのである。

　1970年代の高校生への調査を分析した耳塚寛明（1980）によると、普通科と工業科を比較した結果、工業科の方が学校生活への否定的態度、すなわち反学校文化を支持する生徒の割合が多かったという。この結果を耳塚は、「生徒文化の分化」として、自らを低い地位と認識した生徒たちの欲求不満や反動形成であると捉えた。

　また、米川英樹（1978）は進学校と非進学校というカテゴリー分類を使用し、教育選抜に失敗した非進学校の生徒の方が、勉学志向が弱く、娯楽交友などの志向が強いことを明らかにした。

　しかしながら、学校タイプ間の価値観の分化の議論は、近年は別の様相を呈しつつある。2001年と2007年に行われた過去の本調査を分析した菅澤貴之（2009）は、「高い地位」や「高い収入」といった地位達成志向の強さの2時点比較を行った。その結果、2001年と比較して2007年は、進学校である普通科Aと他の学校タイプの生徒との間の差が消失したことを示した。

　また、荒牧草平（2001）は1981年と1997年の高校生の希望する職業において、学校タイプと社会経済的地位の高い職業への志望との関連性が弱まっていることを指摘した。その上で、高校生の労働に求める条件が、希望する職業ごとで異なっていることを示した。具体的には、専門・技術職やサービス・技能職希望者は、他の職業希望者より社会経済的地位への関心が弱い。この結果から荒牧は、高校生の職業選択が社会経済上の地位のみではなく、専門性の発揮による自己実現の可能性という基準においても行われていると考察した。

4．価値観の分化の検討

　方法　前節でレビューした先行研究において、高校生の地位達成過程や地

位に関する価値観の分化が、学校タイプと関連づけて議論されてきたことが明らかになった。そこで、本節では学校タイプ別の社会経済的地位志向（偏差値得点）および自己充足志向（偏差値得点）を求める。そして、学校タイプや職業希望によって社会経済的地位志向および自己充足志向がどの程度異なっているかを明らかにしていく。

その際、職業希望に関しては、いくつかのカテゴリーへの統合を行った。各カテゴリーの内訳は、企業や官公庁の管理職や経営者、医師や弁護士を含む「管理・専門Ⅰ」、教師や記者、技術者などの専門職を含む「専門Ⅱ」、看護師、保育士などの専門職を含む「専門Ⅲ」、事務職、小売店の店員や営業職、美容師や介護福祉士を含む「事務・販売・サービス」、工場労働や運輸、保安や警備を含む「マニュアル」、農業やタレントなどを含む「その他」、そして「考えていない、わからない」である。

学校タイプと社会経済的地位志向・自己充足志向　高校生の重視する価値観が学校タイプごとに分化しているかどうかを、分散分析によって検討していこう。なお、分析は男女別に行った[8]。

まずは、男子の結果を見ていこう。図4-3、表4-2の男子の社会経済的地位志向について、学校タイプとの関連が有意に示されたのは、2013年のみとなった。詳しく見ていくと、職業科、普通科B、普通科Aの生徒の順で社会経済的地位志向を重視していることがわかった。自己充足志向に関しては、図4-4、表4-3の通り2001年が5％水準で有意になったほか、2013年が10％水準で有意な差が見られた。具体的には2001年は職業科や普通科Aに比べ、普通科Bの生徒の方が自己充足志向が弱い傾向が見られた。

女子については、社会経済的地位志向に関して2001年と2013年に学校タイプとの関連が有意に存在する結果となった（図4-5、表4-4）。女子の場合、2001年、2013年ともに普通科Aの生徒の社会経済的地位志向が一貫して強く、職業科の生徒が弱い傾向が見られる。自己充足志向は図4-6、表4-5のように、2001年と2013年が1％水準で有意となった。具体的な傾向としては、2001年は普通科Aが他の学校タイプと比べて自己充足志向が強く、次に

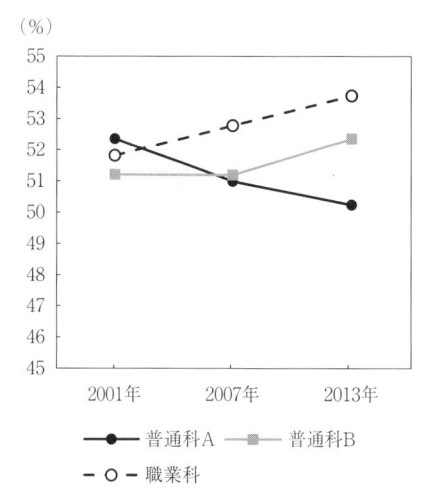

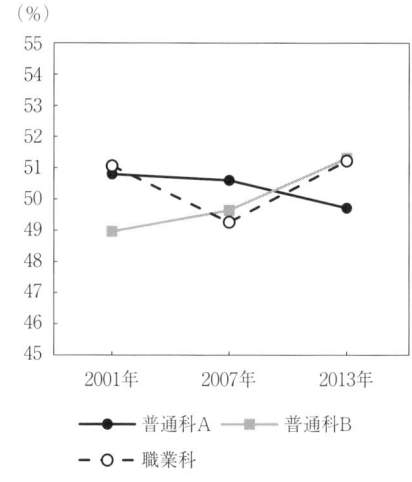

第 4 章　物の豊かさを求める高校生

図 4-3　学校タイプ別社会経済的地位志向
　　　（男子 3 時点）

図 4-4　学校タイプ別自己充足位志向
　　　（男子 3 時点）

表 4-2　学校タイプ別社会経済的地位志向（男子 3 時点）

	普通科 A	普通科 B	職業科	
2001年	52.36	51.21	51.82	$F = 0.951$
2007年	50.99	51.19	52.79	$F = 2.266$
2013年	50.24	52.36	53.74	$F = 8.286^{**}$

** $p < 0.01$; * $p < 0.05$; † $p < 0.10$

表 4-3　学校タイプ別自己充足志向（男子 3 時点）

	普通科 A	普通科 B	職業科	
2001年	50.79	48.94	51.05	$F = 3.383^{*}$
2007年	50.59	49.62	49.24	$F = 1.355$
2013年	49.69	51.30	51.21	$F = 2.305^{†}$

** $p < 0.01$; * $p < 0.05$; † $p < 0.10$

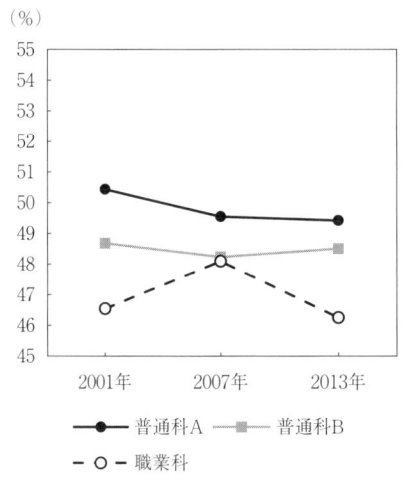

図4-5　学校タイプ別社会経済的地位志向（女子3時点）

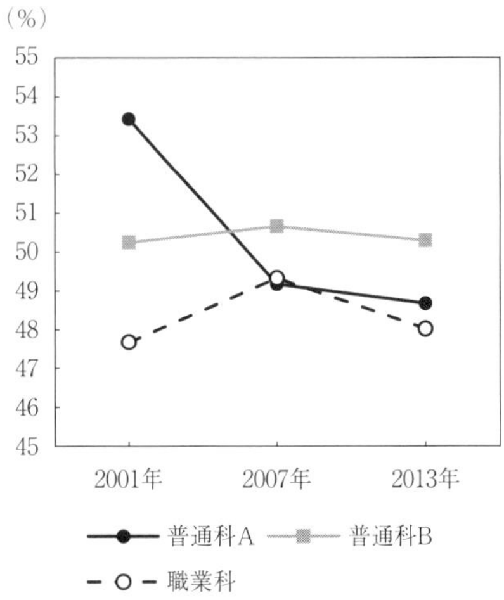

図4-6　学校タイプ別自己充足志向（女子3時点）

表4-4　学校タイプ別社会経済的地位志向（女子3時点）

	普通科A	普通科B	職業科	
2001年	50.44	48.68	46.54	F = 5.393**
2007年	49.55	48.23	48.09	F = 1.646
2013年	49.42	48.51	46.25	F = 5.559**

** $p<0.01$；* $p<0.05$；† $p<0.10$

表4-5　学校タイプ別自己充足志向（女子3時点）

	普通科A	普通科B	職業科	
2001年	53.39	50.23	47.67	F = 10.370**
2007年	49.16	50.64	49.31	F = 2.215
2013年	48.66	50.28	48.02	F = 4.394**

** $p<0.01$；* $p<0.05$；† $p<0.10$

普通科B、職業科が続いた。2013年は普通科Aや職業科に比べて、普通科Bの生徒が自己充足志向が強かった。

　学校タイプごとの価値観（社会経済的地位志向・自己充足志向）の比較より、先行研究で言及されていたような学校タイプによって重視する価値観が分化する傾向は見られなかった。一方で、女子においては学校タイプの序列と社会経済的地位志向の強さとが一致する傾向が見られ、3時点のうち、2001年と2013年ともに普通科A、普通科Bと職業科という強さの順番が維持されている。自己充足志向に関しては、女子も学校タイプの序列との対応関係は見られなかった。

　また、男子に関しては、社会経済的地位志向で興味深い結果が得られた。2013年では普通科Aよりも職業科の方が社会経済的地位志向が強い結果となり、将来的な教育達成に水路づけられていない高校生たちが地位を重視するという、地位達成過程の前提を覆すような傾向が見られた。自己充足志向に関しては、2001年に職業科が最も重視しており、近年になるにつれ、学校タイプの序列関係が効果を持たなくなっていた。

　以上の結果より、学校タイプごとの価値観の分化は、社会経済的地位志向は女子で学業選抜での上位の普通科Aが強い結果となったが、男子では、職業科が強くなるという学業選抜とは無関係な結果が得られた。一方、自己充足志向に関しては学校タイプの序列関係が薄れたり、一定の傾向性が見いだされなかったりする結果となった。

職業希望と社会経済的地位志向　職業希望と社会経済的地位志向の関連はどうなっているだろうか。分散分析の結果、男子については2001年と2013年が有意な関連を示した（表4-6）。傾向を詳しく見ていくと、2001年は管理・専門Ⅰの生徒が最も社会経済的地位志向が強く、専門Ⅱ、専門Ⅲやマニュアルを希望する生徒は相対的に弱い傾向が確認された。一方で、2013年はマニュアルや事務・販売・サービスを希望する生徒が社会経済的地位志向が強く、その後に管理・専門Ⅰが続いた。社会経済的地位志向が相対的に弱いのは、専門Ⅱ、専門Ⅲや考えていない・わからないを希望した生徒となっ

表4-6　職業希望別社会経済的地位志向（男子3時点）

	管理・専門Ⅰ	専門Ⅱ	専門Ⅲ	事務・販売・サービス	マニュアル	その他	考えていない・わからない	
2001年	54.15	50.78	49.62	52.52	50.92	49.89	51.66	F = 2.455*
2007年	52.25	49.57	48.63	52.88	51.62	53.89	51.01	F = 1.767
2013年	51.76	50.59	50.11	53.20	53.78	50.99	49.83	F = 2.902**

** p＜0.01；* p＜0.05；† p＜0.10

表4-7　職業希望別社会経済的地位志向（女子3時点）

	管理・専門Ⅰ	専門Ⅱ	専門Ⅲ	事務・販売・サービス	マニュアル	その他	考えていない・わからない	
2001年	52.83	47.47	46.22	49.57	53.63	46.58	46.90	F = 7.295**
2007年	51.59	47.62	47.01	49.51	48.44	46.18	48.34	F = 3.825**
2013年	50.58	47.35	47.38	49.39	49.16	47.49	47.06	F = 2.604*

** p＜0.01；* p＜0.05；† p＜0.10

た。

　時点ごとの傾向に加え、時点を通した変化も併せて読み取っていこう。この12年間で管理・専門Ⅰ希望者が相対的に社会経済的地位志向が強いという傾向がなくなってしまった。そして、2013年の結果から明らかな通り、マニュアル希望者の相対的な社会経済的地位志向の上昇が確認できるだろう。

　女子は3時点すべてで、職業希望との関連が有意に示された（表4-7）。傾向については、すべての時点で管理・専門Ⅰ希望の生徒が社会経済的地位志向が強く、次いで事務・販売・サービス希望、そして相対的に弱いのは専門Ⅱや専門Ⅲ希望者、考えていない・わからないと答えた生徒だった。3時点を通した変化を踏まえると、管理・専門Ⅰの生徒は社会経済的地位志向が強いものの、近年になるにつれて他の職業希望の生徒との差が縮小していると言える。

　職業希望と社会経済的地位志向との関係で特に着目すべき点は、専門Ⅱ、専門Ⅲ希望の生徒は相対的に地位への志向性が弱いことが確認されたことである。これは専門職希望の高校生が自己実現と関連するために、地位達成へ

の志向性が弱いと指摘されていた先行研究の知見と合致する。また、職業希望においても、職業威信での社会経済的地位志向との序列関係は見られるのだろうか。男子で管理・専門Ⅰ希望者では、2001年は相対的に社会経済的地位志向が強かったものの、2013年には相対的に弱く変化してしまった。そして、近年特にマニュアル希望の生徒において社会経済的地位志向が上昇していた。この傾向は職業科の生徒の傾向と概して合致しており[9]、学校タイプと職業希望を合わせて論じていく必要があろう。その一方で、女子の管理・専門Ⅰ希望者は一貫して相対的に強い傾向が維持されたままであった。

5．なぜ高校生は物の豊かさを求めるのか

　本章の分析課題は2点あった。まず、分析課題①は「高校生が物の豊かさ、社会経済的地位への志向を強めているのかを確認する」ことであった。分析の結果、この12年間で高校生は物質的な社会経済的地位に関する価値観を重視するようになり、それは自己充足や社会奉仕と同時に追求されるべきものとして認識されていた。以上の結果から、低成長の経済状況においては、イングルハートの「静かなる革命」の図式のように、物質主義から脱物質主義へと人々の価値観が単線的に変化するわけではないことが示唆された。むしろ、若い世代において物の豊かさを重視する傾向が、低成長の経済と雇用情勢の悪化に対応して顕在化してきていると言えよう。そして、彼らが求めている物質的な地位は、自己充足とはトレード・オフの関係にならないという知見も得られた。それでは、青少年である高校生が物の豊かさを積極的に求めるようになったのはなぜだろうか。その解釈を提示しておこう。

　過剰準拠する高校生たち　考えられるのは、高校生たちが社会・経済状況に過剰に反応している可能性である。教育課程に在籍する高校生はその大半が経済的にも自立しておらず、労働者としてのリアリティを持ち合わせていない。しかしながら、本章で明らかになったのは、彼らが社会経済的な地位をより重要と思うようになったことである。大学に進学する生徒にとっては、

職業生活に参入するのは5年以上も先のライフイベントである。にもかかわらず、このような結果が得られたのはなぜだろうか。それは、高校生が現在の価値観の基準を、将来自分が参入すべき労働市場に準拠させていることの表れではなかろうか。

また、若者論の文脈においても、ひとつの可能性を提示しておこう。戦後の日本社会において、若者文化は常に、独自の反抗性や下位性とともに論じられてきた（山田 2000）。しかしながら、本章で取り扱った価値観の変化からは、高校生が社会・経済状況に過剰に影響を受けている側面を見出すことができた。もちろん反抗性については政治的異議申し立てに関わるので、ここで詳しくは論じられない。ただし、下位性に関して言及すれば、例えば「若者は将来のことも考えずにただ即物的で、享楽志向に走る」といった見解は、本分析からはあまり支持されないといえる。それよりもむしろ、社会経済的地位への執着の強化という意味で独自性を帯び始めているのかもしれない。

価値観の分化の新たな様相　分析課題②は「社会経済的地位を志向するか、それとも志向しないかという価値観の分化が、学校タイプや職業希望によって起こっているかどうかを検討する」ことであった。まず、先行研究で述べられていた学業選抜を基準とした価値観の分化については、普通科Aの生徒のみが地位達成に向かい、職業科の生徒は自己充足志向が強いという傾向性ははっきりとは見られなかった。学校タイプの序列と価値観の強さの対応関係は、女子で普通科Aの社会経済的地位志向が強く、3時点でその傾向が維持されていたという結果が得られた。また、男子では職業科の生徒が近年になるにつれ、相対的に社会経済的地位志向を強めていることが確認された。

職業希望と社会経済的地位志向の関連では、専門Ⅱや専門Ⅲを希望する生徒は相対的に物質的な地位への志向性が弱く、先行研究の指摘通り彼らは物質的な地位よりも、自己実現を志向していると捉えていいだろう。趨勢の変化に関しては、男子でマニュアル志望の生徒が近年になるにつれ社会経済的地位志向を強める傾向にあった。また、女子においては管理・専門Ⅰ希望者

が3時点で一貫して社会経済的地位志向が強い結果となった。

　以上の結果より、現代の高校生においては、「教育選抜という統一の基準を元に捉えられてきた学校タイプによって、彼らの意識が分化していく」という考え方は全面的には肯定できないようである。価値観の分化が顕著に見られなかったことについて、解釈を加えていこう。

　職業科と就職時の選抜強化　男子の分析結果からは、「職業科だから教育達成を媒介した地位達成を断念する」という想定は認められなかった。むしろ、男子の職業科やマニュアル希望者の社会経済的地位志向が強くなっていた。この傾向をどう解釈したらよいだろうか。ひとつの可能性としては、高卒での職業への移行に際しての選抜過程において、社会経済的地位への意欲が強化されたことが挙げられる。

　冒頭にもレビューしたが、職業科における一人一社制などに支えられた安定した労働市場への人員供給システムは、経済不況やそれに伴う制度の自由化によって変化しつつある。堀有喜衣（2010）によれば、高校の進路指導のあり方もバリエーションが生まれているという。工業高校をはじめとして、依然として伝統的な形で生徒に寄り添って就職指導を行う高校もある。その一方で、生徒個人の自己決定に任せて、生徒はハローワークなどを経由して就職を行う普通科の高校も存在するという。

　社会経済状況の変化に伴う企業の採用の抑制は、職業科やマニュアル希望の高校生において、以下のような形で高校生を物質的な価値観へと加熱していったと考えられる。伝統的な進路指導の高校では、推薦の校内選抜が強化され、進路指導における生徒に対し就職への動機づけの強化が見られるだろう。また、一方で学校経由の就職支援を受けられない高校生にとって、無業のまま卒業することは深刻な問題である。だからこそ労働市場への参入を自分の力で勝ち取って行かなければならず、就職活動を通した地位達成への意欲を高めるはずである。

　学校タイプによる価値観の分化仮説では、職業科の生徒は学業選抜のレールから外れ、それ故に地位達成への意欲が弱い存在として想定されていた。

たしかに以前は、学校生活から離反しなければ、彼らには安定した制度が用意され、職業への移行に大きな困難が伴わなかったであろう。その意味において、彼らにとっての「選抜」は高校入試で終わりを迎えていたかもしれない。しかしながら、高卒の就職状況が低成長の経済を反映して悪化している状況下においては、就職をめぐる選抜が強化される。そうなると職業科やマニュアル希望の生徒は、就職という学業とは異なる別の選抜へ加熱されて行くだろう。その過程で、物質的な地位への志向性が強くなっているのではないだろうか。このように社会経済状況の変化と進路指導をめぐる制度的な変化が組み合わさって、生徒たちの価値観に影響を与えたと解釈しておこう。

女子生徒と地位達成　男子とは対照的に、女子においては、普通科Aや管理・専門Ⅰ希望の生徒が一貫して社会経済的地位志向が強い傾向が維持されていた。教育選抜を通過した者が、学校タイプを通して特定の職業にチャーターされてゆき、社会経済的地位の達成へ向かっていく。この図式はオーソドックスな地位達成過程に当てはまるものである。しかしながら、企業において、女性の昇進は男性よりも不利であり（山口 2014）、昇進の条件に勤続年数や学歴が関連しないという研究も存在する（中井 2009）。それでは、教育選抜を通過した生徒たちは何を目標に地位達成へ動機づけられているのだろうか。普通科Aの生徒と管理・専門Ⅰ希望の生徒を結びつけると、彼女たちは医師や弁護士などの威信の高い専門職に就くことを地位達成のロールモデルとして認知しているとも考えられる。

安定的地位への不安　社会経済的地位志向に関して、従来までは「教育選抜をくぐり抜けた一部のエリートのみが地位達成を目指す」という図式が想定されていた。しかし、本章での分析の結果から明らかになったことは、普通科Aや管理・専門Ⅰ以外の生徒も物質的な地位を求める傾向であった。教育課程における学業選抜の側面以外に、高校生を物の豊かさへ向かわせるのはどのような要因であろうか。社会経済状況との対応関係で、高校生の「将来の雇用への不安やリスク」にも注目していきたい。

表4-7、表4-8に示された通り、事務・販売・サービス希望者は男女ともに3時点で相対的に物質的な地位への志向性が強い結果が得られた。彼らの多くはいわゆる典型的な第三次産業に従事する。若者の職業イメージを分析した林拓也（2012）によれば、販売店員やウェイターなどの販売・サービスに関連する職業に関しては、「安定的地位」へのマイナスの特性があげられるという。その非「安定的な地位」という認知特性と合致するように、小売り・飲食・サービス業における非正規雇用の労働者の割合は近年、増加傾向にある（厚生労働省 2013）。非正規雇用の問題点は本章の冒頭でも指摘したが、このような現状の中で、高校生たちは販売やサービスの職業に正社員として就業することに不安を感じているだろう。そのため社会経済的地位志向を強めていると考えられる。

　正社員との賃金や満足度の格差、移動障壁によって、非正規雇用は今や一つの社会階層とみなされている（太郎丸 2009）。客観的な非正規雇用のリスクが高い販売やサービスを希望する高校生は、そのリスクを認知しているだろう。その上で、不安の中で何としても非正規雇用を逃れたいと、正社員という特定の地位に向かって意欲を強めているのかもしれない。

　低成長の時代の地位達成　本章の分析から見えてきたのは、低成長の社会・経済状況を敏感に感じ取り、それと呼応するように物の豊かさを求めるようになった高校生の姿であった。今後もこの趨勢が維持されるのか、そして社会全体でどのような価値観が選好されるようになるのかを注視していく必要があると言えよう。更に、価値観の分化においても、学業選抜という教育システムの構造的側面だけでは捉えきれない傾向が示唆された。高校生の社会経済的地位への意欲は、職業希望や雇用リスクといった教育課程から職業への移行における社会認知によってもまた特徴づけられていた。

　教育課程を終えた若者は、以前であれば金の卵として労働市場から期待され、働きぶりに見合う地位や生活水準の向上が約束された存在であった。しかしながら、失われた20年で彼らを取り巻く状況は一変した。経済的欠乏や貧困、無業や非正規雇用へと下降移動することの恐怖やリスク。そのような

動機づけによって物質的な価値観を志向することこそが、低成長の時代を象徴する地位達成の新たなトレンドなのであろうか。

[注]
(1) 国民生活に関する世論調査の調査票での質問文は「今後の生活において、物の豊かさか心の豊かさに関して、次のような2つの考え方のうち、あなたの考え方に近いのはどちらでしょうか。」(内閣府 2014b) である。
(2) SSMとは「Social Stratification and Social Mobility」の略である。SSM調査は1955年から10年ごとに実施され、高度経済成長期やそれ以後の時代における社会階層構造の変化を実証的に提示してきた(盛山 2014)。
(3) 進学も就職もしていない人の割合は、学校基本調査と平成23年度の労働経済白書の記述に従って示した。具体的には卒業後の進路が「不詳・死亡の者」、「左記以外の者」、「一時的な仕事に就いた者」、「専修学校・外国の学校等入学者」の合計である。また、一時的な仕事に就いた者や専修学校等入学者には、就職活動で就職先が決まらなかったり、未就職のまま卒業したりした人が多く含まれることが想定されている。
(4) 学校基本調査の対象は新規学卒者のみであり、その後のキャリアの動向など若年の大卒層すべての就業状況までは分からない。本章では、経済不況時の日本社会において、新規大学卒業者で職業への移行が困難な構造が継続的に維持されていることを特に強調するために、同調査の結果を示した。
(5) 金の卵は通常、高度経済成長期に中学卒業とともに集団就職する若年労働者たちのことを指している。本章では、中卒に限らず労働市場から期待されている新卒の若者という意味で、この用語を使用した。
(6) 有効ケース数は欠損値処理を行って4889人となった。
(7) 社会経済的地位志向と自己充足志向の因子負荷量は文末の付表a、付表b、付表cに示した。
(8) 付表dより、社会経済的地位志向は、3時点全てで男子の方が強い傾向にあり、男女別の分散分析の結果はその傾向が反映されている。例えば2013年で女子の普通科Aの生徒は、女子の中では相対的社会経済的地位志向が強いものの、偏差値得点は50を下回る。
(9) 学校タイプと職業希望には関連性が存在し、普通科Aの生徒は管理・専門Ⅰ希望者が多く、男子の職業科の生徒はマニュアル希望者が多い。詳細は文末

の付表 d、付表 f を参照のこと。

［文献］

相澤真一、2011、「教育アスピレーションからみる現代日本の教育格差——趨勢変化と国際比較を通して」石田浩・中尾啓子・近藤博之編『現代の階層社会 2 階層と移動の構造』東京大学出版会、123-137。

荒牧草平、2001、「高校生にとっての職業希望」尾嶋史章編『現代高校生の計量社会学』ミネルヴァ書房、81-106。

浅野智彦編、2006、『検証・若者の変貌——失われた10年の後に』 勁草書房。

藤田英典、1998、『労働市場のセグメンテーションと社会的・教育的トラッキング』科学研究費補助金特別推進研究（1）「現代日本の社会階層に関する全国調査研究」成果報告書、1995年 SSM 調査研究会、321-368。

林拓也、2012、「職業アスピレーション再考——職業間類似判定と選好度データに基づく計量分析」『社会学評論』63（3）：359-375。

平沢和司、2011、「大学の学校歴を加味した教育・職業達成分析」石田浩・中尾啓子・近藤博之編『現代の階層社会 2 階層と移動の構造』東京大学出版会、155-170。

本田由紀、2005、『若者と仕事——「学校経由の就職」を超えて』東京大学出版会。

堀有喜衣、2010、「高卒で働く若者をどのように支えていくか——高卒就職の「自由化」をめぐって」小谷敏他『「若者の現在」労働』日本図書センター、85-114。

Inglehart, Ronald, 1977, *The Silent Revolution: Changing Values And Political Styles Among Western Publics*, New Jersey: Princeton University Press.（＝1978、三宅一郎・金丸輝男・富沢克訳『静かなる革命——政治意識と行動様式の変化』東洋経済新報社。）

―――, 1990, *Culture Shift in Advanced Industrial Society*, New Jersey: Princeton University Press.（＝1993、村山皓・富沢克・武重雅文訳『カルチャーシフトと政治変動』東洋経済新報社。）

苅谷剛彦、1986、「閉ざされた将来像——教育選抜の可視性と中学生の「自己選抜」」『教育社会学研究』41：95-109。

片瀬一男・友枝敏雄、1990、「価値意識——社会階層をめぐる価値志向の現在」原純輔編『現代日本の階層構造 2 階層意識の動態』東京大学出版会、125-147。

川端亮、1998、『階層意識に関わる変数の探索──地位的変数と関係的変数を中心に』科学研究費補助金特別推進研究（1）「現代日本の社会階層に関する全国調査研究」成果報告書、1995年SSM調査研究会、81-92。

厚生労働省、2011、『平成23年版労働経済白書』。

───、2012、『平成24年版労働経済白書』。

───、2013『平成25年度労働経済白書』。

小杉礼子、2002、「学校から職業への移行の現状と問題」小杉礼子編『自由の代償／フリーター──現代若者の就業意識と行動』日本労働研究機構、37-54。

耳塚寛明、1980、「生徒文化の分化に関する研究」『教育社会学研究』35：111-122。

文部科学省、2000、『平成12年度学校基本調査』

───、2002、『児童生徒の職業観・勤労観を育む教育の推進について（調査研究報告書）』。

───、2010、『平成22年度学校基本調査』

文部科学省・厚生労働省、2002、『「高卒者の職業生活の移行に関する研究」最終報告書』。

内閣府、2014a、「国民生活に関する世論調査──調査結果の概要」、（http://survey.gov-online.go.jp/h26/h26-life/2-1.html 2014.10.13）。

───、2014b、「国民生活に関する世論調査──調査票」、（http://survey.gov-online.go.jp/h26/h26-life/3_chosahyo.html 2015.1.28）。

内藤朝雄、2006、「「構造」──社会憎悪のメカニズム」本田由紀・内藤朝雄・後藤和智『「ニート」って言うな！』光文社、113-217。

中井美樹、2009、「就業機会、職場権限へのアクセスとジェンダー──ライフコースパースペクティブによる職業キャリアの分析」『社会学評論』59（4）：699-715。

太田聰一、2010、『若年者就業の経済学』日本経済新聞出版社。

盛山和夫、1990、「中意識の意味──階層帰属意識の変化の構造」『理論と方法』5（2）：51-71。

───、2014、「SSM調査」社会調査協会編『社会調査事典』丸善出版、700-701。

下村英雄、2002、「フリーターの職業意識とその形成過程──「やりたいこと」志向の虚実」小杉礼子編『自由の代償／フリーター──現代若者の就業意識と行動』日本労働研究機構、75-99。

菅澤貴之、2009、「社会経済的地位志向の変容」友枝敏雄編『現代の高校生は何を考えているのか――意識調査の計量分析をとおして』世界思想社、87-114。

竹内洋、1995、『日本のメリトクラシー――構造と心性』東京大学出版会。

太郎丸博、2009、『若年非正規雇用の社会学――階層・ジェンダー・グローバル化』大阪大学出版会。

山田真茂留、2000、「若者文化の析出と融解――文化志向の終焉と関係嗜好の高揚」宮島喬編『講座社会学7　文化』東京大学出版会、21-56。

山口一男、2014、「ホワイトカラー正社員の管理職割合の男女格差の決定要因」『日本労働研究雑誌』56（7）：17-32。

米川英樹、1978、「高校における生徒下位文化の諸類型」『大阪大学人間科学部紀要』4：183-208。

付表 a　質問項目の因子分析（2001年）

変数（2001）	社会経済的地位志向	自己充足志向	共通性
Q11a. 高い地位	**0.830**	-0.034	0.683
Q11b. 高い収入	**0.668**	0.020	0.450
Q11c. 競争に勝利	**0.573**	0.053	0.338
Q11f. 趣味を持つ	-0.005	**0.789**	0.105
Q11e. のんきに暮らす	0.047	0.315	0.622
因子寄与	1.479	0.749	2.228
寄与率（%）	29.84	14.11	43.95

因子抽出法：最尤法、プロマックス回転。因子負荷量の絶対値が0.4以上のものを太字にした。

付表 b　質問項目の因子分析（2007年）

変数（2007）	社会経済的地位志向	自己充足志向	共通性
Q11a. 高い地位	**0.865**	-0.089	0.744
Q11b. 高い収入	**0.672**	0.079	0.466
Q11c. 競争に勝利	**0.614**	0.029	0.381
Q11f. 趣味を持つ	0.053	**0.612**	0.222
Q11e. のんきに暮らす	-0.030	**0.473**	0.382
因子寄与	1.586	0.624	2.210
寄与率（%）	31.66	12.23	43.90

因子抽出法：最尤法、プロマックス回転。因子負荷量の絶対値が0.4以上のものを太字にした。

付表 c　質問項目の因子分析（2013年）

変数（2013）	社会経済的地位志向	自己充足志向	共通性
Q11a. 高い地位	**0.822**	-0.070	0.656
Q11b. 高い収入	**0.681**	0.067	0.488
Q11c. 競争に勝利	**0.619**	0.022	0.389
Q11f. 趣味を持つ	0.005	**0.613**	0.213
Q11e. のんきに暮らす	0.011	**0.459**	0.377
因子寄与	1.555	0.673	2.228
寄与率（%）	31.35	11.12	42.47

因子抽出法：最尤法、プロマックス回転。因子負荷量の絶対値が0.4以上のものを太字にした。

第4章　物の豊かさを求める高校生

付表d　性別と2因子の分散分析（3時点）

	社会経済的地位志向			自己充足志向		
	男子	女子		男子	女子	
2001年	51.75	48.34	F = 46.209**	50.08	49.92	F = 0.096
2007年	51.54	48.53	F = 39.036**	49.96	50.04	F = 0.025
2013年	51.72	48.27	F = 51.358**	50.54	49.48	F = 4.625*

** $p<0.01$; * $p<0.05$; † $p<0.10$

付表e　学校タイプ×職業希望（2013年男子）（%）

	管理・専門Ⅰ	専門Ⅱ	専門Ⅲ	事務・販売・サービス	マニュアル	その他	考えていない・わからない	N
普通科A	<u>39.2</u>	20.5	<u>0.8</u>	6.8	11.6	4.2	16.8	380
普通科B	<u>7.5</u>	24.3	<u>7.9</u>	17.6	<u>18.8</u>	6.3	17.6	239
職業科	<u>1.0</u>	5.9	2.0	7.8	<u>53.4</u>	5.4	24.5	204

標準化済調整残差の絶対値が2以上のセルには下線を引いた。

付表f　学校タイプ×職業希望（2013年女子）（%）

	管理・専門Ⅰ	専門Ⅱ	専門Ⅲ	事務・販売・サービス	マニュアル	その他	考えていない・わからない	N
普通科A	<u>41.0</u>	16.5	<u>8.5</u>	<u>14.4</u>	2.1	3.7	13.8	188
普通科B	<u>5.6</u>	15.2	<u>32.2</u>	26.2	1.8	5.6	13.4	500
職業科	<u>0.0</u>	5.5	31.7	<u>33.5</u>	4.3	<u>9.8</u>	15.2	164

標準化済調整残差の絶対値が2以上のセルには下線を引いた。

第5章
保守化の趨勢と政治的態度

友枝敏雄

1. はじめに

　2001年調査および2007年調査の分析によって、高校生の意識に「保守化」もしくは「新しい保守意識」が生まれていること、しかも2001年から2007年へと至る6年間にその「保守化」が強まっていることを明らかにしてきた（友枝 2003、2009）。そこで本章では、今回収集した2013年調査データの分析を加えることによって、「保守化」もしくは「新しい保守意識」についてあらためて検討することにしたい。ここでいう「保守化」もしくは「新しい保守意識」という言葉は、日本社会にそくして、つぎの3つのことを意味するものとして定義しておく[1]。

（1）日本社会の現状に、たとえ完全に満足していないにしても、現状を肯定し維持しようとする態度
（2）日本の伝統を高く評価する態度（＝日本賛美）
（3）ナショナリズムを尊重する態度

　なお「新しい保守意識」という場合の「新しい」とは、戦前のような共同体を基盤にした「お国のために」「滅私奉公」的な価値観ではなくて、私もしくは個人を重視する価値観にもとづいた「保守意識」という意味での「新しい」である。

　すでに第1章、第2章で明らかにしたように、高校生の逸脱への憧れの意識は、この12年間に減少しているし、日常生活場面での規範意識は高まっている。高校生は「お利口」になっており、1つの合理的選択の結果として社

会に順応する姿勢を強めている。

　このような「お利口」の度合を高めている高校生は、社会観および政治的態度としてどのような意識をもっているかということについて解明するのが、本章の課題である。

2．社会観の趨勢

　社会観の3時点変化　2007年調査では、2001年から2007年にかけての保守化の趨勢が浮き彫りになった。以下にあげる社会観に関する7項目については、2001年調査および2007年調査でも質問した。各項目については、「賛成」「やや賛成」「どちらともいえない」「やや反対」「反対」の5段階で質問した。
1．就労外国人のために政府は工夫すべきだ
2．太平洋戦争の件で日本は謝罪すべきだ
3．福祉のため税金を上げることもやむをえない
4．時代遅れのしきたりや慣習は廃止すべきだ
5．日本の文化や伝統は他の国よりも優れている
6．行事の際に国歌・国旗を用いるべきだ
7．国のためにやりたいことが制限されてもかまわない

図5－1は、これら7項目の単純集計結果を3時点で比較したものである。図のなかの項目は、「賛成」と「やや賛成」との合計の大きい順にならべている。図5－1で注目されるのは、3時点の変化が想像した以上に大きいことである。特に注目されるのは、つぎの3点である。

　第1に、2.「太平洋戦争の件で謝罪すべきだ」への賛成が、2001年の64.5％から2007年の49.7％を経て、2013年の39.6％へと、12年間に28.9ポイント減少していることである。

　第2に、5.「日本の文化や伝統は他の国よりも優れている」への賛成が、2001年の29.6％から2007年の38.7％を経て、2013年の55.7％へと、12年間に26.1ポイント増加していることである。

　第3に、6.「行事の際に国歌・国旗を用いるべきだ」への賛成が、2001年

項目	2001	2007	2013
1. 就労外国人のための政府は工夫すべきだ	73.8	68.0	68.9
2. 太平洋戦争の件で日本は謝罪すべきだ	64.5	49.7	39.6
3. 福祉のため税金を上げることもやむをえない	35.0	38.6	40.1
4. 時代遅れのしきたりや慣習は廃止すべきだ	30.8	25.2	23.4
5. 日本の文化・伝統はほかの国よりも優れている	29.6	38.7	55.7
6. 行事の際に国歌・国旗を用いるべきだ	17.7	26.1	39.1
7. 国のためにやりたいことが制限されてもかまわない	4.2	6.7	8.7

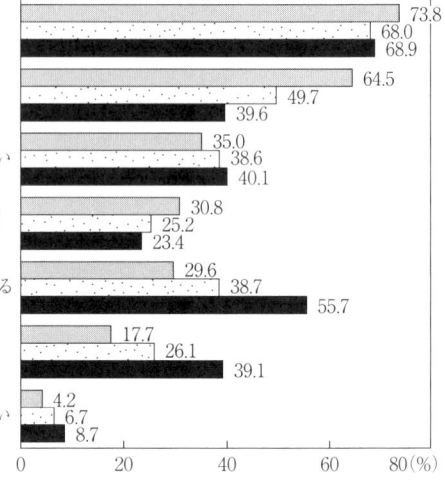

■2001年福岡調査　□2007年福岡調査　■2013年福岡調査

図5-1　社会観の変化

の17.7%から2007年の26.1%を経て、2013年の39.1%へと、12年間に21.4ポイント増加していることである。

2007年調査の分析ですでに指摘したことだが（友枝 2009）、2013年調査の分析を加えることによって、2000年代に入ってからの保守化の趨勢が一層進展していることが明らかになった。

2008年以降、リーマンショックによる経済不況、2011年3月の東日本大震災の発生、非正規雇用者の増加、年金財政の深刻化と、日本社会にとって明るい状況は何もない。にもかかわらず（それゆえにというべきか）、保守化の趨勢は強まるばかりである。日本社会が混沌とした状況にあるがゆえに、日本人としてのアイデンティティの根拠として、「日本の文化や伝統は他の国よりも優れている」への賛成意見が強まるのであろう。つまり日本社会の将来に対する不安が強まれば強まるほど、日本という国の優れた点を躍起になってさがす、その結果「他国と比較しての日本の文化や伝統の優越」という感覚が醸成されるのではないだろうか。この一種の優越感さがしは自覚的というよりも無意識のうちになされているのかもしれない。近年の尖閣諸島、

竹島をめぐる日中関係および日韓関係の緊張もまた、高校生を保守的な態度へと向かわせているのであろう。

社会観の因子分析　2001年調査および2007年調査では、図5-1で取り上げた7項目のなかから、「時代遅れのしきたりや慣習は廃止すべき」を除いた6項目で因子分析を行った結果、3つの因子（国際化志向因子、伝統志向因子、公重視因子）が抽出された（友枝 2003、2009）。2013年調査データの因子分析でも3つの因子が抽出された。3時点でほぼ同一の因子構造をもっていると考えられる。2001年福岡調査データ、2007年福岡調査データ、2013年福岡調査データを統合した3時点統合データで因子分析を行った結果が、表5-1である[2]。

表5-1　社会観の因子分析（福岡3時点統合データ）

	第1因子 （国際化志向）	第2因子 （伝統志向）	第3因子 （公重視）
福祉のため税金を上げることもやむをえない	.102	.020	**.325**
就労外国人のため政府は工夫すべきだ	**.711**	.063	-.026
太平洋戦争の件で日本は謝罪すべきだ	**.444**	-.111	.086
国のためにやりたいことが制限されてもかまわない	-.030	-.017	**.677**
日本の文化や伝統は他の国よりも優れている	-.024	**.553**	-.075
行事の際に国歌・国旗を用いるべきだ	-.012	**.582**	.112
回転後の負荷量平方和	.718	.777	.717

因子抽出法：主因子法　　回転法：Kaiserの正規化を伴うプロマックス法

表5-1にみられるとおり、3時点統合データでも、3つの因子（国際化志向因子、伝統志向因子、公重視因子）が抽出された。

3時点分のデータがそろったので、2001年から2013年までの12年間における3因子の変化をみてみよう[3]。図5-2は、3因子の12年間の変化を、学

校タイプ別にみたものである。図5-2から明らかなのは、12年間における国際化志向因子の低下と、伝統志向因子および公重視因子の上昇が顕著なことである。

　各因子について、学校タイプとの関連をみてみると、まず国際化志向因子は、普通科Bでもっとも強いのに対して普通科Aでもっとも弱いという関連を保持しながら、12年間に低下している。つぎに伝統志向因子は、学校タイプによる違いがみられないまま、12年間に上昇している。第3に公重視因

（国際化志向因子）

年	普通科A	普通科B	職業科
2001年	50.74	52.07	52.02
2007年	48.12	51.03	49.46
2013年	47.54	49.72	48.40

（伝統志向因子）

（注）上記折れ線グラフでは、折れ線が重なり合うので、値を記入していない。

（公重視因子）

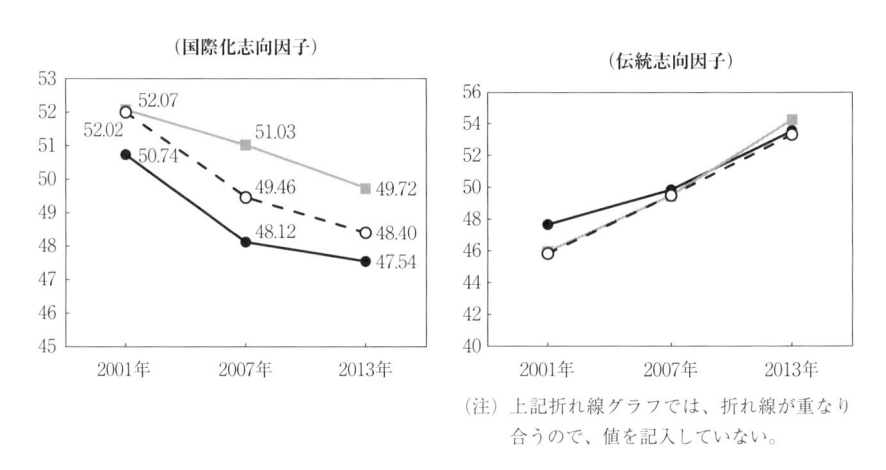

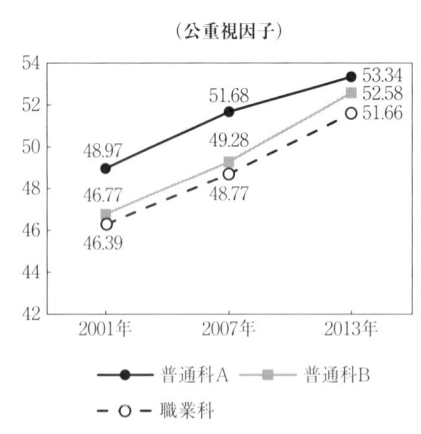

年	普通科A	普通科B	職業科
2001年	48.97	46.77	46.39
2007年	51.68	49.28	48.77
2013年	53.34	52.58	51.66

●―― 普通科A　　■―― 普通科B
―○― 職業科

図5-2　学校タイプ別3因子得点の変化

子は、普通科Aでもっとも強いのに対して職業科でもっとも弱いという関連を保持しながら、12年間に上昇している。つまり、学校タイプ別の違いが保持されながら、12年間に国際化志向因子は低下し、公重視因子は上昇するという趨勢がみられることである。保守化の趨勢のなかでも国際化志向因子と公重視因子については、学校タイプによる違いがある程度維持されているのである[4]。

　多くの社会学者の指摘する通り[5]、「グローバル化」の趨勢は驚くほどのスピードで進んでいる。すでに言い古された感もあるが、日本の企業は、低廉な賃金を求めて、中国、タイ、ベトナムなどの外国に工場を建設するようになった。なかでも日中関係は、政治の側面では、歴史認識の問題や尖閣列島の問題をはじめとして緊張関係にあるが、経済の側面では、切っても切れない関係になりつつある。日本国内におけるグローバル化の例としては、たとえば国際結婚の増加に伴って東京の小学校には、外国人やハーフの子どもの就学が増えているという話をよく聞く。このようにグローバル化が進展しているにもかかわらず、国際化志向因子の低下と伝統志向因子の上昇に示されているように、高校生の意識においては保守化が進行しているのである。

　高校生の意識における保守化の顕著な進行は、若者特有の現象ではない。21世紀に入ってから、日本人の多くに保守的な意識が浸透している。このことを示す1つの証左として、図5-3をあげておく。図5-3は、内閣府が毎年実施している「外交に関する世論調査」から日本と中国との関係を時系列でみたものである。この調査は、「全国の市区町村に居住する満20歳以上の日本国籍を有する者」を対象にした調査（標本数：3000人）である。図5-3から明らかなように、2004年（平成16年）以降、日本と中国との関係を「良好だと思わない」人の方が、「良好だと思う」人を上回っており、2013年に至っては、「良好だと思わない」人は91.0％にのぼっているのに対して、「良好だと思う」人はわずか6.8％にとどまっている。日中の「良好でない」関係に象徴的に示されているように、国際関係の緊張が、多くの日本人の保守的な意識を強化していると考えるのは自然であるといえよう。

(出典) 内閣府「外交に関する世論調査」

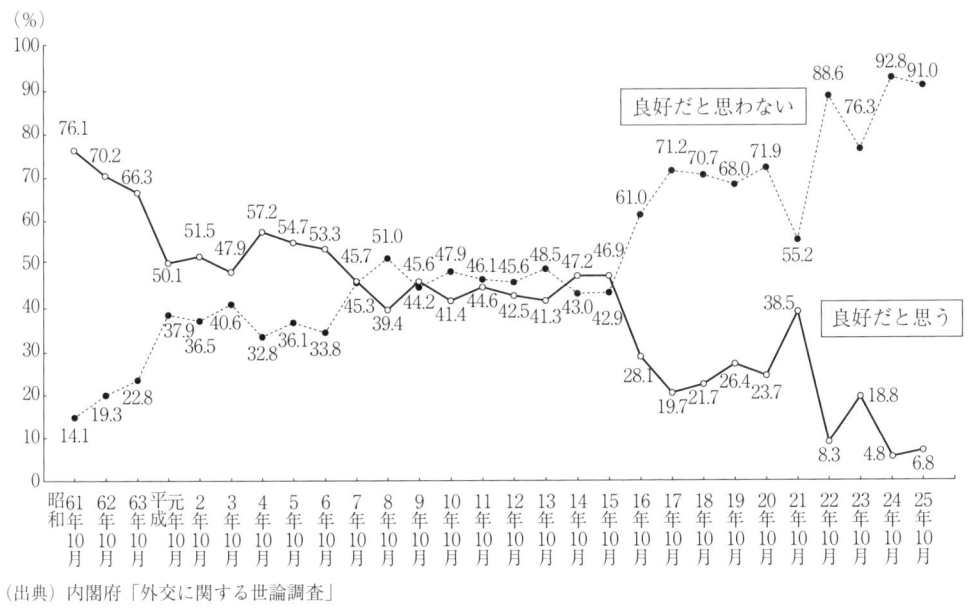

図5-3　現在の日本と中国との関係

3．政治的態度

政治的有効性感覚と権威主義　これまでみてきた高校生の意識における保守化の趨勢は、政治的態度とどのような関係にあるのだろうか。残念なことに2001年調査では、保守化の趨勢に関連しそうな政治的態度に関する質問項目を入れていない。しかし2007年調査では、政治的態度の質問項目として、政治的有効性感覚と権威主義を加えた。2013年調査でも、政治的有効性感覚と権威主義について質問している。そこで2007年調査データおよび2013年調査データを用いて、保守化の趨勢が政治的有効性感覚および権威主義とどのような関係にあるのかを明らかにしてみよう。

　政治的有効性感覚および権威主義に関する質問文は、つぎにあげる1.～7.の7項目である。

第5章　保守化の趨勢と政治的態度

1．政治のことは難しすぎて自分にはとても理解できない
2．政治のことはやりたい人に任せておけばよい
3．国民の意見や希望は、国の政治にはほとんど反映されていない
4．権威ある人々にはつねに敬意をはらわなければならない
5．以前からなされてきたやり方を守ることが、最上の結果を生む
6．伝統や慣習にしたがったやり方に疑問を持つ人は、結局問題をひきおこすことになる
7．この複雑な世の中で何をなすべきか知る一番よい方法は、指導者や専門家に頼ることである

1．2．3．が政治的有効性感覚に関する質問文であり、4．5．6．7．が権威主義に関する質問文である。

図5-4は、政治的有効性感覚および権威主義についての単純集計結果を示している。図の中の数字は、「そう思う」と「どちらかといえばそう思う」を合計したものである。

図5-4をみていこう。政治的有効性感覚については、「1．政治のことは

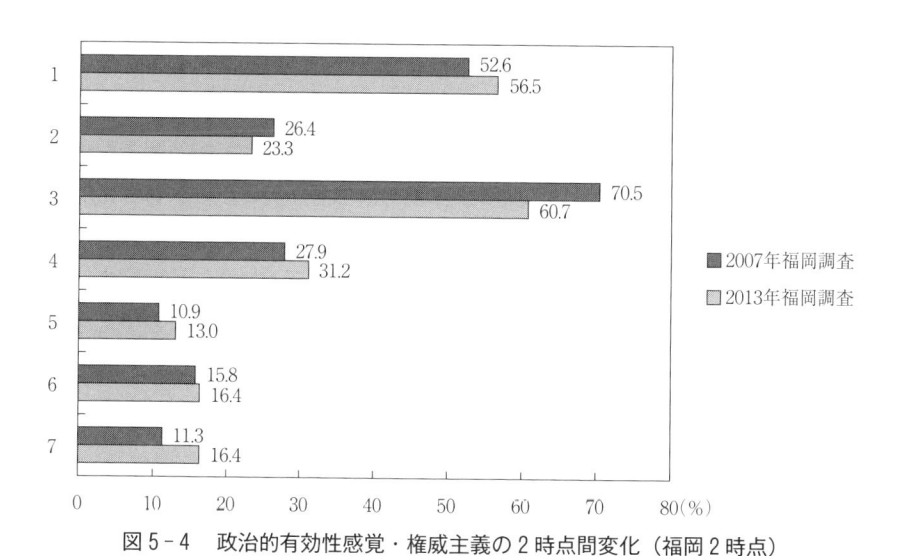

項目	2007年福岡調査	2013年福岡調査
1	52.6	56.5
2	26.4	23.3
3	70.5	60.7
4	27.9	31.2
5	10.9	13.0
6	15.8	16.4
7	11.3	16.4

図5-4　政治的有効性感覚・権威主義の2時点間変化（福岡2時点）

難しすぎて自分には理解できない」と思う生徒は、2007年の52.6％から2013年の56.5％へ、3.9ポイント増加しているのに対して、「2．政治のことはやりたい人に任せておけばよい」と思う生徒は、2007年の26.4％から2013年の23.3％へ、3.1ポイント減少している。また「3．国民の意見や希望は、国の政治にはほとんど反映されない」と思う生徒は、2007年の70.5％から2013年の60.7％へ9.8ポイント減少している。この結果は、高校生における政治的有効性感覚は総じて低いこと、6年間に高校生の政治的有効性感覚が強まったのか、それとも弱まったのかについては判然としないことを示しているといえよう。

　権威主義については、まず4．5．6．7．に対する高校生の賛成意見はそれほど大きくないので、高校生は権威主義に対してネガティブな態度を示しているといえる。しかしながら6年間の変化をながめてみると、「4．権威ある人々にはつねに敬意をはらわなければならない」と思う生徒は、2007年の27.9％から2013年の31.2％へと、3.3ポイント増加している。「5．以前からなされてきたやり方を守ることが、最上の結果を生む」と思う高校生は、2007年の10.9％から2013年の13.0％へと、2.1ポイント増加している。「6．伝統や慣習にしたがったやり方に疑問を持つ人は、結局問題をひきおこすことになる」と思う高校生は、2007年の15.8％から2013年の16.4％へと、0.6ポイント微増している。「7．この複雑な世の中で何をなすべきか知る一番よい方法は、指導者や専門家に頼ることである」と思う生徒は、2007年の11.3％から2013年の16.4％へと、5.1ポイント増加している。6年間における各項目の増加分は、わずかである。しかし前述した保守化の趨勢ということをふまえると[6]、この6年間に高校生の間に、権威主義を肯定する態度が伸張しているといえる。

政治的有効性感覚の規定要因　政治的有効性感覚の規定要因を明らかにするために、政治的有効性感覚を従属変数にして重回帰分析を試みた。その際、2007年調査、2013年調査それぞれについて重回帰分析を行ったのであるが、その結果が表5-2である。

表5-2 政治的有効性感覚の規定要因（福岡2時点）

（1）2007年福岡調査データ

	標準化偏回帰係数（β）
男子（ref）	
女子ダミー	-.056*
普通科A（ref）	
普通科Bダミー	-.192**
職業科ダミー	-.313**
体育系（ref）	
文化系ダミー	.121**
部活なしダミー	.038
日本社会満足度	-.249**
国際化志向因子	-.003
伝統志向因子	.039
公重視因子	.012
調整済みR2乗	0.141
N	1641

**p＜0.01　*p＜0.05

（2）2013年福岡調査データ

	標準化偏回帰係数（β）
男子（ref）	
女子ダミー	-.082**
普通科A（ref）	
普通科Bダミー	-.190**
職業科ダミー	-.319**
体育系（ref）	
文化系ダミー	.103**
部活なしダミー	.015
日本社会満足度	-.167**
国際化志向因子	-.032
伝統志向因子	.062*
公重視因子	.013
調整済みR2乗	0.114
N	1660

**p＜0.01　*p＜0.05

　政治的有効性感覚については、1. 2. 3. の3項目を単純加算して、1つの尺度を構成する予定だったが、3項目で尺度を作成するとクロンバックのαが、.431（2007年調査）、.463（2013年調査）と低かった。そこで1. 2. の2項目で作成するとクロンバックのαが、.624（2007年調査）、.602（2013年調査）だったので、1. 2. の2項目からなる尺度を用いることにした。なお尺度が政治的有効性感覚の強い生徒（つまり1. 2. に否定的な意識をもつ生徒）ほど、値が大きくなるようにした。

　表5-2から明らかなように、統計的に有意な変数は、2007年では女子ダミー、普通科Bダミー、職業科ダミー、文化系ダミー、日本社会満足度であり、2013年では女子ダミー、普通科Bダミー、職業科ダミー、文化系ダミー、日本社会満足度、伝統志向因子である[7]。つまり2013年調査で有意な変数に伝統志向因子が加わっただけであり、2時点に共通する知見は多い[8]。

そのような共通する知見として、つぎの4点を指摘しておく。
(1) 女子は、男子に比べて、政治的有効性感覚を弱める効果があること。
(2) 普通科B、職業科は、普通科Aに比べて、政治的有効性感覚を弱める効果があること。
(3) 文化系は、体育系に比べて、政治的有効性感覚を強める効果があること。
(4) 日本社会への満足度は、政治的有効性感覚を弱める効果があること。

この4点のうち、注目されるのは(2)と(4)である。

(2)については、地域の進学校たる普通科Aの生徒の方が、政治的有効性感覚が強いのであるから、普通科Aの生徒は、普通科B、職業科の生徒に比べて、政治への期待が大きいといえる。このことは、社会観の分析でふれたように、普通科Aの生徒は、普通科B、職業科に比べて公重視因子が強いことにも対応している。公重視因子の内実が「福祉のため税金を上げることはやむをえない」と「国のため、やりたいことが制限されてもかまわない」に賛同する意識にあるから、これら2つが政治への期待と結びつくのは当然である。

(4)については、日本社会への満足度の高い高校生は、政治的有効性感覚が弱いから、ある意味で政治に無関心なのではないか、これに対して、日本社会への満足度の低い、すなわち日本社会へ不満感を抱いている高校生は、政治有効性感覚が強いから、政治への期待もしくは政治による日本社会の変革への志向性をもっていると解釈できる。

つぎに2時点における相違点としては、2007年で統計的に有意でなかった伝統志向因子が、2013年では有意になったことである。このことは、伝統志向因子の中核をなす「日本の文化や伝統は他の国よりも優れている」および「行事の際に、国歌・国旗を用いるべきだ」に賛同する意識が、単純に日本の文化を尊重するというレベルにとどまらないで、日本文化の尊重を出発点にしながら、政治によって日本社会を変革する態度を醸成するようになったことを示しているとも考えられる。もちろん標準化偏回帰係数の値は、.062とあまり大きくないから、断定的なことはいいがたいが、保守化の趨勢が政治の領域にまで影響するようになったことには注意しておくべきであろう。

第5章　保守化の趨勢と政治的態度

権威主義の規定要因　政治的有効性感覚の分析と同様に、権威主義の規定要因を明らかにすべく、権威主義を従属変数にして、時点ごとの重回帰分析を行った。その結果が表5-3である。

権威主義については、4. 5. 6. 7.の4項目を単純加算して尺度を作成した。4項目で尺度を作成した場合のクロンバックのαは、.679（2007年調査）、.650（2013年調査）だったので、4項目で尺度を作成することに問題ないとした。なお尺度を作成する際に、4. 5. 6. 7.の各項目の素データを反転して、権威主義に賛成する生徒（4. 5. 6. 7.の各項目に「そう思う」「どちらかといえばそう思う」と答えた生徒）ほど得点が大きくなるようにした。

表5-3から明らかなように、統計的に有意な変数は、2007年では女子ダミー、普通科Bダミー、職業科ダミー、文化系ダミー、日本社会満足度、伝統志向因子、公重視因子であり、2013年では普通科Bダミー、職業科ダ

表5-3　権威主義の規定要因（福岡2時点）

(1) 2007年福岡調査データ

	標準化偏回帰係数(β)
男子（ref）	
女子ダミー	-.057*
普通科A（ref）	
普通科Bダミー	.183**
職業科ダミー	.284**
体育系（ref）	
文化系ダミー	-.055*
部活なしダミー	.024
日本社会満足度	.158**
国際化志向因子	-.031
伝統志向因子	.188**
公重視因子	.117**
調整済みR2乗	0.177
N	1636

**p<0.01　*p<0.05

(2) 2013年福岡調査データ

	標準化偏回帰係数(β)
男子（ref）	
女子ダミー	-.040
普通科A（ref）	
普通科Bダミー	.176**
職業科ダミー	.303**
体育系（ref）	
文化系ダミー	-.058*
部活なしダミー	-.029
日本社会満足度	.134**
国際化志向因子	.036
伝統志向因子	.115**
公重視因子	.172**
調整済みR2乗	0.146
N	1652

**p<0.01　*p<0.05

ミー、文化系ダミー、日本社会満足度、伝統志向因子である。つまり2013年調査では、2007年調査で有意だった女子ダミーが有意でなくなっていることのみが、2時点の違いである。政治的有効性感覚の分析の場合と同様、2時点に共通する知見が多い。

そのような知見として、つぎの4点を指摘しておく。
(1) 普通科B、職業科は、普通科Aに比べて、権威主義を強める効果があること。
(2) 文化系は、体育系に比べて、権威主義を弱める効果があること。
(3) 日本社会への満足度は、権威主義を強める効果があること。
(4) 伝統志向因子と公重視因子は、権威主義を強める効果があること。

すべて興味深い結果なので、もう少し詳しく説明しておこう。

(1)については、すでに明らかにしたように、政治的有効性感覚が普通科B、職業科では、普通科Aに比べて弱まることと考えあわせると、普通科B、職業科の生徒は、政治的態度について、普通科Aの生徒とは異なる志向性をもっているといえよう。つまり普通科B、職業科の生徒では、権威主義的な価値観が強くなるのに対して、普通科Aの生徒では、政治的有効性感覚が強くなるという異なるベクトルがみられるのである。

(2)は、文化系の生徒が体育系の生徒に比べて、政治的有効性感覚が強く、権威主義が弱くなる志向性をもっていることを示している。やや強引な解釈をするならば、よく言われるように体育系の生徒は、部活動を通して集団の規律や集団の秩序を重視するようになるから、伝統や権威を重視する権威主義に傾き、政治に消極的な態度（「2. 政治のことはやりたい人にまかせておけばよい」）になるといえるのではないだろうか。

(3)は、日本社会への満足度が政治的有効性感覚を弱める効果をもっていたことと関連づけることによって注目される知見である。すなわち日本社会への満足感は、権威主義への志向性を強めるのに対して、日本社会への不満感は、政治を理解した上で関与しようとする政治への積極的な態度を強めているのである。

(4)については、権威主義的な価値観が、伝統志向因子と公重視因子によっ

て強められることを意味している。ただしすでに明らかにしたように、伝統志向因子は学校タイプによる差はないのに対して、公重視因子の平均点は、普通科Aでもっとも高く、普通科B、職業科に至るにつれて低くなっている。しかるに(1)で示されたように、公重視因子の平均点の低い普通科B、職業科の方が、普通科Aに比べて権威主義を強める効果をもっているのである。このことはどのように解釈されるべきであろうか。

重回帰分析の結果を素直にみるならば、権威主義的な価値観は、普通科B、職業科という学校タイプと、伝統志向因子、公重視因子とで強められているのであるから、普通科B、職業科の生徒でしかも伝統志向因子および公重視因子の高い生徒によって強められているといえる。これに対して、普通科Aの生徒は、普通科B、職業科に比べて権威主義的な価値観をもちにくいが、伝統志向因子および公重視因子が高い場合には権威主義的な価値観をもつようになる。つまり普通科B、職業科の生徒は、学校タイプ、伝統志向因子、公重視因子という3つの要因によって権威主義的な価値観が強められるのに対して、普通科Aの生徒は、伝統志向因子、公重視因子という2つの要因によって、権威主義的な価値観が強められているのである[9]。

非標準化偏回帰係数の2時点比較　政治的有効性感覚および権威主義についての、時点ごとの重回帰分析によって統計的に有意な変数が明らかになったので、これらの有意な変数が2時点6年間で変化しているのかどうかを検討してみた。その結果が表5-4である。表5-4は、2時点の非標準化偏回帰係数の差を検定したものである[10]。

表5-4に示されているように、政治的有効性感覚については、日本社会への満足度の効果が2時点で差があり、権威主義については、伝統志向因子の効果が2時点で差があること(10%の有意水準ではあるが)が明らかになった。なぜこのような結果になったのかについて、それぞれ考えてみよう。

まず日本社会への満足度については、政治的有効性感覚に対する日本社会への満足度の説明力が減少していることが明らかになっている。これは、高校生が社会に対する不満を抱いたとしても、その不満が政治を理解し政治に

表 5-4　非標準化偏回帰係数の差の検定

<table>
<tr><th></th><th colspan="5">政治的有効性感覚</th></tr>
<tr><th></th><th colspan="2">2007年</th><th colspan="2">2013年</th><th rowspan="2">回帰係数の
差の検定
t値</th></tr>
<tr><th></th><th>非標準化偏
回帰係数(B)</th><th>標準誤差
(se)</th><th>非標準化偏
回帰係数(B)</th><th>標準誤差
(se)</th></tr>
<tr><td>男子 (ref)</td><td></td><td></td><td></td><td></td><td></td></tr>
<tr><td>女子ダミー</td><td>-.249</td><td>.115</td><td>-.332</td><td>.102</td><td>0.540</td></tr>
<tr><td>普通科A(ref)</td><td></td><td></td><td></td><td></td><td></td></tr>
<tr><td>普通科Bダミー</td><td>-.869</td><td>.126</td><td>-.776</td><td>.114</td><td>-0.547</td></tr>
<tr><td>職業科ダミー</td><td>-1.668</td><td>.143</td><td>-1.572</td><td>.132</td><td>0.493</td></tr>
<tr><td>体育系 (ref)</td><td></td><td></td><td></td><td></td><td></td></tr>
<tr><td>文化系ダミー</td><td>.666</td><td>.150</td><td>.478</td><td>.120</td><td>0.979</td></tr>
<tr><td>部活なしダミー</td><td>.172</td><td>.120</td><td>.065</td><td>.115</td><td></td></tr>
<tr><td>日本社会満足度</td><td>-.716</td><td>.068</td><td>-.412</td><td>.058</td><td>-3.401**</td></tr>
<tr><td>国際化志向因子</td><td>-.001</td><td>.005</td><td>-.007</td><td>.005</td><td></td></tr>
<tr><td>伝統志向因子</td><td>.009</td><td>.007</td><td>.013</td><td>.005</td><td>-0.465</td></tr>
<tr><td>公重視因子</td><td>.003</td><td>.007</td><td>.003</td><td>.005</td><td></td></tr>
</table>

(注記) 時点ごとの重回帰分析で統計的に有意だった独立変数のみを検定している。
**p＜0.01　*p＜0.05

<table>
<tr><th></th><th colspan="5">権威主義</th></tr>
<tr><th></th><th colspan="2">2007年</th><th colspan="2">2013年</th><th rowspan="2">回帰係数の
差の検定
t値</th></tr>
<tr><th></th><th>非標準化偏
回帰係数(B)</th><th>標準誤差
(se)</th><th>非標準化偏
回帰係数(B)</th><th>標準誤差
(se)</th></tr>
<tr><td>男子 (ref)</td><td></td><td></td><td></td><td></td><td></td></tr>
<tr><td>女子ダミー</td><td>-.349</td><td>.155</td><td>-.245</td><td>.151</td><td>-0.480</td></tr>
<tr><td>普通科A (ref)</td><td></td><td></td><td></td><td></td><td></td></tr>
<tr><td>普通科Bダミー</td><td>1.131</td><td>.170</td><td>1.076</td><td>.168</td><td>-0.230</td></tr>
<tr><td>職業科ダミー</td><td>2.076</td><td>.192</td><td>2.237</td><td>.195</td><td>-0.588</td></tr>
<tr><td>体育系 (ref)</td><td></td><td></td><td></td><td></td><td></td></tr>
<tr><td>文化系ダミー</td><td>-.419</td><td>.202</td><td>-.399</td><td>.177</td><td>-0.074</td></tr>
<tr><td>部活なしダミー</td><td>.147</td><td>.161</td><td>-.193</td><td>.169</td><td></td></tr>
<tr><td>日本社会満足度</td><td>.620</td><td>.091</td><td>.495</td><td>.086</td><td>0.998</td></tr>
<tr><td>国際化志向因子</td><td>-.010</td><td>.007</td><td>.011</td><td>.007</td><td></td></tr>
<tr><td>伝統志向因子</td><td>.058</td><td>.010</td><td>.035</td><td>.007</td><td>1.884†</td></tr>
<tr><td>公重視因子</td><td>.036</td><td>.010</td><td>.052</td><td>.007</td><td>-1.310</td></tr>
</table>

(注記) 時点ごとの重回帰分析で統計的に有意だった独立変数のみを検定している。
**p＜0.01　*p＜0.05　†p＜0.10

期待すること、あるいは政治による社会の変革を希望することへ結びつく度合が弱くなったことを示している。

　社会への不満を出発点にして、政治を通した社会変革へといたる回路が弱くなっていることの1つの原因として、ネオリベラリズム思想の浸透とともに起こった「個人化」の進行があるのではないだろうか。

　西欧近代が生み出した個人主義思想は、個人主義にもとづいて、近代社会の構造の根幹を作り上げた点で高く評価されるべきであろう。たとえば近代の法体系は、個人主義を前提にして成立している。そこでの個人は、自律的・自主的に意思決定できる個人であり、近代市民社会を具現する「市民」なのである。「市民」という理想を掲げること自体、将来社会をイメージし、将来社会のグランド・デザインを試みる際に必要不可欠である。個人主義思想が前提とする「個人」が、たとえ一種のフィクションであったとしても、きわめて重要であることはいうまでもない[11]。

　しかし他方で、このような個人主義思想が「自己決定と自己責任」を称揚した結果、「社会的なるもの」の存在をいっそう不透明なものにしたこともまた、否定できない事実である。「社会的なるもの」が不透明になればなるほど、さまざまな現象を生起させる原因を社会に求めることは困難になってくる。たとえば21世紀になってから日本社会で深刻になっているワーキング・プアや非正規雇用の問題も、「個人の問題」（極端な場合には「本人の努力不足」という「自己責任論」による説明）としていったん理解されてしまうと、経済のグローバル化がもたらす産業構造の変化の問題（第三次産業中心の社会の問題、国内産業構造の空洞化の問題）として、社会的な視点から捉えることがきわめて困難になってくる。

　社会への不満と政治的有効性感覚との結びつきの弱まりをもたらす背景として、このような個人化の進行を考えておくことは重要であろう。

　つぎに伝統志向因子については、権威主義に対する伝統志向因子の説明力が減少していることが明らかになっている。つまり伝統志向因子が権威主義的な価値観と結びつく度合が弱くなったことを示している。

　権威主義的な価値観とは、すでに紹介したように「6. 伝統や慣習にした

がったやり方に疑問を持つ人は、結局問題をひきおこすことになる」や、「7. この複雑な世の中で何をなすべきか知る一番よい方法は、指導者や専門家に頼ることである」などの質問項目に賛同する意識であるから、現状を肯定し、指導者や専門家などの既存の権威に依存する意識であると考えられる。しかるに伝統志向因子がかつてほど現状への肯定と既存の権威への依存とを強めていないということは、伝統志向因子（日本の伝統を高く評価する態度）が現状変革への志向性（現状への積極的関与の意志）をもちはじめていることを示唆している。

このことを傍証するものとして、すでに明らかにしたことに再度ふれておこう。2013年調査データでは、政治的有効性感覚に対して、伝統志向因子が、わずかではあるが有意な効果をもつようになったことである（表5-2参照）。したがって、伝統志向因子が政治的有効性感覚に効果をもつようになるとともに、権威主義に対する効果を弱めてきていると解釈することもできるであろう。

さらに敷衍するならば、日本の伝統を尊重する価値観が、脱政治的色彩を帯びた価値観ではなくて、政治的色彩を帯びた価値観へと変容してきていることを示す予兆だと考えられるのではないだろうか。日本の伝統を尊重する価値観が政治的色彩を帯びてくるならば、これをナショナリズムの1つとして捉えることもできる。高校生調査は、21世紀の日本社会におけるナショナリズムの台頭について考えるきっかけを、私たちに与えているのである。

4．新たな変数を加えての政治的態度の分析

新たな変数　2013年調査では、新たな質問項目として、家庭の蔵書数、家庭の所有財、本人の学校での成績を加えている。蔵書数は生徒の家庭の図書の数を尋ねたものであり、所有財は生徒の家庭の、インターネット接続回線、自分のパソコン等の有無を尋ねたものである[12]。成績は、高校での成績を「上の方」「中の上くらい」「下の上くらい」「下の方」の4段階で聞いたものである[13]。

政治的有効性感覚の重回帰分析　政治的有効性感覚を従属変数にして重回帰分析を行った結果が、表5-5である[14]。表5-5からまず明らかなのは、表5-2に示された福岡2時点データ（2007年福岡調査データ、2013年福岡調査データ）の分析結果ときわめて似ていることである。福岡県だけでなく、大阪府と東京都も加えたデータの分析において、福岡と似た結果が出たことは何を意味するのだろうか。それは地域差という要因をコントロールしても、政治的有効性感覚の規定要因の構造として福岡のデータで示されたものと同じものが、大阪、東京にもあるということである。表5-2と類似した結果として、つぎの5点をあげることができる。

(1) 女子は、男子に比べて、政治的有効性感覚を弱める効果があること。
(2) 普通科B、職業科は、普通科Aに比べて、政治的有効性感覚を弱める効果があること。
(3) 文化系は、体育系に比べて、政治的有効性感覚を強める効果があること。
(4) 日本社会への満足度は、政治的有効性感覚を弱める効果があること。
(5) 伝統志向因子は、政治的有効性感覚を強める効果があること。

2013年調査に新たに加えた変数である蔵書数、所有財、成績の効果として、つぎの3点を指摘できる。

(1) 蔵書数は、政治的有効性感覚を強める効果があること。
(2) 所有財が多くなればなるほど、政治的有効性感覚が強まること。
(3) 学校での成績がよいと、政治的有効性感覚を強める効果があること。

新たに加えた蔵書数、所有財、成績という変数はすべて、政治的有効性感覚に対して効果をもっている。すなわち、階層的地位の高い家庭の生徒ほど政治的有効性感覚が強く、学校での成績がよい生徒ほど政治的有効性感覚が強いことが明らかになっている。

権威主義の重回帰分析　権威主義を従属変数にして重回帰分析を行った結果が、表5-6である。表5-6から明らかなのは、政治的態度の場合と同様に、表5-3に示された福岡2時点データ（2007年福岡調査データ、2013年

表5-5 新たな変数を加えた場合の政治的有効性感覚の重回帰分析（2013年調査）

	標準化偏回帰係数(β)
福岡（ref）	
大阪ダミー	-.090**
東京ダミー	-.013
蔵書数	.107**
所有財総合	.066**
男子（ref）	
女子ダミー	-.062**
普通科A（ref）	
普通科Bダミー	-.221**
職業科ダミー	-.235**
体育系（ref）	
文化系ダミー	.049**
部活なしダミー	.005
日本社会満足度	-.142**
国際化志向因子	-.017
伝統志向因子	.054**
公重視因子	-.024
成績	.126**
調整済みR2乗	.158
N	5649

**p＜0.01

表5-6 新たな変数を加えた場合の権威主義の重回帰分析（2013年調査）

	標準化偏回帰係数(β)
福岡（ref）	
大阪ダミー	.112**
東京ダミー	.051**
蔵書数	-.051**
所有財総合	-.054**
男子（ref）	
女子ダミー	-.041**
普通科A（ref）	
普通科Bダミー	.198**
職業科ダミー	.214**
体育系（ref）	
文化系ダミー	-.041**
部活なしダミー	.005
日本社会満足度	.119**
国際化志向因子	-.001
伝統志向因子	.137**
公重視因子	.210**
成績	-.071**
調整済みR2乗	.190
N	5617

**p＜0.01

福岡調査データ）の分析結果ときわめて似ていることである。これは、政治的有効性の感覚の分析の場合と同様に、権威主義の規定要因の構造として、福岡、大阪、東京に共通のものがあることを意味している。表5-3と類似した結果であり、福岡、大阪、東京に共通した構造として、つぎの4点をあげることができる。

（1）普通科B、職業科は、普通科Aに比べて、権威主義を強める効果があること。

（2）文化系は、体育系に比べて権威主義を弱める効果があること。
（3）日本社会への満足度は、権威主義を強める効果があること。
（4）伝統志向因子と公重視因子は、権威主義を強める効果があること。

2013年調査に新たに加えた変数である蔵書数、所有財、成績の効果として、つぎの3点を指摘できる。
（1）蔵書数は、権威主義を弱める効果があること。
（2）所有財が多くなればなるほど、権威主義が弱まること。
（3）学校での成績がよいと、権威主義を弱める効果があること。

政治的有効性感覚の場合と同様に、蔵書数、所有財、成績という3つの変数は権威主義に対しても効果があるのである。

高校生の政治的態度を規定するものは何か　本章では、高校生の政治的態度を分析してきた。政治的態度といっても、政治的有効性感覚と権威主義を取り上げたにすぎないが、2013年調査データの分析では、2013年調査で新たに質問した蔵書数、所有財、本人の成績という3つの変数を用いることによって、政治的有効性感覚および権威主義を規定する要因を一層明らかにすることができた。政治的態度の分析を通して明らかになったことは、つぎの3点である。

第1に、政治的有効性感覚が、性別、学校タイプ、部活動という客観的変数のみならず日本社会への満足度という主観的変数の影響を受けていることは、すでに2007年福岡調査データの分析で明らかになっていたことである（友枝 2009）。しかるにこのことが、福岡県だけではなくて大阪府・東京都を含む2013年調査データでも確認されたことは、重要である。さらに2013年調査データの分析から、蔵書数が多く、所有財も多い家庭の生徒で、しかも成績のよい生徒の方が、政治的有効性感覚が強くなるという知見は、きわめて興味深い。

第2に、権威主義については、性別、学校タイプ、部活動という客観的変数と、日本社会への満足度、伝統志向因子、公重視因子という主観的変数の影響を受けていることは、すでに2007年福岡調査データの分析で明らかに

なっていたことである（友枝 2009）。しかしながらこのことが、福岡県だけではなくて大阪府・東京都を含む2013年調査データで再度確認されたことは、政治的有効性感覚の場合と同様、重要である。そして2013年調査データの分析によって、権威主義が、蔵書数が少なく、所有財も多くない家庭の生徒で、しかも成績のよくない生徒で強まることもまた、新たな発見として注目される。

　第3に、政治的有効性感覚および権威主義に対する学校タイプの効果がきわめて大きいことである。つまり普通科Aは、普通科B、職業科に比べて、政治的有効性感覚を強める効果があるのに対して、普通科B、職業科は、普通科Aに比べて、権威主義を強める効果を有していることである。

　要するに、政治的有効性感覚および権威主義については、学校タイプというトラッキング効果と、蔵書数、所有財および学校での学業成績の影響がみられるのである。さらに一般化するならば、これらの知見は、福岡のみならず、福岡、大阪、東京3地点に共通にみられるものであるから、日本全国の高校生にあてはまるのではないかと、推測されるのである。

5．保守化の趨勢が意味するもの

　社会観の趨勢を分析する際に、過去2時点（2001年、2007年）の調査の分析結果から、ある程度予想されていたのであるが、2013年調査によって保守化の著しい進展が発見された。すでに述べたことだが、グローバル化は、意識のレベルで保守化の進行を促進しているのである。したがって、「グローバル化が進行するにもかかわらず、保守化が進行する」という命題よりも、「グローバル化が進行するがゆえに、保守化も進行する」という命題の方が、腑に落ちる解釈だといえよう。もちろん、グローバル化と保守化という2つの趨勢を結びつける個人の内的な心理的メカニズムについて、さらなる解明が必要であることはいうまでもない。

　政治的態度の分析では、2013年調査の分析で新たに独立変数として加えた、蔵書数、所有財、成績という3つの変数が、つまり階層と学業成績が政

治的態度に影響していることを明らかにできたのは、1つの発見だった。

　また保守化の進行の結果と思われるが、伝統志向因子——敷衍すれば日本の伝統を尊重する価値観——が、2013年調査では、権威主義のみならず政治的有効性感覚をも強める効果が発見されたことである。前述したように、効果自体は小さいのであるが、2007年調査では統計的に有意な効果がなかった変数なので、注意しておく必要がある。

　このことを、2時点の非標準化偏回帰係数の変化の分析によって明らかになった、権威主義に対する伝統志向因子の影響力が弱化しているという結果、つまり、2007年においても2013年においても、伝統志向因子は権威主義に対して統計的に有意な効果をもっているが、その効果は2007年から2013年へ至るにつれて弱まっているという結果と重ねあわせて考えると、興味深い。

　けだし、戦後日本の政治空間においては、保守的なイデオロギー（いわゆる右翼思想）は、その一部が自民党に取り込まれていたこともあり、政治的イッシューに影響を与えることが少なかった。しかるにここ数年の日中関係および日韓関係の緊張が顕在化するようになってからであろうか、日本の伝統を尊重する価値観が政治の表舞台に登場するようになってきた。このことが高校生における伝統志向因子と政治的有効性感覚との結びつきを、2007年から2013年にかけて強化する結果になったと考えられる。

　もちろん高校生の意識における「保守化の進行」を短絡的に「戦前的」な右翼思想と結びつけることには、慎重でなければならない。なぜなら高校生における「新しい保守意識」には、消極的な側面と積極的な側面とがあるからである。消極的な側面とは、単なる現状肯定意識であるのに対して、積極的な側面とは、日本の伝統を高く評価する態度が、ナショナリズムにつながり、さらには排外主義へとつながるような現状変革的な態度である。ただし意識調査のデータから、これら2つの側面のどちらが強いかを判断することは困難である。また、すでに述べたように個人化の進行は、結果として、「社会的なるもの」を不透明にするから、現状肯定意識を強め、政治に対するアクティビズム（能動主義）を弱める可能性もある。これら、意識調査データから明らかにできることとできないこと、および個人化の進行がもたらす帰

結ということを、留意点として指摘しておく。

　このような留意点はあるものの、3時点12年間のデータをふまえると、今後、保守化の進行はますます強まるといわざるをえない。保守化の進行が、いかなる政治的イッシュー———たとえば原発とエネルギーの問題、非正規雇用の問題、社会保障の問題など———に影響を与えるのか、その際、人々はどのように行動するのかといった問題について、社会学を含めた社会科学はいかなる貢献をしたらよいのであろうか。

　この問題を検討すると同時に、高校生を対象にした調査に携わっている研究者として、保守化が進行するなかで、高校生に国際化志向の価値観をどのように育てていくのかということも、実践的な課題として重要であるといわざるを得ない。

　いずれにせよ、社会科学者につきつけられた課題は大きいといってよい。

（謝辞）注（2）に記した確証的因子分析については、本書第9章執筆の樋口耕一氏にご協力頂きました。ここに記して、謝意を表します。

[注]
(1) 保守化という言葉は適切ではないかもしれない。本当に高校生の意識の変化をうまく表現しているだろうかという疑念がないわけではないが、他に適切な言葉が見つからない現状をふまえて、「保守化」という言葉を用いておく。
(2) 福岡3時点統合データを用いて、6項目により確証的因子分析を行い、「国際化志向」「伝統志向」「公重視」という3つの因子を抽出した。ここでは、多母集団同時分析を行い、2001年・2007年・2013年の3グループで因子負荷量が等しいという制約のもとに因子を抽出した。こうした制約をおいた「測定不変モデル」と呼ばれる因子抽出法でも適合度は良好であったから、3時点の因子構造は同一であったと考えられる。確証的因子分析は、3時点の因子構造の同一性を確認することにとどめ、本章では表5-1に示したように、主因子法によって因子得点を求めている。
(3) 3因子の因子得点は、それぞれ平均50、標準偏差10の偏差値得点にしている。
(4) 時点ごとに、国際化志向因子、公重視因子それぞれについて学校タイプ別の

一元配置の分析をしてみると、すべてで統計的に有意になったわけではないことを記しておく。
(5) 社会学の立場からグローバル化を論じた優れたものとして、たとえば正村俊之（2009）がある。論文集であるが、宮島・舩橋・友枝・遠藤（2013）も参考になる。
(6) 保守化の趨勢を分析した社会観に関する質問文と、権威主義に関する質問文がまったく別のものであることはいうまでもない。ただ両者の質問文に対する回答の変化から、6年間の趨勢が推測されるのである。
(7) 3因子の因子得点は、2007年福岡調査データと2013年福岡調査データのそれぞれで求めた因子得点である。すなわち、時点ごとに求めた因子得点を用いている。
(8) ここでは、3因子を独立変数にし、政治的有効性感覚を従属変数にするモデルにしている。3因子からなる社会観が、政治的有効性感覚にどのような影響を与えているかという問題設定のもとに、〈3因子→政治的有効性感覚〉という因果関係を想定している。権威主義の分析においても、3因子が権威主義に影響を与えるという因果関係を想定している。3因子も、政治的有効性感覚および権威主義も、すべて意識変数なので、因果関係を逆に想定してよいことはいうまでもない。
(9) 各時点で、普通科A、普通科B、職業科のそれぞれについて、政治的有効性感覚、権威主義を従属変数とする重回帰分析を試みた。分析結果は、学校タイプを統合して行った表5-2、表5-3とほぼ同じ結果になったので、このような解釈に一定の信憑性はあるといってよい。
(10) t値の求め方は、以下の通りである。
$$t_{df} = (B_{k2007} - B_{k2013}) \div \sqrt{se^2_{k2007} + se^2_{k2013}}$$
ここでの $df = (N_{2007} + N_{2013}) - (p_{2007} + p_{2013})$
N：時点ごとのケース数、p：時点ごとの推定パラメータ数（切片を含む）、ここでは独立変数の数と定数項
B：時点ごとの非標準化偏回帰係数、ｓｅ：時点ごとの標準誤差、
(11) ここでいうフィクションとは、このような「個人」が現実の社会に完全に存在することはないであろうが、一種の理念型として想定されているという意味でフィクションなのである。近代経済学が想定する「ホモエコノミクス」という人間観もフィクションであるが、単純な人間観を想定することによって理論構築を容易にし、その理論は経済現象のかなりのことについて説明を

可能にしている。
(12) 質問したのは、つぎの6項目である。
1．文学作品（夏目漱石、芥川龍之介など）
2．インターネット接続回線
3．自分のパソコン
4．自分のスマートフォン
5．自分のパスポート
6．タブレット端末（iPad、Nexus、Xperia、Tabletなど）
(13) 成績については、2001年調査では実施し、2007年調査では質問しなかったのであるが、2013年調査ではまた実施したものである。
(14) 3因子は、2013年福岡・大阪・東京データ（福岡、大阪、東京の3地点からなる）から求めたものである。

[文献]

香山リカ、2002、『ぷちナショナリズム症候群――若者たちのニッポン主義』中公新書ラクレ。
正村俊之、2009、『グローバリゼーション――現代はいかなる時代なのか』有斐閣。
宮島喬・舩橋晴俊・友枝敏雄・遠藤薫編、2013、『グローバリゼーションと社会学』ミネルヴァ書房。
内閣府、2013、「外交に関する世論調査」(http://survey.gov.online.go.jp/h25/h25-gaiko/2h/2015.3.2)。
友枝敏雄、2003、「高校生・高校教師の社会観と「新しい保守意識」」友枝敏雄・鈴木譲編『現代高校生の規範意識――規範の崩壊か、それとも変容か』九州大学出版会、129-148。
友枝敏雄・鈴木譲編、2003、『現代高校生の規範意識――規範の崩壊か、それとも変容か』九州大学出版会。
友枝敏雄、2009、「保守化の趨勢と社会観・政治的態度」友枝敏雄編『現代の高校生は何を考えているか』世界思想社、115-138。
友枝敏雄編、2009、『現代の高校生は何を考えているか』世界思想社。

第6章
性別役割分業意識の変容
―雇用不安がもたらす影響―

森　康司

1．性別役割分業とは

　「歴女」という言葉をご存じだろうか。当初はゲームに登場する戦国武将キャラクターに熱狂する女性達を指していたが、現在では史跡巡りなどをする歴史好きの女性一般の略称として使用されている。歴女は初耳でも、「イクメン」はどうだろうか。これは積極的に育児をする男性の略称である。両方とも、現在ではマスコミでも違和感なく使用されており、市民権を得ているようである。

　しかしなぜ、歴史好きの男性を「歴男」、育児に積極的な女性を「イクウィメン」とは呼ばないのだろうか。それは、歴史と言えば男性が興味を持つもの、育児と言えば女性が行うものという考え方が一般的であったことの裏返しである。ではなぜこのように男女で趣味や志向性が異なるのかというと、それはある意味社会が暗黙の内に「男／女はかくあるべし」と決めつけているからに他ならない。先天的に決まってないのであれば、その内容は変更可能である、というのが、大ざっぱであるが社会学の考え方である。

　「男性が働いて一家を養い、女性が家事育児をして家庭を守るべきだ」に代表される考え方を「性別役割分業意識」と呼び、我が国ではこの決めつけが長く支持されてきた。この意識を変え、性別に関係なく自己を追求できる社会の実現を目指し、さまざまな施策が実施されてきた。その成果が現れたのか、性別役割分業意識を継続的に調査している内閣府の世論調査では、「男性は外で働き、女性は家庭を守るべきである」への賛成は、一貫して減

少傾向にあった。女性の方が相対的に平等意識が強いという点で男女の意識格差は依然として存在するものの、人々の平等意識は高まっていたのである。そして2010年には先に挙げた「イクメン」が流行語大賞ベストテン入りするなど、男女共同参画社会実現に向けての意識改革は着実に進んでいるかのように見えた。

しかし内閣府が2012年に行った世論調査では、性別役割分業への賛成が増加に転じており、特に20代でその傾向が顕著であることが話題となった。この傾向は2007年に高校生を対象に行った本グループの調査でも既に見出されていた（森 2009）。当時調査対象だった高校生が、現在20代となっているのである。我が国の管理職や政治家における女性比率や、男性の育児休業取得率は未だに低い水準にあり、また結婚や出産を機に退職する女性が欧米先進国と比べて依然として多いなど、理想としての男女共同参画社会が実現しているとはいいがたい状況にある。そこに追い打ちをかけるように、意識レベルでいわば先祖返りがみられるのである。

このような状況の中、これからの社会を担う高校生は、どのような性別役割分業意識を持っており、将来の夫婦関係や女性のライフコースについて、どのようなイメージを抱いているのだろうか。過去2時点の調査との比較から意識変化の動向を明らかにし、またその規定要因を明らかにすることによって、将来の日本社会を予測する一つの材料としたい。

2．性別役割分業意識はどう変わったのか

保守化は進んだか　全3時点で設けられた性別役割分業に関する質問は4つであり、その回答の変化をまとめたのが図6-1である[1]。

最も直接的に性別役割分業について尋ねた「a．男性は外で働き、女性は家庭を守るべきである」をみてみよう。2001年から2007年の間に男女ともに肯定が増加、否定が減少し保守化が進行していたが、2013年は2001年水準に戻っていた。2012年の内閣府調査では若者の保守化が指摘されたが、高校生にその傾向を見出すことはできず、性別役割分業規範の衰退が底を打った可

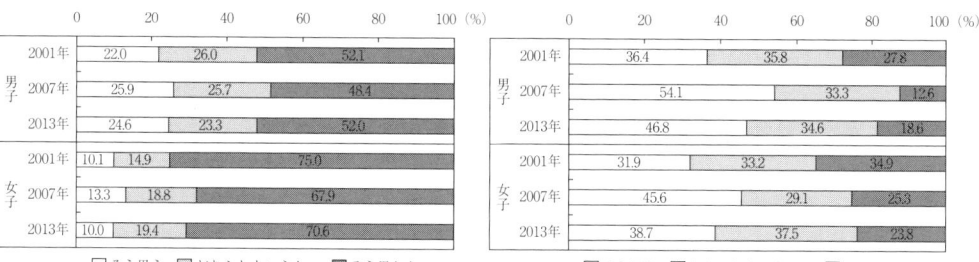

第6章 性別役割分業意識の変容

図のデータ(男子/女子、2001年/2007年/2013年):

a. 男性は外で働き、女性は家庭を守るべきである
- 男子2001年: そう思う22.0 / どちらともいえない26.0 / そう思わない52.1
- 男子2007年: 25.9 / 25.7 / 48.4
- 男子2013年: 24.6 / 23.3 / 52.0
- 女子2001年: 10.1 / 14.9 / 75.0
- 女子2007年: 13.3 / 18.8 / 67.9
- 女子2013年: 10.0 / 19.4 / 70.6

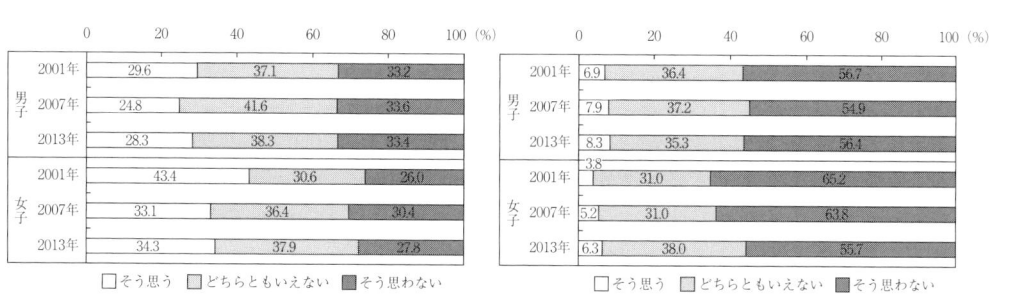

d. 専業主婦という仕事は、社会的に大変意義があることだ
- 男子2001年: 36.4 / 35.8 / 27.8
- 男子2007年: 54.1 / 33.3 / 12.6
- 男子2013年: 46.8 / 34.6 / 18.6
- 女子2001年: 31.9 / 33.2 / 34.9
- 女子2007年: 45.6 / 29.1 / 25.3
- 女子2013年: 38.7 / 37.5 / 23.8

e. 結婚や出産を理由に、女性は仕事をやめるべきではない
- 男子2001年: 29.6 / 37.1 / 33.2
- 男子2007年: 24.8 / 41.6 / 33.6
- 男子2013年: 28.3 / 38.3 / 33.4
- 女子2001年: 43.4 / 30.6 / 26.0
- 女子2007年: 33.1 / 36.4 / 30.4
- 女子2013年: 34.3 / 37.9 / 27.8

f. 外で働く仕事の方が、家事や育児よりも大切な意味を持つ
- 男子2001年: 6.9 / 36.4 / 56.7
- 男子2007年: 7.9 / 37.2 / 54.9
- 男子2013年: 8.3 / 35.3 / 56.4
- 女子2001年: 3.8 / 31.0 / 65.2
- 女子2007年: 5.2 / 31.0 / 63.8
- 女子2013年: 6.3 / 38.0 / 55.7

図6-1 性別役割分業意識(1)(福岡3時点統合データ)

能性を示唆している。

　残る3項目について男子からみてみよう。最も大きな変化が見られたのが「d. 専業主婦は意義がある」で、2001年から肯定が10.4ポイント増加している。他の2項目が目立って変化していない中で、専業主婦の社会的意義を認めるようになってきている。

　女子は2001年から「f. 仕事の方が家事育児より大切」で否定(「そう思わない」と回答した生徒)が9.5ポイント減少し、「d. 専業主婦は意義がある」でも否定(「そう思わない」と回答した生徒)が11.1ポイント減少している。「e. 結婚・出産退職すべきでない」でも肯定が9.1ポイント減少しており、女子は働くことを大切だと考えるようになっているが、その一方で結婚・出産退職を認め、自らが選択する可能性がある専業主婦の社会的意義を認めるようにもなっているのである。経済的責任は男性に任せ、自身は専業主婦を

志向するようになっているのだろうか。それとも、働きたいと考えながらも、雇用・労働環境に悲観して専業主婦に意義を見出さざるを得なくなっているのだろうか。ライフコースイメージについては第3節で取り上げる。

カップル関係における男女の非対称性　続いて、2007年調査から追加された性別役割分業に関する5つの質問について、回答の変化をまとめたのが図6-2である。

女子で目立つ変化は、「h. デートは男性が誘うべき」で肯定が2.6ポイント、「i. デート代は男性が支払うべき」では肯定が5.9ポイント減少している

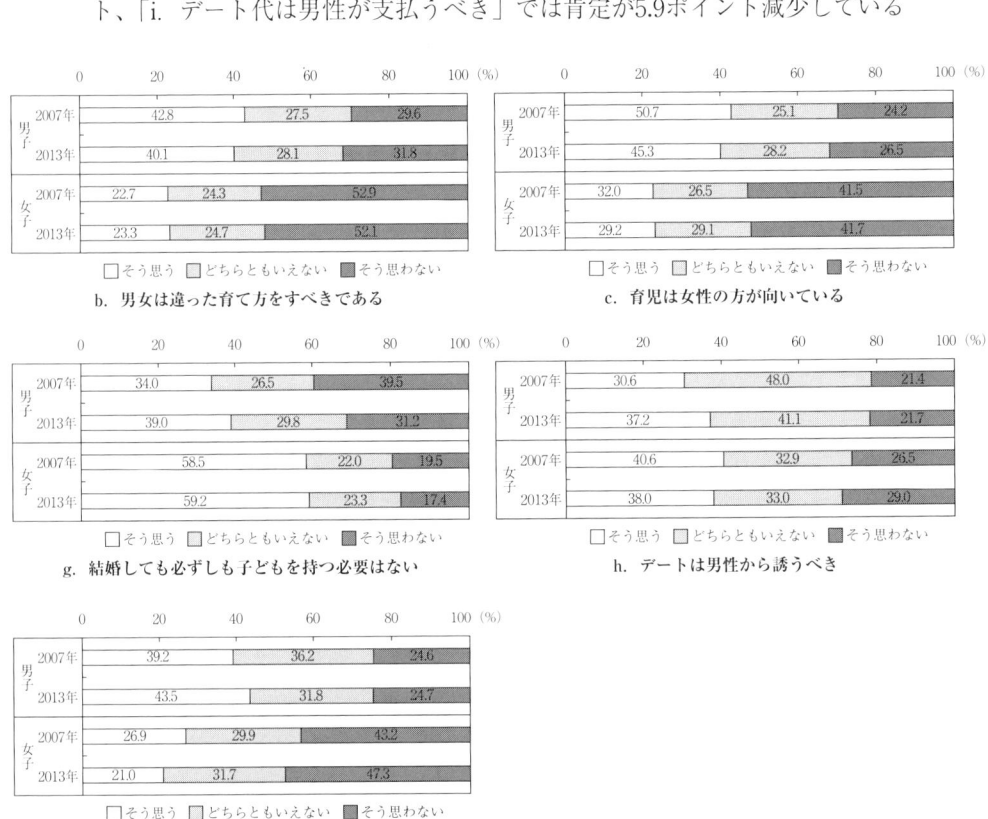

	男子2007年	男子2013年	女子2007年	女子2013年
b. 男女は違った育て方をすべきである	42.8 / 27.5 / 29.6	40.1 / 28.1 / 31.8	22.7 / 24.3 / 52.9	23.3 / 24.7 / 52.1
c. 育児は女性の方が向いている	50.7 / 25.1 / 24.2	45.3 / 28.2 / 26.5	32.0 / 26.5 / 41.5	29.2 / 29.1 / 41.7
g. 結婚しても必ずしも子どもを持つ必要はない	34.0 / 26.5 / 39.5	39.0 / 29.8 / 31.2	58.5 / 22.0 / 19.5	59.2 / 23.3 / 17.4
h. デートは男性から誘うべき	30.6 / 48.0 / 21.4	37.2 / 41.1 / 21.7	40.6 / 32.9 / 26.5	38.0 / 33.0 / 29.0
i. デート代は男性が支払うべき	39.2 / 36.2 / 24.6	43.5 / 31.8 / 24.7	26.9 / 29.9 / 43.2	21.0 / 31.7 / 47.3

図6-2　性別役割分業意識（2）（福岡・大阪2時点統合データ）

ことであり、カップル関係では男性のイニシャティブを否定するようになっている。

男子は5つすべてで変化が見出された。まず「b. 男女は違った育て方をすべき」と「c. 育児は女性の方が向いている」では、肯定がそれぞれ2.7、5.4ポイント減少し、平等志向が強まっている。一方デートの誘いと支払いでは肯定がそれぞれ6.6、4.3ポイント増加しており、女子とは対照的にイニシャティブを発揮したがるようになっている。

このように、デートは男性が誘うべきと考える女子が減少しているものの、男性が誘うべきと考える方が依然多数派であり、アプローチでは男子がイニシャティブをとり女子が受け身という秩序が維持されている。しかし、デート代の支払いでは、男子がデート代を支払いイニシャティブを発揮しようとしているのに対し、女子は平等志向が強まっている。デート相手が同じ高校生である必然はないが、女子は高校生同士では財布の中身に大差はないことを冷静に認識しているのかもしれない。

少子化はさらに進む？　ところで「g. 結婚しても必ずしも子どもを持つ必要はない」の結果をみると、男子は肯定が5.0ポイント増加、否定が8.3ポイント減少し、必ずしも持つ必要はないという意識を強めている。女子は大きな変化はないものの、必ずしも持つ必要はないとの回答が60％に達しようとしている。少子化が社会問題となって久しく、出生率の変動に世間が一喜一憂する中、男子は子どもを持つことに消極的になり、女子はそもそも子どもを持つ意欲が弱いのはなぜだろうか。山田昌弘（2001）は不況で将来の見通しが立たない中、子どもを持つことは経済的にリスクを伴う選択になっていると指摘しているが、このような将来の不安に関する質問として、本調査では「将来正社員になれないリスク（問21c）」を尋ねている。将来安定した雇用や収入を得られるかどうか不安を感じている高校生は、子どもを持つことに消極的なのではないだろうか。そこで男女別にクロス集計を行ったところ、表6-1にみられるように男子のみ有意な結果が得られた（女子についてのクロス表は省略）[2]。

表6-1 「正社員になれないリスク」と「必ずしも子どもを持つ必要はない」(男子)

	そう思う	どちらかといえばそう思う	どちらともいえない	どちらかといえばそう思わない	そう思わない	合計
リスクあり (n=2273)	19.6	20.2	30.0	19.1	11.0	100.0
リスクなし (n=682)	16.1	16.4	29.5	19.1	18.9	100.0
全体 (n=2955)	18.8	19.3	29.9	19.1	12.9	100.0

クラマーのV=0.105＊＊＊　χ^2=32.595＊＊＊　(＊＊＊p=0.000)

　将来正社員になれないリスクを感じている男子は、子どもを持つことに消極的であり、雇用環境が改善されないようであれば、少子化がさらに進む可能性もあるだろう。

3. 女性のライフコースイメージの変容

　ライフコースイメージの3時点比較　専業主婦になるために必要な条件は、すべての人々に保証されるわけではない。特に不況下では妻が夫の稼ぎに依存するのは困難であり、生活水準を下げたくないのであれば妻も働かなければならない。それでも「男は外、女は内」を変えないのであれば、それは非婚化の要因になりうることが指摘されている（山田　1996）。
　女性が働くことは、男性にもメリットを与える。夫婦が共に収入を得ることにより、男性は「稼ぎ手役割」という重荷を免除され、家族のためにサービス残業など過酷な労働条件を受け入れる必要もなくなるだろう。にもかかわらず、我が国は諸外国と比較して高い専業主婦率をキープしている[3]。劣悪な労働環境にさらされる若い女性が、専業主婦にあこがれを抱くようになっているとの指摘もあり、女性の職場進出は進んでいるものの、最初から結婚までの腰掛けと割り切って働くOLや、長時間労働や女性差別の壁にぶつかり、結婚に退路を求めるキャリアウーマンもいるようである。
　すでに第2節において、女子は働くことが大切だという意識を強めていながら、同時に専業主婦の意義を認めるようになっているという複雑な様相が

浮かび上がっていたが、これから将来設計を行う立場にある高校生は、どのような女性のライフコースイメージを抱いているのだろうか。本調査では2001年から継続して女子には本人、男子には配偶者のライフコースイメージを尋ねている。ここで「結婚後も仕事を続ける」を「就労継続」、「子どもが生まれたら仕事をやめ、成長後仕事を始める」を「退職→復職」、「結婚後家庭に入る」と「子どもが生まれたら家庭に入る」を「専業主婦」とし、残りの回答は欠損値とした上で、3時点の変化を表したのが図6-3である[4]。

女子は2001年から「就労継続」が4.9ポイント増加し、「専業主婦」が4.0ポイント減少している。しばしば指摘される若者の専業主婦へのあこがれの強まりは、ここでは見出せなかった。男子ではより大きな変化が生じており、「就労継続」が12.0ポイント増加した結果、男子の方が女性が働き続けることを望むようになっている。ただし「専業主婦」も望む回答は、女子より男子の方が多いから、女性が働くことに女子よりも積極的であるとは一概に言えない点には注意が必要だろう。

性別役割分業意識と女性のライフコースイメージ　図6-3では、性別役割分業に肯定的である男子の方が、女性が働き続けることを望むという興味

	就労継続	退職→復職	専業主婦
2001年	39.7	44.0	16.3
2007年	40.2	45.4	14.4
2013年	44.6	43.1	12.3

女子本人

	就労継続	退職→復職	専業主婦
2001年	38.1	34.4	27.5
2007年	43.3	29.1	27.6
2013年	50.1	24.8	25.1

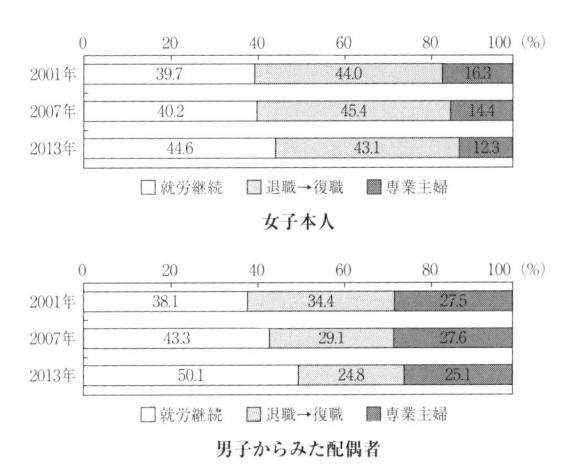

男子からみた配偶者

図6-3　高校生が抱く女性のライフコースイメージ

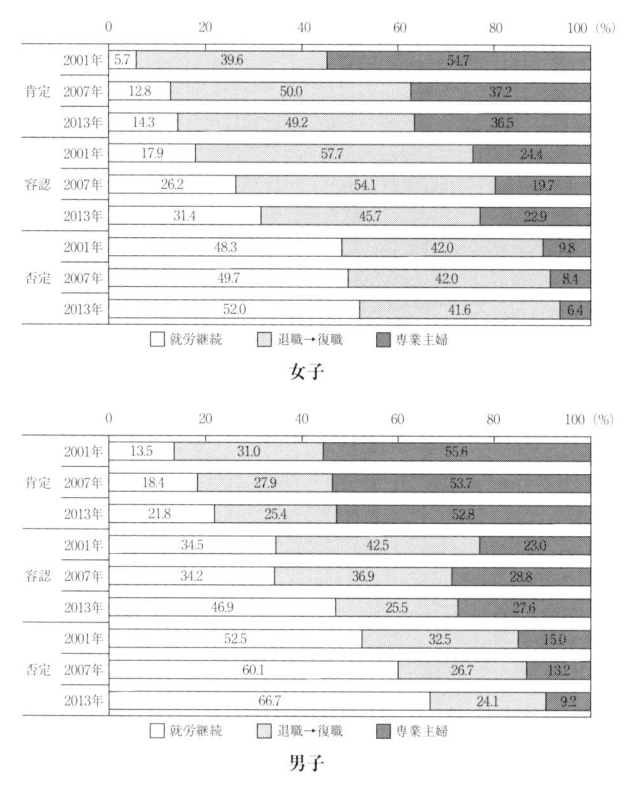

図6-4 性別役割分業意識と女性のライフコースイメージ

深い結果となっている。では性別役割分業規範とライフコースイメージの関係はどうなっているのだろうか。福岡3時点統合データを用い、「男性は外で働き、女性は家庭を守るべきである」との関係を示したのが図6-4である（「どちらともいえない」は「容認」としている）。

どの調査年でも、男女ともに性別役割分業を否定する度合いが増すにつれ、「就労継続」が増加し「専業主婦」が減少している。この傾向は兵庫県（吉川 2001）や、仙台市（元治・片瀬 2008）で行われた調査でも見出されており、性別役割分業意識とライフコースイメージとの間には強い関係があることがわかる。

強い関係は見出せるものの、分布に男女差があるのがわかるだろうか。男子肯定群はどの調査時点でも50%以上が「専業主婦」を希望している。一方、女子肯定群では「専業主婦」希望が18.2ポイント（54.7%→36.5%）減少しており、性別役割分業を肯定していながら、専業主婦を諦める女子が増加しているのである。また、男子否定群の60%以上が「就労継続」を望むなど一貫性が強くなっているのに対し、女子否定群の「就労継続」は50%前後で安定している。このように、男子の方が女子よりも性別役割分業意識とライフコースイメージとの間の一貫性が強いといえる。これは、男子が自分ではなく将来の妻に希望するライフコースについて回答していることもあり、女子よりも当事者意識が薄いために理想を描いた可能性が指摘されている（元治・片瀬 2008）。裏を返せば、女子は当事者であるため、より現実的なライフコースを描くようになっていると言えるだろう。

雇用不安と女性のライフコースイメージ　ここでもう一度、「将来正社員になれないリスク」について考えてみたい。正社員になれないリスクを感じている男子が子どもを持つことを躊躇していたように、正社員になれないリスクを感じている男子は、配偶者が専業主婦になることを望まず、働き続けることを望むのではないだろうか。そこで2013年福岡・大阪・東京データを用い、男女別に「将来正社員になれないリスク」と「女性のライフコースイメージ」とのクロス集計を行ったところ、表6-2のように女子のみ有意な結果が得られた（男子についてのクロス表は省略）。

正社員になれないリスクを感じている女子は、相対的に働き続けることに

表6-2　「正社員になれないリスク」と女性のライフコースイメージ（女子）

	就労継続	退職→復職	専業主婦	合計
リスクあり（n = 1695）	42.5	42.4	15.1	100.0
リスクなし（n = 437）	49.2	40.0	10.8	100.0
合計（n = 2132）	43.9	41.9	14.2	100.0

$\chi^2 = 8.578$　$p = 0.014$

消極的で、専業主婦を志向する傾向があった。第2節で、女子は働くことを大切だと思うようになっていながら、同時に専業主婦の意義を肯定するようになっていることが明らかになっている。これと合わせて考えると、女子は働く意志がありながらも、若年層の雇用・労働環境の悪化を敏感に感じ取り、自分がいい就職ができない場合に専業主婦となる可能性をどこかで考慮し、それが無意識のうちに専業主婦の意義を肯定させているのではないだろうか。

将来設計と女性のライフコースイメージ　将来正社員になれないリスクを感じている女子が専業主婦を志向しやすいという結果が得られたため、将来設計との関係をより詳しく考察することにしたい。本調査では、卒業後の進路や将来就きたい職業について質問している。具体的な進路を選択した生徒を「進路決定」とし、「これからの成績次第で決める」と「まだ決めていない」を「進路未定」とした。就きたい職業についても、具体的な職業を選択した生徒を「希望職業あり」とし、「考えていない」と「わからない」を「希望職業なし」とした。その上で、自身のライフコースイメージとのクロス集計を行った。

表6-3、表6-4のように、将来設計がある女子は働き続けることに意欲的であることが明らかになっている。これは、高校教育において進路や将来について考える機会を設けることの重要性を示唆しているといえる。

表6-3　進路とライフコースイメージ（女子）

	就労継続	退職→復職	専業主婦	合計
進路決定（n = 1889）	45.1	41.3	13.7	100.0
進路未定（n = 223）	32.7	47.1	20.2	100.0
合計（n = 1757）	43.8	41.9	14.3	100.0

$\chi^2 = 14.424$　$p = 0.001$

表6-4　将来の職業とライフコースイメージ（女子）

	就労継続	退職→復職	専業主婦	合計
希望職業あり（n = 1787）	45.3	41.7	13.0	100.0
希望職業なし（n = 329）	35.9	42.2	21.9	100.0
合計（n = 2116）	43.9	41.8	14.4	100.0

$\chi^2 = 21.017$　$p = 0.000$

4．性別役割分業意識の規定要因

2つの性別役割分業意識　原（2001）、片瀬（2007）は、「男は外、女は内」といった性別役割分業意識が変化しても変わらないものとして、性的関係における男女の関係性を指摘する。日本性教育協会の調査では、1993年から2011年まで、性的関係では男性がイニシャティブをとるという性役割が維持されている（永田 2013）。本調査でも、カップル関係では男性がイニシャティブをとり女性が受け身という性役割がある程度維持されており、性別役割分業には少なくとも2つの潜在的意識が存在していると考えられる。

　高校生が性別役割分業についてどのような潜在的意識を持っているのかを探るために、これまで登場した性別役割分業に関する9つの質問すべてについて因子分析を行った。単純構造を導き出すため、因子負荷量が0.40を下回るものを除外して繰り返し因子分析を行った結果、2つの因子が抽出された。因子数は固有値1以上の基準を設定した。

　第一因子は、4項目とも高校生にとって当面は選択を迫られることがほぼない一般論であるため、前回調査同様「一般的領域」の因子と命名した。第二因子は、2項目ともカップル関係に関するもので高校生が当事者となりうるため、前回調査同様「プライベート」の因子と命名した。2つの因子が抽出されたように、高校生は一般論と当事者となりうるものを潜在的に分けて考えているようである。なお、因子間相関は0.420であり、2つの因子は強く連関している。ただし、両者は循環的な関係にあると考えられ、厳密に因

表 6-5　性別役割分業意識の因子分析結果（最尤法、プロマックス回転後）

		第1因子 一般的領域	第2因子 プライベート
a.	男性は外で働き、女性は家庭を守るべき	0.653	0.046
b.	男女は違った育て方をすべき	0.495	0.030
c.	家事育児は女性の方が向いている	0.756	-0.024
d.	専業主婦は社会的に意義がある	0.467	-0.005
i.	デートは男性が誘うべき	0.094	0.569
j.	デート代は男性が払うべき	-0.049	0.932
	固有値	2.462	1.165

果関係を特定するのは困難である[5]。

学校タイプとの関係　学校と性別役割分業意識というテーマは、特に教育社会学において研究が重ねられてきた。そこで得られた知見の一つは、学校教育が性別役割分業体制への批判的態度を養うという「流動化仮説」である。そしてもう一つは、不平等なジェンダー関係を再生産する学校教育そのもののセクシズムによって、性別役割分業体制が固定化・再生産されるという「固定化仮説」である（田中 1998）。2つの性別役割分業意識は、学校によってどのような影響を受けているのだろうか。学校タイプ別にそれぞれの因子得点（平均50、標準偏差10に換算）の分散分析を行った結果が図6-5であり、得点が高いほど、性別役割分業に肯定的であることを意味している。

両因子得点は非常に近似しており、職業科＞普通科A≧普通科Bの順に高くなっている。一見すると、普通科の生徒の間で性別役割分業に批判的な態度が養われているように見える。しかし男女別に平均値を求めてみると、男女で異なる様相を呈していた。

図6-6をみてみよう。男子は「プライベート」の強さは職業科＞普通科B＞普通科Aとなっており、普通科Aが最も平等志向が強い。一方で「一般的領域」の強さは普通科A≧職業科＞普通科Bとなっている。つまり、普通科A男子はカップル関係では平等志向だが、一般論では性別役割分業

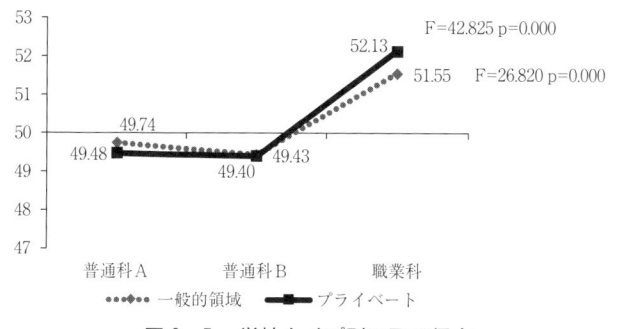

図6-5　学校タイプ別の因子得点

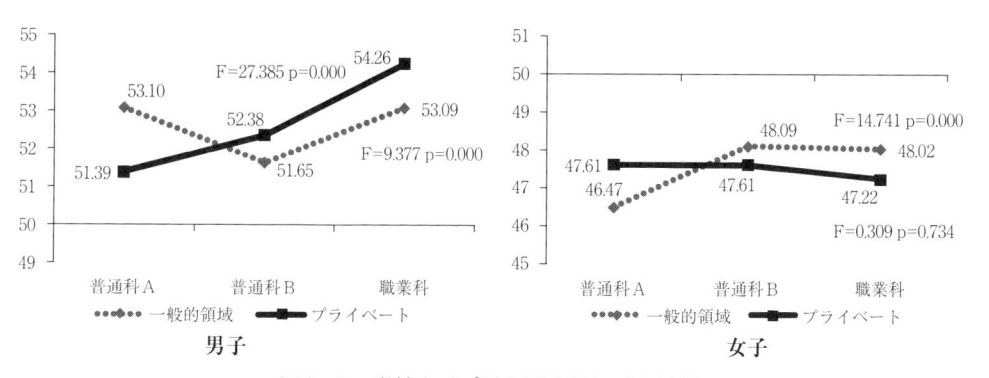

図6-6　学校タイプ別の因子得点（男女別）

に最も肯定的なのである。一方で、職業科男子はどこででも「男らしさ」を発揮しようとする点で一貫性が見られる。

　女子は「プライベート」では学校タイプによる差がみられないが、「一般的領域」では学校タイプによる差が現れており、その強さは普通科B≧職業科＞普通科Aとなっている。つまり、普通科Aの女子は一般論では最も平等志向が強いにも拘わらず、カップル関係では他の学校タイプと同程度、男性のイニシャティブを認めているのである。

　極端ではあるが、普通科A男子からは「デートは平等だけど、将来は分業でお願い」、普通科A女子からは「将来分業なんてとんでもない、でもデートはよろしくね」という声が聞こえてきそうである。

性別役割分業意識を規定するもの　同じ学校タイプでも、性別によって2つの性別役割分業意識のありようが異なることが見出された。ではそれ以外にどのような要因が性別役割分業意識に影響を与えているのであろうか。これを明らかにするために、男女別に重回帰分析を行った。従属変数は「一般的領域」因子得点を採用し、独立変数は下記の通りである。

○2001年から測定している変数
- 学校タイプ　・部活動　・進路決定／未定
- 就きたい職業がある／ない
- 「進路の決め方がわからない」への回答（5件法）
- 社会観（国際化志向・伝統志向・公重視）

○2007年調査で追加された変数
- 消費文化への同調性（「おしゃれ」「ブランド品」への関心を単純加算）

○2013年調査で追加された変数
- 蔵書数　・所有財（6種の所有数）　・正社員になれないリスク（4件法）
- 地域　・成績

　これらのうち、社会観は第5章で導き出された「国際化志向因子」「伝統志向因子」「公重視因子」の3つの因子得点をそのまま採用している。これは2001年調査で見出された「新しい保守意識」に関わる因子であり（友枝 2003）、「新しい保守意識」とは、「私」を重視しながら伝統重視を持ち合わせた価値観である。前回調査では、この社会観の保守化が性別役割分業規範の保守化をもたらす可能性が指摘されている（森 2009）。

　「消費文化への同調性」は、「おしゃれ」と「ブランド品」に対する関心を5段階評価で尋ねており、その回答を関心が高いと数値が大きくなるようにした上で単純加算している。消費社会では絶えずさまざまな商品の情報にさられ、高校生が興味を持つファッションやブランド品にも「らしさ」が記号化されているものがあり、それらを通じて自らの性や性役割を無意識に自覚し、修得することが考えられるため、独立変数として採用した。

表6-6 「一般的領域」因子得点の重回帰分析（標準化偏回帰係数（β））

	女子	男子	全体
男子（基準）			
女			-0.334**
福岡（基準）			
大阪	0.089**	0.110**	0.078**
東京	0.061**	0.128**	0.075**
蔵書数	-0.088**	-0.037	-0.062**
所有財	-0.010	-0.021	-0.019
普通科A	-0.028	0.130**	0.038*
普通科B（基準）			
職業科	0.023	0.071**	0.026
部活動なし	0.013	0.016	0.012
体育系（基準）			
文化系	-0.022	-0.065**	-0.041**
進路決定	-0.015	-0.032	-0.024
希望職業あり	0.004	-0.021	-0.011
進路の決め方がわからない	0.067**	0.107**	0.085**
正社員になれないリスク	0.011	-0.080**	-0.040**
消費文化への同調性	0.149**	0.151**	0.142**
国際化志向	-0.092**	-0.087**	-0.088**
伝統志向	0.125**	0.111**	0.117**
公重視	0.108**	0.088**	0.093**
成績	-0.018	0.020	0.002
調整済み R^2	0.093	0.095	0.170
N	2862	2622	5484

**$p<0.01$；*$p<0.05$

　表6-6のように、全体では、先行研究の通り性別が大きく影響しており、男子が女子よりも性別役割分業に肯定的であった。しかし男女に分けてみると規定要因が大きく異なっていた。

まず男子のみで有意差が得られたのは、強い順に「学校タイプ」、「正社員になれないリスク」、「部活動」であった。既に個別に見たように、普通科Aが最も性別役割分業に肯定的であり、また正社員になれないリスクを感じている層ほど性別役割分業に否定的であった。部活動は、体育系を基準とした場合、文化系が性別役割分業に否定的であり、換言すれば体育系は文化系よりも性別役割分業に肯定的であるということである。スポーツと性別役割分業の関係については、男性の優越を公式に主張できる唯一の根拠をスポーツが提供しつづけているという、スポーツとジェンダー研究の成果があるが（西山 1998）、ここでも体育系部活動が、文化系と比較して性別役割分業を肯定させる要因となっている。
　女子のみで有意差が得られのは、文化的な出身階層を示す指標である「蔵書数」のみであり、文化的階層の高い女子は性別役割分業に否定的であった。
　男女共通して有意差が得られた項目は、およそ強い順に「消費文化への同調性」、「社会観」、「地域」、「進路の決め方がわからない」であった。最も強かった「消費文化への同調性」では、同調性が強いほど性別役割分業に肯定的であり、消費社会の影響を大きく受けていることが明らかになった。社会観では、伝統志向や公重視が強い生徒は性別役割分業に肯定的である一方で、国際化志向が強い生徒は否定的であった。また、進路の決め方がわからない生徒ほど、性別役割分業に肯定的であった。

5．男女共同参画社会に向けて

　雇用不安がもたらすもの　福岡3時点統合データの分析から、男女ともに性別役割分業規範の保守化に歯止めがかかっていることが明らかになった。ただし詳しくみていくと、若者の厳しい雇用環境が、性別役割分業意識の1つである「結婚しても必ずしも子どもを持つ必要はない」に影響を与えていることが判明した。さらに言えば、将来正社員になれないリスクを感じている男子は、子育てコストを考慮してか子どもを持つことに否定的であるとい

第 6 章　性別役割分業意識の変容

う知見は、2013年調査による発見として注目されてよい。

　また、最も性別役割分業に否定的だったのは、進路多様校である普通科 B の男子であった。進路多様校は進学校や職業科よりも非正規雇用になりやすいという客観的リスクがあり（岩田 2010）、本調査でも正社員になれないという主観的リスク認知は進路多様校、さらに男子の方が高いという結果が得られている（平松 2014）。普通科 B 男子はこのリスクを敏感に感じ取っているのか、分散分析でも性別役割分業を否定する傾向が強かった。男子全体の重回帰分析の結果でも、正社員になれないリスクを感じている男子は性別役割分業に否定的であり、皮肉にも不況や雇用不安こそが男性の「男は外、女は内」という意識を変えていくのかもしれない。

　女子も厳しい雇用環境と無関係ではなかった。ライフコースイメージの分析では、正社員になれないリスクを感じる層が、働き続けることへの諦めからか、専業主婦を志向する傾向があった。また、女子は働くことを大切だと思うようになっている一方で、結婚・出産退職や専業主婦の意義を認めるようになっていた。この微妙な変化は、厳しい雇用・労働環境を目前にし、男性に扶養役割を期待し、自身は専業主婦になることを正当化したい気持ちの表れなのかもしれない。もちろん、専業主婦になる条件を備えた男性と結婚するのは容易ではなく、それを察知してか性別役割分業を肯定する女子で専業主婦希望者が減少していた。専業主婦になるのは困難という現実的な判断が強まっており、ここでも不況や雇用不安がライフコースイメージに変化をもたらしているのである。

　一方で、進路や就きたい職業がはっきりしている女子は、働き続けることに意欲的であった。重回帰分析でも、進路の決め方がわからない生徒は男女ともに性別役割分業に肯定的という結果が得られており、決め方がわからないが故に、昔ながらの規範に同調したり、両親の夫婦関係を模倣しようとするものと考えられる。となると、特に女子においては、やみくもに意識変化を促すだけではなく、具体的に進路や将来について考える機会を設けることが有効な対策となるだろう。そして、進路や将来やりたいことを決めた後も、それを見失わないでいられるような環境を整備していく必要があるだろう。

143

その他の規定要因　性別役割分業意識を規定する他の要因として、まず学校が挙げられる。学校タイプ別にみると、最も性別役割分業意識が強いのが普通科A男子であるのは注目に値する。エリート校の男子が最も男女平等に消極的であるということは、このような意識が将来日本社会の中心的な価値観になると考えられるのである。一方で、最も平等志向が強いのが普通科A女子であったのは光明といえるかもしれない。平等志向の女性が社会の要職に就くようになれば、男女共同参画社会の実現が近づいてくるだろう。

重回帰分析で最も大きな規定要因とされたのが、消費文化への同調性である。若者が好む消費財の多くには「らしさ」が記号化されており、それらを通して無意識のうちにジェンダーの社会化が行われていると考えられる[6]。だからといって、若者を消費社会から切り離すのは非現実的であり、他の対策が必要だろう。

社会観も有力な規定要因として挙げられる。その中でも、「伝統志向」が性別役割分業規範を強めており、もし社会観の保守化が進むのであれば、「古き良き日本」といった伝統尊重という名の下に、性別役割分業規範が復活する可能性が示唆される。

2012年の内閣府の調査では、20代で女性の43.7％、男性の55.7％が性別役割分業に賛成という結果が得られていたが、高校生はそこまで保守的ではないことが明らかになった。ただし、内閣府の調査が賛成か反対か回答を迫る4件法であるのに対し、本調査は「どちらともいえない」を含めた5件法である。「どちらともいえない」と回答を保留した層に、賛成寄りの生徒が潜在しているのだろうか。あるいは高校卒業後の社会生活の中で、雇用・労働環境の厳しさを知り、また職場のジェンダー構造を経験して賛成に流れていくのか。消費社会や社会観の保守化の影響を強く受けるのか、はたまた別の要因によって性別役割分業規範を身につけていくのか、高校卒業後の変化を注視する必要があるだろう。

[注]
(1)「そう思う」と「どちらかといえばそう思う」を「そう思う」、「そう思わない」

と「どちらかといえばそう思わない」を「そう思わない」にまとめており、図2も同様である。
(2) 「非常に大きい」と「ある程度大きい」を「リスクあり」、「それほど大きくない」と「ほとんどない」を「リスクなし」に再割当てしている。
(3) 大卒の女性も高い割合で専業主婦となっており、特に40～49歳の年齢層では学歴が上昇するにしたがって顕著に専業主婦率も上昇している（木村 2000）。
(4) 「結婚するつもりはない」は、いずれの調査時点でも女子6％前後、男子5％前後であり、結婚願望は特に衰えていなかった。
(5) 親のしつけや夫婦関係を原因とした疑似相関の可能性もある。
(6) ジェンダー・アイデンティティが外面的おしゃれを促進するという因果関係を描いた研究もあり（橋本他 2006）、因果方向の特定には慎重を要する。

［文献］

元治恵子・片瀬一男、2008、「性別役割分業意識は変わったか――性差・世代差・世代間伝達」海野道郎・片瀬一男編『〈失われた時代〉の高校生の意識』有斐閣、119-141。

原純輔、2001、「『青少年の性行動全国調査』の問いかけるもの」日本性教育学会編『「若者の性」白書――第5回青少年の性行動全国調査報告書』小学館、7-22。

橋本幸子・尾田貴子・土肥伊都子・柏尾眞津子、2006、「おしゃれの二面性尺度の作成およびジェンダー・パーソナリティとの因果分析――母世代・娘世代の比較」『社会心理学研究』21（3）：241-248。

平松誠、2014、「高校生の職業観と非正規雇用リスク認知」友枝敏雄・平野孝典編『高校生の規範意識――第3回高校生調査（福岡・大阪・東京）計量分析第一次報告』科学研究費補助金研究成果報告書、大阪大学、75-96。

岩田考、2010、「進路未定とフリーター」中村高康編『進路選択の過程と構造――高校入学から卒業までの量的・質的アプローチ』ミネルヴァ書房、184-208。

片瀬一男、2007、「青少年の生活環境と性行動の変容――生活構造の多チャンネル化のなかで」日本性教育学会編『「若者の性」白書――第6回青少年の性行動全国調査報告書』小学館、23-48。

吉川徹、2001、「ジェンダー意識の男女差とライフコースイメージ」尾嶋史章編『現代高校生の計量社会学――進路・生活・世代』ミネルヴァ書房、107-126。

木村邦博、2000、「労働市場の構造と有配偶女性の意識」盛山和夫編『日本の階層システム 4　ジェンダー・市場・家族』東京大学出版会、177-192。

森康司、2009、「性別役割分業意識の復活」友枝敏雄編『現代の高校生は何を考えているか――意識調査の計量分析をとおして』世界思想社、165-191。

永田夏来、2013、「青少年にみるカップル関係のイニシアチブと規範意識」日本性教育学会編『「若者の性」白書――第 7 回青少年の性行動全国調査報告』小学館、101-120。

内閣府大臣官房政府広報室、2012、『男女共同参画社会に関する世論調査』。

西山哲郎、1998、「遊ぶ――スポーツがつくる『らしさ』」伊藤公雄・牟田和恵編『ジェンダーで学ぶ社会学』世界思想社、160-175。

田中重人、1998、「高学歴化と性別分業――女性のフルタイム継続就業に対する学校教育の効果」盛山和夫・今田幸子編『女性のキャリア構造とその変化』1995 年 SSM 調査研究会、1-16。

友枝敏雄、2003、「高校生・高校教師の社会観と『新しい保守意識』」友枝敏雄・鈴木譲編『現代高校生の規範意識――規範の変容か・それとも崩壊か』九州大学出版会、129-148。

山田昌弘、1996、『結婚の社会学』丸善。

山田昌弘、2001、『家族というリスク』勁草書房。

第 7 章
高校生の非正規雇用リスク認知

平松誠・久保田裕之

1. 非正規雇用の増大

社会問題化する非正規雇用　長引く不況を背景に、雇用の不安定性の高まり、とりわけ非正規雇用の増大が問題化されるようになってから久しい（小杉編 2005；本田 2005；Brinton 2008＝2008；太郎丸 2009）。ここで、非正規雇用を臨時雇用、パート・アルバイト、派遣社員、契約／嘱託社員（あるいは非常勤職員、期間労働者）といった名称で呼ばれる身分のことであるとみなす[1]。図7-1より、全雇用者に占める非正規雇用者の割合は1990年には20.0％程度であったが、2000年には25.0％を上回り、2013年には36.7％まで上昇してきていることが分かる。とりわけ若年女性における増加が顕著であり、2013年においては25～34歳の女性の内40.0％以上が非正規雇用である。長期雇用が保障されておらず、賃金や労働条件も低いために、結婚や家族の形成において大きな不利益を負うことになる非正規雇用の増大は、現代日本社会における貧困問題や格差問題の原因の中心に位置づけられていると言える。

非正規雇用についての研究蓄積　1990年代以降の非正規雇用の増加の影響を受けて、実際にどのような人が非正規雇用になりやすいのか（以下、客観的リスク）ということに関しては、多方面から多くの研究が蓄積されてきた。たとえば、太郎丸博・亀山俊朗（2006）によると、低階層、女性、若者、低学歴の人びとが非正規雇用になりやすいと指摘されている。

(出典)総務省「労働力調査——長期時系列データ」
図7-1　1990年以降における非正規雇用の増加

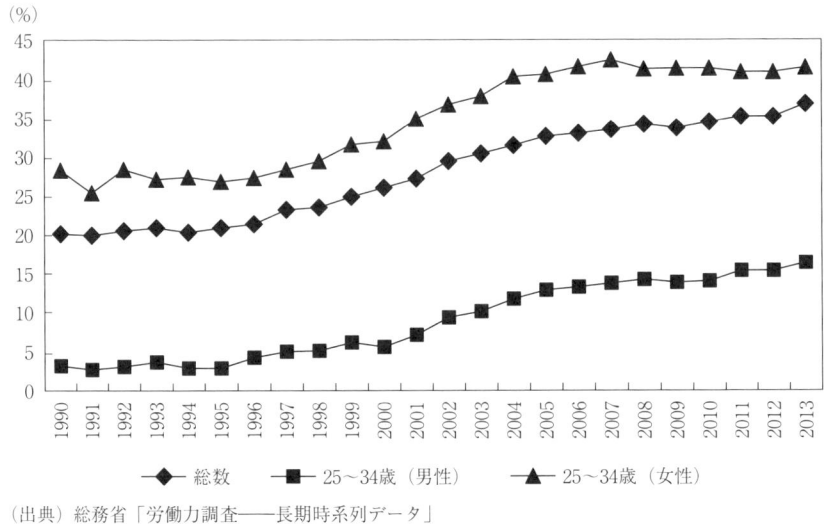

　性別と学歴別に詳しく見てみよう。図7-2は、在学していない若年労働者（15〜34歳）における性別、最終学歴と雇用形態との関連を見たクロス表である。女性の方が非正規雇用になりやすいということが伺える[2]ほか、中卒や高卒の人が非正規雇用になりやすいということも分かる。このように、非正規雇用になるという客観的リスクは性別、学歴などの社会的な属性によって規定されていることが分かる。
　しかし、こうした客観的リスクとは別に、人々が客観的リスクをどのように受け止めるのかという主観的な「リスク認知」もまた、人々の意識や行動に大きな影響を与えるということが考えられている（上市 2012）。とりわけ、最終的に労働市場へと出て行くために進路選択を行っている高校生が、労働環境の変化を感じ取り、主観的リスクをどのように認知しているのかということは、彼らのライフコースに大きな影響を与えることが考えられる。たとえば、高校生が非正規雇用になるという客観的リスクを強く感じることによって、企業から解雇されたり経済的に不安定な状況に追い込まれないように、安定した職業への志向性を強めるということが予想される。つまり、高

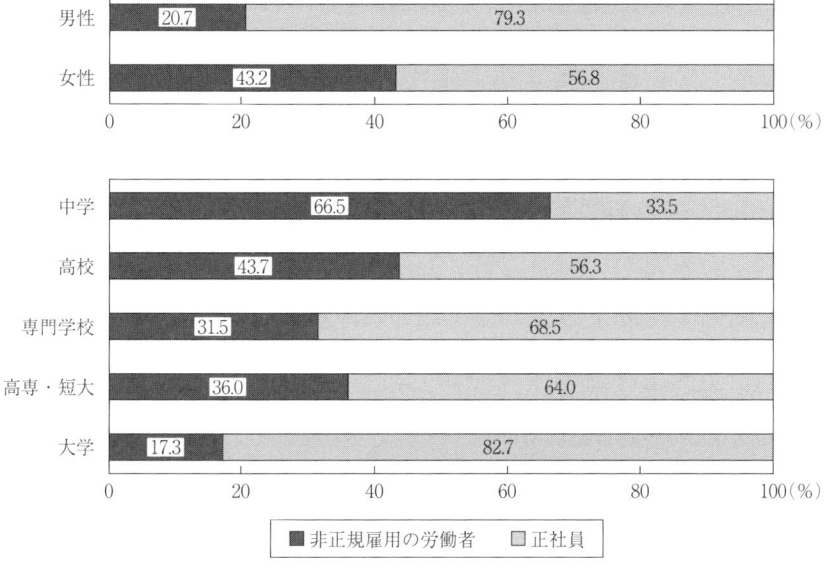

第7章 高校生の非正規雇用リスク認知

	非正規雇用の労働者	正社員
男性	20.7	79.3
女性	43.2	56.8

	非正規雇用の労働者	正社員
中学	66.5	33.5
高校	43.7	56.3
専門学校	31.5	68.5
高専・短大	36.0	64.0
大学	17.3	82.7

(出典) 厚生労働省「平成21年若年者雇用実態調査結果の概況」

図7-2 性別、最終学歴別に見た、在学していない若年労働者(15～34歳)における非正規雇用者の割合

校生が抱く非正規雇用になるという主観的リスクの影響を受けて、彼ら彼女らが人生の上で取り得る選択が大きく変化することがありうるのである。したがって、高校生のライフコースに大きな影響を与えることが予想される主観的リスク認知に注目し、それがどのように規定されるかということを明らかにする必要がある。そのため、本章における問いは、「どのような高校生が非正規雇用になるというリスクを認知しやすいか」というものである。

2. 客観的リスクと主観的リスク認知

客観的リスクの規定要因 客観的リスク（どのような人が非正規雇用になるのか）に関する研究は、教育社会学、労働経済学に代表されるようなさまざまな研究領域から盛んに行われてきた。成人を対象にした調査からは、低

階層、女性、若者、低学歴の人が非正規雇用になりやすいことが明らかにされている（太郎丸・亀山 2006）。さらに、最終学歴が高等教育の人々、つまり4年制大学、短期大学、高等専門学校を卒業した人々に限定すると、高等教育での専攻分野が非正規雇用へのなりやすさと関連しているということが分かっている。具体的には、高等教育での専攻分野が人文科学であった人は、社会科学を専攻していた人よりも非正規雇用になりやすいことが明らかになっている（高松 2008）。

また、高校生を対象とした調査研究においては、低階層、女子、低学力層、そして、進路多様校[3]と言われるような普通科の高校生が、進学校や職業科（商業科、工業科）の高校生よりも、フリーターなどの非正規雇用になりやすいことが分かっている（岩田 2010）。

主観的リスク認知の規定要因　客観的リスクに関する研究に比べると、その数は少ないが、主観的リスク認知の一種であると考えられる「進路不安」の規定要因についての研究成果も参照しよう。本田由紀（2006）は、高校生の進路に対する不安や迷いを示す「進路不安」に注目し、その規定要因を男女別に明らかにしている。本田は、男女ともに「友人」の数が少ない高校生や「対人能力」[4]が低い高校生は「進路不安」を感じやすいことを明らかにしている。したがって、豊富な社会関係の一側面を表す「友人数」、そして「対人能力」が「進路不安」といった主観的リスク認知に大きな影響を及ぼすことが分かっている。

客観的リスクと主観的リスク認知とのズレ　これまでの社会学におけるリスク認知の研究から、客観的リスクと主観的リスク認知にはズレがあるということが明らかにされている。ここで、アメリカの失業リスク認知に関する研究を参照しよう。A. S. フラートンと M. ワレスは、1977年から2002年までの社会調査データを分析することで失業リスク認知の規定要因について明らかにしている（Fullerton and Wallace 2007）。彼らは客観的リスクである失業率の影響を統制してもなお、労働市場の柔軟化が進行した年では、労働者の

失業リスク認知が高まるということを明らかにした。

　また犯罪リスク認知に関する研究でも、客観的リスクと主観的リスク認知とのズレが指摘されている。阪口祐介（2013）によると、2000年代前半の日本社会では犯罪被害に遭うという客観的リスクは増加していないにも関わらず、主観的な犯罪リスク認知が上昇していた。阪口はその理由として、メディアの犯罪報道のあり方が一般の人々の犯罪リスク認知に影響を与えたということを示唆している。つまり、主観的リスク認知は客観的リスクとは別のメカニズムで形成されるということが、これまでの先行研究から明らかになっている。

　仮説の提示　ここで、先行研究をふまえて3つの仮説を提示する。まず、高校生は自分自身が非正規雇用になるという客観的リスクについて、ある程度正確に認識しているということが考えられる。その場合、高校生は客観的リスクを正しく認識しているがゆえにそれに応じて主観的リスクを認知するということが考えられる。つまり、先行研究から客観的リスクを規定することが分かっている性別、階層、学校タイプ、成績、そして進路希望は、非正規雇用になるという主観的リスク認知を規定することが予想される[5]。したがって、仮説は以下のようになる。

仮説1　主観的な非正規雇用リスク認知は、客観的リスクと同様に、性別、階層、学校タイプ、学校内の成績、進路希望の影響を受ける
　　仮説1-1　女子の方が非正規雇用リスクを認知しやすい
　　仮説1-2　低階層の高校生ほど非正規雇用リスクを認知しやすい
　　仮説1-3　普通科Bの高校生ほど非正規雇用リスクを認知しやすい
　　仮説1-4　低成績の高校生ほど非正規雇用リスクを認知しやすい
　　仮説1-5　「大学文系」への進路希望を持っている高校生ほど非正規雇用リスクを認知しやすい

　続いて、「友人数」に注目する。本田（2006）が明らかにしたように主観

的リスク認知の一つと考えられる「進路不安」は「友人数」の少なさや「対人能力」の低さによって規定される。本章ではとりわけ「友人数」に焦点を当てる。「友人数」が少ない高校生は非正規雇用リスクを認知しやすいと予想される。したがって、第2の仮説は以下の通りである。

仮説 2 「友人数」が少ない高校生は非正規雇用リスクを認知しやすい

　最後に、部活動に注目する。これまでの研究から、中学校や高校は、同学年の生徒の間で共有されている地位の差を表す「スクールカースト」によって序列化されていることが示唆されている（鈴木 2012）。また、中学生を対象にした研究からではあるが、「文化系」の部活動に所属している生徒がスクールカースト内で下位に位置づけられることが明らかにされている（本田 2011）。スクールカースト内で下位に位置づけられる「文化系」の高校生は学校やクラス内での相対的な地位を敏感に感じ取り、その地位を将来的な職業生活の予想にも反映することが考えられる。それゆえに、「文化系」の高校生は将来、自分自身が非正規雇用になると考えやすいと予想される。したがって、第3の仮説は以下の通りである。

仮説 3　高校内で相対的に立場が弱い「文化系」の部活動に所属している高校生は非正規雇用リスクを認知しやすい

　以下では、提示した3つの仮説を検討することで、主観的リスク認知である非正規雇用リスク認知はどのように規定されるのかということを明らかにしていく。

3．非正規雇用リスク認知

　データと変数　本節では、どのような高校生が非正規雇用リスクを認知しやすいのかという問いに答えていく。「非正規雇用リスク認知」に関する質

問項目は2013年調査で新たに採用されたので、本章ではもっぱら2013年福岡・大阪・東京データを用いて分析する。従属変数として扱う質問項目は問21c．の「非正規雇用リスク認知」である。いうまでもなくこの質問項目は主観的リスク認知[6]をたずねている。質問文は以下の通りである。

問21c　将来、あなたが学校を卒業した後、正社員としての安定した仕事につけないリスク

　質問への回答は「1．非常に大きい」「2．ある程度大きい」「3．それほど大きくない」「4．ほとんどない」の4カテゴリーで与えられている。

社会的属性と非正規雇用リスク認知との関連　それでは、どのような社会的属性を持つ高校生が非正規雇用リスクを感じているのかということを、クロス表を見ることで明らかにしていこう。まずは、客観的リスクの規定要因であることが分かっている性別、階層変数（所有財、蔵書数）、学校タイプ、成績、進路希望と非正規雇用リスク認知との関連（図7-3）について見ていこう。

　はじめに、性別と非正規雇用リスク認知との関連について見ていく。図7-3より、非正規雇用リスクを「非常に大きい」と考えている男子は29.1％、女子は26.5％であり、男子の方がやや高いことが分かる。しかし、「非常に大きい」、「ある程度大きい」の合計は男子で77.0％、女子で80.2％であり、女子の方が数値は大きくなっている。したがって、性別によって、非正規雇用リスクの認知に差があるとは必ずしも言うことはできない。

　続いて、所有財、蔵書数と非正規雇用リスク認知との関連について見ていく。所有財[7]に関しては、非正規雇用リスクを「非常に大きい」と考えている高校生は「上位」で27.0％、「中位」で27.9％、「下位」で28.8％であり、それほど大きな違いがないことが分かる。蔵書数に関しては、非正規雇用リスクを「非常に大きい」と考えている高校生は「101冊以上」で25.5％、「26～100冊」で28.3％、「0～25冊」で29.1％であり、こちらもそれほど大きな

性別

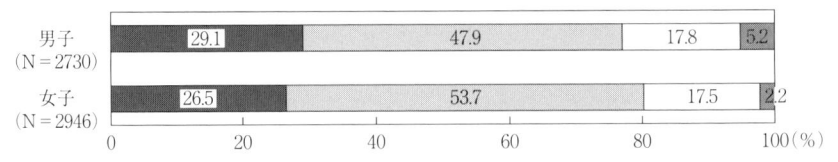

男子 (N=2730): 29.1 | 47.9 | 17.8 | 5.2
女子 (N=2946): 26.5 | 53.7 | 17.5 | 2.2

$\chi^2 = 46.852^{**}$

所有財

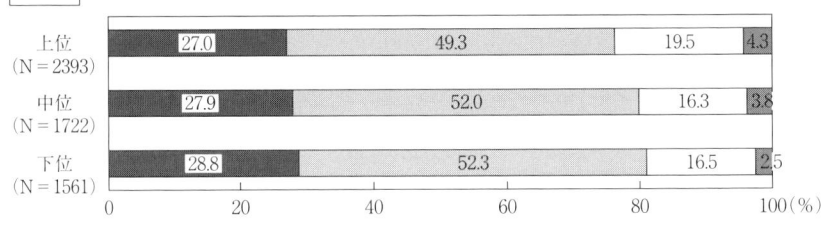

上位 (N=2393): 27.0 | 49.3 | 19.5 | 4.3
中位 (N=1722): 27.9 | 52.0 | 16.3 | 3.8
下位 (N=1561): 28.8 | 52.3 | 16.5 | 2.5

$\chi^2 = 19.014^{**}$

蔵書数

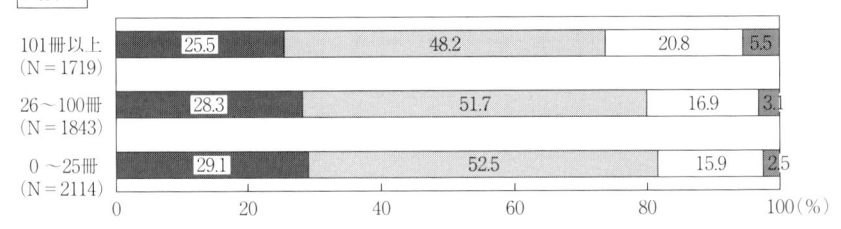

101冊以上 (N=1719): 25.5 | 48.2 | 20.8 | 5.5
26～100冊 (N=1843): 28.3 | 51.7 | 16.9 | 3.1
0～25冊 (N=2114): 29.1 | 52.5 | 15.9 | 2.5

$\chi^2 = 47.762^{**}$

学校タイプ

普通科A (N=2424): 22.3 | 49.5 | 22.8 | 5.4
普通科B (N=2180): 32.2 | 53.1 | 13.0 | 1.7
職業科 (N=1072): 31.0 | 49.6 | 15.8 | 3.6

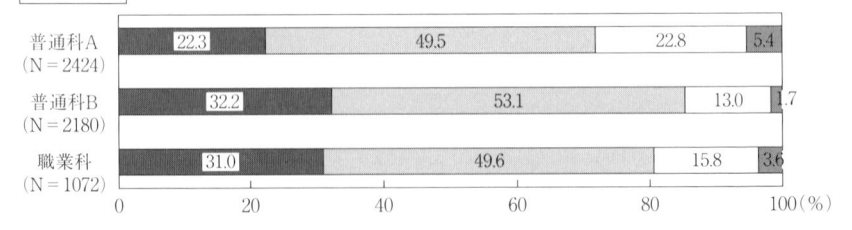

$\chi^2 = 156.338^{**}$

第7章　高校生の非正規雇用リスク認知

成績

	非常に大きい	ある程度大きい	それほど大きくない	ほとんどない
上の方 (N=659)	22.3	46.3	24.9	6.5
中の上くらい (N=1929)	25.3	51.9	19.0	3.7
中の下くらい (N=1754)	26.7	54.1	16.4	2.8
下の方 (N=1334)	35.4	47.5	13.9	3.1

$\chi^2 = 102.220^{**}$

進路希望

	非常に大きい	ある程度大きい	それほど大きくない	ほとんどない
その他・未定 (N=825)	34.2	50.7	12.7	2.4
就職 (N=693)	30.4	50.9	15.2	3.5
短大・専門学校 (N=689)	27.3	52.1	17.6	3.0
大学文系 (N=1609)	30.0	51.5	15.9	2.6
大学理系 (N=1860)	22.2	50.1	22.4	5.3

$\chi^2 = 102.391^{**}$

■非常に大きい　□ある程度大きい　□それほど大きくない　■ほとんどない

$^{**}p<0.01 ; ^{*}p<0.05$

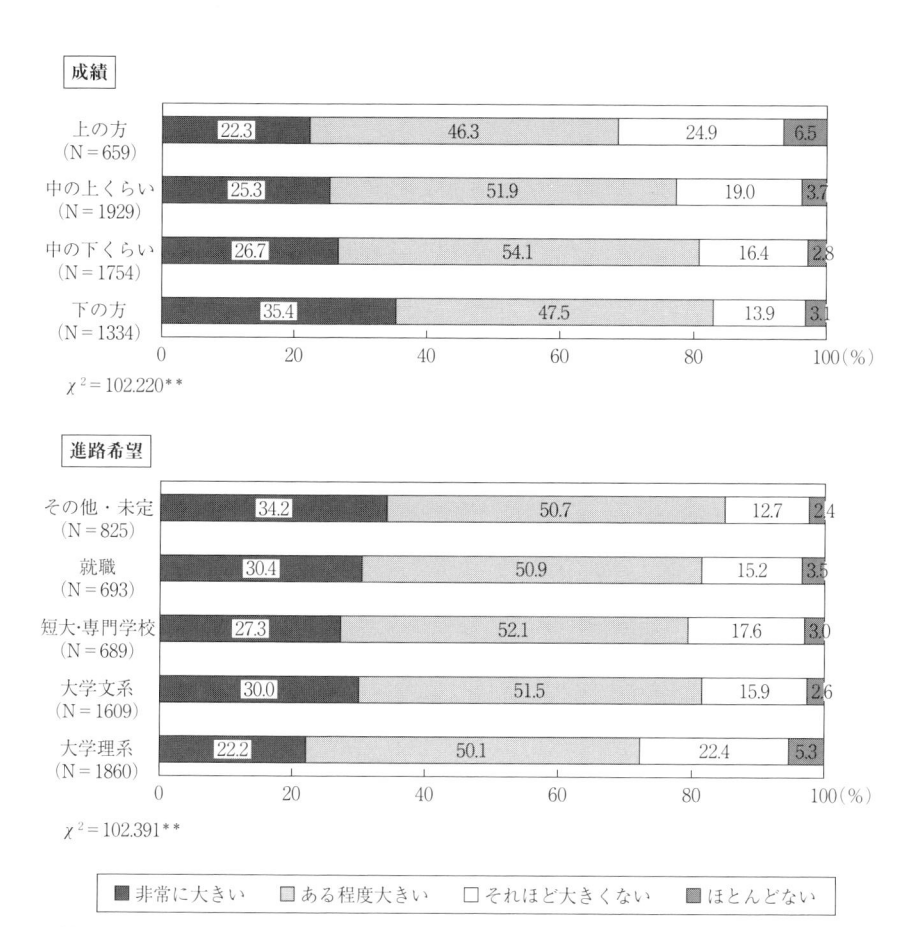

図7-3　社会的属性と非正規雇用リスク認知のクロス分析

違いはない。

　学校タイプと非正規雇用リスク認知との関連について見ると、「非常に大きい」と考えている高校生は普通科Aで22.3％、普通科Bで32.2％、職業科で31.0％であることが分かる。χ^2検定の結果も156.338と非常に大きな値であり（1％水準で有意）、学校タイプと非正規雇用リスク認知との間には強い関連があることが分かる。つまり、職業科と普通科Bの高校生は、非正

規雇用リスクを認知しやすいと言える。

　成績と非正規雇用リスク認知との関連について見ると、「非常に大きい」と答えた高校生は成績が「上の方」で22.3％、「下の方」で35.4％である。χ^2検定の結果も102.220と大きな値を取っている（１％水準で有意）。したがって、成績が低い高校生は、非正規雇用リスクを認知しやすいということが明らかになった。

　最後に、進路希望と非正規雇用リスク認知との関連について見よう。非正規雇用リスクが「非常に大きい」と答えた高校生は、「その他・未定」で34.2％、「就職」で30.4％、「短大・専門学校」で27.3％、「大学文系」で

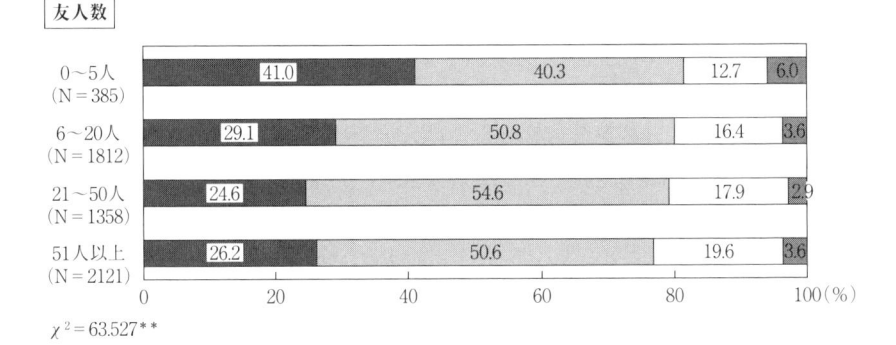

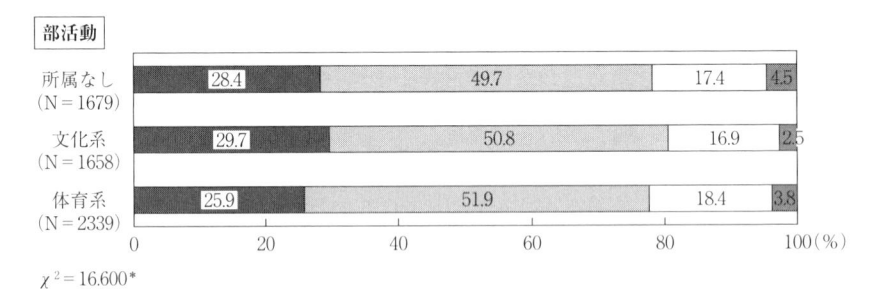

友人数

	非常に大きい	ある程度大きい	それほど大きくない	ほとんどない
0～5人（N=385）	41.0	40.3	12.7	6.0
6～20人（N=1812）	29.1	50.8	16.4	3.6
21～50人（N=1358）	24.6	54.6	17.9	2.9
51人以上（N=2121）	26.2	50.6	19.6	3.6

$\chi^2 = 63.527^{**}$

部活動

	非常に大きい	ある程度大きい	それほど大きくない	ほとんどない
所属なし（N=1679）	28.4	49.7	17.4	4.5
文化系（N=1658）	29.7	50.8	16.9	2.5
体育系（N=2339）	25.9	51.9	18.4	3.8

$\chi^2 = 16.600^{*}$

■非常に大きい　□ある程度大きい　□それほど大きくない　■ほとんどない

$^{**}\ p<0.01 ;\ ^{*}\ p<0.05$

図7-4　友人数・部活動と非正規雇用リスク認知のクロス分析

30.0％、「大学理系」で22.2％であった。最も値が小さい「その他・未定」と最も値が大きい「大学理系」の差は12.0ポイントであり、大きな差が見られた。とりわけ、進路希望が「その他・未定」、「就職」、「大学文系」の高校生が非正規雇用リスクを認知しやすいということが明らかになった。

続いて、友人数、部活動と非正規雇用リスク認知との関連について見ていこう（図7-4）。

まずは、友人数と非正規雇用リスク認知との関連について見ると、非正規雇用リスクを「非常に大きい」と認知している高校生は、友人数が「0～5人」で41.0％、「51人以上」で26.2％であり、両者の差は14.8ポイントであることが分かる。したがって、極端に友人数が少ない高校生は非正規雇用リスクを認知しやすいということが伺えた。

次に、部活動と非正規雇用リスク認知との関連について見ると、非正規雇用リスクを「非常に大きい」と考えている高校生は、「所属なし」で28.4％、「文化系」で29.7％、「体育系」で25.9％であった。つまり、「体育系」の部活動に所属している高校生に比べて、部活に入っていない高校生や「文化系」の高校生は非正規雇用リスクを認知しやすいことが分かった。

非正規雇用リスク認知の規定要因　ここまで、社会的属性と非正規雇用リスク認知との関連についてクロス表を見ることで明らかにしてきた。全てのクロス表においてχ^2検定の値は5％水準で有意であり、とりわけ学校タイプ、成績、進路希望、友人数と非正規雇用リスク認知との間に強い関連が見られた。それではこれらの傾向性は、諸変数を統制してもなお見られるのだろうか。

そこで、非正規雇用リスク認知を従属変数として、順序ロジスティック回帰分析を行うことにしよう[8]。まずは、モデル1において、客観的リスクの規定要因である性別と階層変数の効果を確認する。続いて、モデル2において、性別、階層変数以外の客観的リスクの規定要因である学校タイプ、成績、進路希望の効果を確認する。また、統制変数として地域も投入する。最後に、モデル3において、仮説2、3で予想された友人数、部活動を独立変数に投

入し、その効果を見ていく。

　それでは、順序ロジスティック回帰分析の分析結果を見ていこう（表7-1）。まず、モデル1の結果を見ると、性別の有意な効果は見られなかった。階層変数に関しては所有財と蔵書数が少ないほど非正規雇用リスクを認知しやすいという傾向性が見られた。したがって、モデル1においては性別の効果は見られなかったものの、所有財、蔵書数などが少ない高校生ほど非正規雇用リスクを認知しやすいことが伺えた。

　続いて、モデル1に学校タイプ、成績、進路希望、地域を追加したモデル

表7-1　非正規雇用リスク認知を従属変数とした順序ロジスティック回帰分析

		モデル1 B	s e	exp(B)	モデル2 B	s e	exp(B)	モデル3 B	s e	exp(B)
女子ダミー		.023	.050	1.023	.016	.053	1.016	-.008	.054	.992
階層変数	所有財	-.050	.021	.952 *	-.007	.022	.993	-.003	.022	.997
	蔵書数	-.083	.019	.920 **	-.019	.020	.981	-.025	.020	.975
地域	福岡				-.076	.066	.927	-.041	.067	.960
	大阪				-.058	.063	.944	-.033	.064	.968
	東京（基準）									
学校タイプ	職業科				.574	.105	1.775 **	.558	.106	1.748 **
	普通科B				.650	.072	1.916 **	.660	.073	1.935 **
	普通科A（基準）									
成績					-.240	.027	.787 **	-.241	.027	.786 **
進路希望	その他・未定				.190	.095	1.209 *	.202	.095	1.224 *
	就職				-.026	.118	.975	-.024	.118	.976
	短大・専門学校				-.214	.104	.808 *	-.199	.104	.819
	大学文系				.253	.069	1.288 **	.249	.069	1.283 **
	大学理系（基準）									
友人数	0～5人							.449	.108	1.566 **
	6～20人							.106	.063	1.111
	21～50人							.003	.066	1.003
	51人以上（基準）									
部活動	所属なし							-.095	.064	.909
	文化系							.178	.064	1.195 **
	体育系（基準）									
切片	非常に大きい	-.722	.076	**	-.783	.126	**	-.893	.132	**
	ある程度大きい	1.549	.078	**	1.562	.127	**	1.464	.133	**
	それほど大きくない	3.529	.101	**	3.573	.143	**	3.478	.148	**
疑似決定係数（Nagelkerke）		.006			.050			.056		
N		5676			5676			5676		

** $p<0.01$; * $p<0.05$

2を見ていこう。まず、新たに投入した変数の効果を確認していく。学校タイプでは普通科Aを基準とした場合に、職業科のexp（B）が1.775、普通科Bのexp（B）が1.916であり、ともに1％水準で有意な効果を持っている。つまり、普通科Bの高校生が非正規雇用リスクをもっとも認知しやすいということが見て取れた。成績に関しては、低成績であるほど非正規雇用リスクを感じやすいことが分かった。進路希望に関しては、「大学理系」を基準カテゴリーとした時に、「その他・未定」、「大学文系」の高校生が非正規雇用リスクを認知しやすいということが分かった。統制変数である地域は有意な効果を持たなかった。また、モデル1で見られた階層変数の効果は見られなくなった。

　最後に、モデル2に部活動と友人数を追加したモデル3の結果を見ていこう。まず、友人数に関しては、「51人以上」を基準とした場合に、「0〜5人」のexp（B）が1.566で1％水準で有意であった。つまり、友人数が極端に少ない高校生は非正規雇用リスクを認知しやすいということが分かった。部活動に関しては、「体育系」を基準とすることによって、「文化系」所属の高校生が非正規雇用リスクを認知しやすいということが明らかになった。またモデル2で有意であった学校タイプ、成績、進路希望の効果はおおむね同様に見られた。

　モデル3までの結果をまとめると、非正規雇用リスク認知の規定要因は、学校タイプ（普通科B、職業科）、低成績、進路希望（「その他・未定」、「大学文系」）に加え、友人数の少なさと文化系の部活動に所属していることであるということが分かった。したがって、仮説1の内、1-1、1-2は妥当しなかったものの、1-3、1-4、1-5は妥当した。仮説2と仮説3は支持された。

4．非正規雇用リスク認知はどのように形成されるのか

　3つの仮説について　以下では、2節で提示した3つの仮説について表7-1の分析結果をふまえて検討していく。まずは、仮説1について見ていこ

う。仮説1は「主観的な非正規雇用リスク認知は、客観的リスクと同様に、性別、階層、学校タイプ、学校内の成績、進路希望の影響を受ける」というものであった。分析の結果、客観的リスクの規定要因であった性別、階層変数は有意な効果を持たなかったものの、学校タイプ、成績、進路希望は主観的リスク認知を規定することが分かった。1-1から1-5まで5つに分かれていた仮説の内、1-1、1-2は妥当しなかったが、1-3、1-4、1-5は妥当した。そのため、部分的には仮説1は支持されたと言える。

それでは、なぜ学校タイプ、成績、進路希望は非正規雇用リスク認知を規定したのであろうか。まず、学校タイプに関して考えてみよう。表7-1より、普通科Aを基準とした場合に普通科Bが非正規雇用リスクをもっとも認知しやすく、その次に職業科の高校生が非正規雇用リスクを認知しやすいということが分かった。普通科Bの高校生は、普通科Aの高校生のようにほぼ全員が大学に進学する訳でもなく、職業科の高校生のように専門的なスキルを持ち合わせているわけでもない。つまり、普通科Bの高校生は大学進学後に得られる一般的スキルや学歴、職業科の高校生が身につける専門的スキルの両方に欠けていると自己を認識しているがゆえに、将来の職業生活への不安を感じ、非正規雇用リスクを認知しやすいということが考えられる。

続いて、成績の低さに関してであるが、これはあくまでも学校内での相対的な成績の低さである。つまり、普通科A、普通科B、職業科という3つの学校タイプ全てにおいて、学校内での成績が低いと考える高校生は非正規雇用リスクを認知しやすいということが明らかになった。大学進学を希望していてさらに成績が低い高校生は、希望する大学に進学することが困難であり、そのために大学卒業後の職業生活においても、希望する職業に就けずに非正規雇用になる可能性が高まると自分自身を認識していると考えられる。さらに、大学に進学しない高校生であったとしても、成績が低い場合には、企業への学校推薦を獲得することが困難になると考えられる。そのために、どの学校タイプにおいても成績が低い高校生は自分自身の非正規雇用リスクを高く見積もっていると考えられる。

そして、進路希望の効果に関してであるが、高松里江（2008）が指摘する

ように、最終学歴が高等教育である人の場合、人文科学を専攻していたことによって非正規雇用になりやすくなる。したがって、人文科学を含めた大学の文系学部に進学を希望している高校生は、理系学部に進学して得られるスキルや資格に乏しいと自分自身を認識しているがゆえに、非正規雇用リスクを認知しやすいと考えられる。

次に、仮説2について考えてみよう。仮説2は「『友人数』が少ない高校生は非正規雇用リスクを認知しやすい」というものであった。表7-1より友人数が「0〜5人」と極端に少ない高校生は非正規雇用リスクを強く感じていることが分かった。したがって、仮説2は支持された。本田（2006）が指摘したように、友人数が少ない高校生は、主観的リスク認知の一種といえる進路不安を抱きやすい。したがって、友人数が少ない高校生は、進路に不安を抱えているために、非正規雇用リスクを認知しやすいと考えられる。

最後に、仮説3について考えてみよう。仮説3は、「高校内で相対的に立場が弱い『文化系』の部活動に所属している高校生は非正規雇用リスクを認知しやすい」というものであった。表7-1より、文化系の部活動に所属している高校生は、体育系の高校生に比べて非正規雇用リスクを認知しやすいことが分かった。したがって、仮説3は支持された。文化系の高校生は高校やクラス内での相対的な地位があまり高いとはいえず、その地位を将来のライフコースに投影して、自分自身の非正規雇用リスクを強く認知しているということが考えられる。

非正規雇用リスク認知の形成メカニズム　非正規雇用リスク認知の規定要因は、学校タイプ（普通科B、職業科）、低成績、進路希望（「その他・未定」、「大学文系」）、友人数の少なさ、文化系の部活動に所属していることであった。それでは、非正規雇用リスク認知といったものはどのようにして高校生のなかで形成されていくのであろうか。

第1に、高校生の非正規雇用リスク認知は高校生のさまざまな進路選択の過程の中で形成されていくということが考えられる。本章での分析結果より、普通科B、職業科に在学していること、高校卒業後の希望進路が「その他・

未定」ないしは大学の文系学部であった場合に、非正規雇用リスクを強く認知しやすいということが分かっている。つまり、非正規雇用リスク認知は、どのような高校に進学するのかという中学生時点での選択から始まって、高校入学後もどのような進路を希望するかというさまざまな進路選択の中で形成されていくことが考えられる。

　第2に、高校生の非正規雇用リスク認知は、高校生が所属している高校やクラス内での相対的な地位の影響を受けて形成されるということが考えられる。本章での分析結果より、低成績で、友人の数が少なく、文化系の部活動に所属している高校生は、非正規雇用リスクを強く認知しやすいということが分かった。「スクールカースト」という表現を用いることが適切かどうかはさておき、高校生は自身が所属している所属集団内での成績、友人関係、部活動のタイプといった相対的地位を敏感に感じ取り、その地位が低い場合には、将来的に自分自身が非正規雇用になるという予想を立てていることが考えられる。

　したがって、高校生の非正規雇用リスク認知は、学校タイプの影響を受けながらも、性別、階層などの生まれ持った社会的属性によって決定されるというよりは、進路選択、成績、友人関係、部活動といった高校生の所属集団における変化しやすい関係性の影響を受けて形成されていく。つまり、非正規雇用リスク認知は、高校生の日常生活のあり方を受けて形作られていくということが示唆された。

　非正規雇用が増加していくという不透明な社会情勢の中、現代の高校生は進路、成績、友人関係などに悩みながら、多感な青年期を過ごしている。本章の分析結果は、高校生のミクロな日々の生活のあり方が、マクロな社会構造に対するリスク認知である「非正規雇用リスク認知」を形作っていることを明らかにすることになった。

[注]
(1) ここでは、太郎丸（2009）の非正規雇用の定義を参考にした。太郎丸によると、非正規労働者に明確な法的定義はなく、いわゆる正社員（職員）以外の形態

で雇用契約を結んでいるすべての雇用者をさす。
(2) 図 7－2 より、15～34 歳の労働者においては女性の方が非正規雇用になりやすいことが分かる。しかし、女性は男性とは異なるメカニズムで非正規雇用になることもある。女性の場合は、結婚や出産を機に正社員としての仕事を辞めて、自発的に非正規雇用になることも多い。したがって、不本意で非正規雇用になった女性ばかりではないことに注意が必要である。
(3) 中村高康（2010）によると、進路多様校とは入学難易度の高くない普通科の高校のことである。中村によると、進路多様校からはフリーターや高卒無業者が出やすい。そのために、フリーターや高卒無業者についての研究は進路多様校において多く行われてきた。
(4) 本田（2006）によると、「対人能力」は対人関係に関する 5 つの質問項目の回答を合計した値のことである。5 つの質問項目は「自分の考えをはっきり相手に伝えることができる」「自分には人を引っぱっていく力がある」「友だちから悩み事を打ち明けられることが多い」「友だちが間違ったことをしたら指摘すべきだと思う」「嫌いな人、苦手な人とも、うまく付き合う努力をしている」である。
(5) 普通科 B の高校は進路多様校であるとは必ずしも言えないが、普通科 A、職業科の高校よりも相対的に卒業後の進路が多様であると考え、ここでは普通科 B の高校を進路多様校と見なす。進路希望に関しては、現時点での進路希望が将来の専攻分野と結びついていると見なして分析を行う。したがって、仮説 1 では、普通科 B の高校生と、進路希望が「大学文系」である高校生は非正規雇用リスクを認知しやすいと考える。
(6) もっとも、主観的リスク認知のなかにも、たとえば「学歴や性別によって人は非正規雇用になりやすいのではないか」という客観的リスクの主観的把握、すなわちインパーソナルなレベルでのリスク認知だけでなく、不安とも隣接するより漠然とした「私は非正規雇用になりやすいのではないか」というパーソナルなレベルでのリスク認知が混在しているとも考えられる。今回の調査では、主としてインパーソナルなレベルでのリスク認知に焦点を当ててはいるが、パーソナルなリスク認知とは厳密に区別できていない点では問題が残る。
(7) 所有財に関しては、所有財を 4 つ以上持っている人を「上位」、3 つ持っている人を「中位」、2 つ以下の人を「下位」と分けた。
(8) 分析に用いた独立変数について説明する。性別は女子を 1、男子を 0 とした

女子ダミーである。所有財に関しては0～6点までの連続変数として扱った。蔵書数に関しては、まず「0～10冊」、「11～25冊」、「26～100冊」、「101～200冊」、「201～500冊」、「501冊以上」の中央値を取った。ただし、「501冊以上」だけは501である。次に、それらの値を100で割り、連続変数として扱った。地域は「福岡」、「大阪」、「東京」の3カテゴリーである。学校タイプは「職業科」、「普通科B」、「普通科A」の3カテゴリーである。成績は、成績が良いほど点数が高くなるように反転して、連続変数として扱った。進路希望は、「その他・未定」、「就職」、「短大・専門学校」、「大学文系」、「大学理系」の5つに分けた。友人数は「0～5人」、「6～20人」、「21～50人」、「51人以上」の4つに分けた。部活動は「所属なし」、「文化系」、「体育系」の3カテゴリーである。

[文献]

Brinton, M. C., 2008, *Lost in Transition: Youth, Education, and Work in Postindustrial Japan*.（＝池村千秋訳、2008、『失われた場を探して──ロストジェネレーションの社会学』NTT出版。）

Fullerton, A. S. and M. Wallace, 2007, "Traversing the Flexible Turn: US Workers' Perceptions of Job Security, 1977-2002," *Social Science Research*, 36（1）: 201-221.

本田由紀、2005、『若者と仕事──「学校経由の就職」を超えて』東京大学出版会。

───、2006、「対人関係と高校生活・進路選択」石田浩編『東京大学社会科学研究所研究シリーズ No.21 高校生の進路選択と意識変容』東京大学社会科学研究所、71-80。

───、2011、『若者の気分──学校の「空気」』岩波書店。

岩田考、2010、「進路未定とフリーター」中村高康編『進路選択の過程と構造──高校入学から卒業までの量的・質的アプローチ』ミネルヴァ書房、184-208。

小杉礼子編、2005、『フリーターとニート』勁草書房。

厚生労働省、2010、「平成21年若年者雇用実態調査結果の概況」。

中村高康、2010、「高校生の進路選択を見る視点」中村高康編『進路選択の過程と構造──高校入学から卒業までの量的・質的アプローチ』ミネルヴァ書房、1-18。

阪口祐介、2013、「犯罪リスク認知の規定構造の時点間比較分析――犯罪へのまなざしの過熱期と沈静化期」『犯罪社会学研究』38：153-169。
総務省、2014、「労働力調査――長期時系列データ」、総務省統計局ホームページ、（http://www.stat.go.jp/data/roudou/longtime/03roudou.htm　2014.8.22）。
鈴木翔、2012、『教室内カースト』光文社新書。
高松里江、2008、「非正規雇用の規定要因としての高等教育専攻分野――水平的性別専攻分離の職域分離への転化に注目して」『年報人間科学』29：75-89。
太郎丸博、2009、『若年非正規雇用の社会学――階層・ジェンダー・グローバル化』大阪大学出版会。
太郎丸博・亀山俊朗、2006、「結論と今後の課題――どのような政策と研究が必要か」太郎丸博編『フリーターとニートの社会学』世界思想社、168-198。
上市秀雄、2012、「リスク認知の個人差」中谷内一也編『リスクの社会心理学――人間の理解と信頼の構築に向けて』有斐閣、69-85。

第8章
東日本大震災と原発事故以降のリスク意識

阪口祐介

1. リスクをめぐる社会的亀裂の浮上

　2011年3月11日、東日本でマグニチュード9の大地震が発生し、その後、福島第一原子力発電所において放射性物質が外部に放出される事故が起きた。この震災と原発事故をきっかけに、日本社会全体において震災や原発に対するリスク不安が高まり、リスクをめぐる政治的議論が日々活発になされるようになった。今まさに1986年にU.ベックが『リスク社会』の中で指摘した状況が進行しつつあるといえよう（Beck 1986＝1998）。国や自治体などでは、将来の地震を想定して避難や防災対策についての議論がなされている。また、原発事故後、政官財が一体となった原子力複合体の政策決定やマス・メディアの報道、専門家のリスク評価のあり方がさまざまな媒体を通じて批判され、脱原発運動が盛りあがりをみせた。

　しかし、震災と原発事故を機に、私たち日本人はリスクへの不安を共有することで連帯し、一つの方向へ歩み始めたといえるだろうか。むしろ現実はその逆だといえるかもしれない。震災・原発のリスクが可視化し、政治的議論が活発化したことで、リスクをめぐる社会的亀裂は深まりつつあるように思われる。ある人々は原発リスクに恐怖を覚え、脱原発社会を目指すべきだと声高に叫ぶ一方で、脱原発は非現実的であり、原発を維持すべきだと主張する人々もいる。原発事故以降、こうした〈リスクをめぐる対立〉が浮上し、深刻なものになりつつあるといえよう。

　では、こうしたリスクをめぐる意見の対立はどのような人々のあいだに存

在しているのだろうか。本章では、青少年期に震災・原発事故を目にした高校生を対象として、どのような社会的要因が震災・原発リスクについての考え方の相違を生み出しているのかについて実証的に明らかにする。本調査の対象者は、震災・原発事故が起きた2011年3月の時点では中学2年生であり、それから約2年半を経て本調査に答えている。青少年期に震災・原発事故を前にして、何かを思い考えるなかで形作られた彼ら彼女らのリスク意識を把握することは、今後の社会変容を予測する手がかりになるだろう。

2．いかなる人々が原発リスクを認知し、脱原発へと向かうのか

　本研究では、原発・震災リスクをめぐる意見の相違について探究する際、その背後に存在する価値対立に着目する。M. ダグラスと A. B. ウィルダフスキーによれば、人々のリスク認知は、社会がどのようにあるべきかという世界観を反映したものである。ゆえに社会的不平等や社会秩序に対する価値観によって、特定のリスクが高く評価されたり、低く評価されたりする（Douglas and Wildavsky 1982）。原発事故が生起するリスクは不確実で予想困難であり、そのリスクを客観的に評価することはほとんどの人々にとって難しい。こうしたリスクに対しては、その人が有する価値観によってリスクの危険性の認知が異なると考えられる。以下では、この価値対立という点に注目し、学校タイプ・進路（理系・文系・就職）・ジェンダー・価値観についての仮説をまとめる。

　学校タイプ　はじめに、学校タイプについてみていこう。本調査では学校タイプを普通科 A と普通科 B、そして職業科に分類している。普通科 A は大学進学率が90％以上で国公立大学への進学者が多数いるエリート校である。ここでは、今後社会の中核を担うことが予想されるエリート校の生徒は原発についてどのような態度を有しているかという点に注目する。この問いを直接探究した研究は管見の限り存在しないが、本調査の第1回と第2回のデータを分析した友枝敏雄（2003、2009）の研究が参考になる。友枝は学校

タイプ別に高校生の国家観を比較した結果、エリート校である普通科Aの生徒において国家支持的な態度を有する傾向があることを示している。農業・自営における保守、都市高学歴層における革新という従来の図式で考えると、エリート校は革新的で国家に批判的であることが予想されるが、その結果は逆であり、国家支持的な保守意識の高さがみられたのである（友枝 2003）。原発は自民党が中心となり導入・維持されてきた国家政策であり、反原発運動の中心は革新勢力であったことから、原発支持は保守的傾向、脱原発志向は革新的傾向があるといえるだろう。友枝の研究を参考にすると、エリート校では国家支持的な保守志向が相対的に高いため、原発リスクを低く評価し、原発支持が高いと予想することができる。

進路　進路については、理系大学を志望する生徒が特有のリスク意識を有していると予想される。先行研究では、リスクの専門家は一般人よりも科学技術のリスクを低く評価することが示され、その背景には専門家と一般人の科学観の相違があると指摘されている。すなわち一般人は専門家に比べて、「科学には予想できない危険が潜む」「科学技術はときとして悪用される」と考える傾向にある（小杉 2012：119-120、小杉 2013）。逆にいえば専門家は一般人に比べて科学は悪用されず、そのコントロールは可能だと考える傾向にある。ベックの議論にしたがうと、専門家は科学的合理性から、一般人は社会的合理性からリスクを評価するということもできるだろう（Beck 1986＝1998）。こうした専門家と一般人の科学観の差は、大学での教育を受けたり、職業による社会化を経ることで形成されていくと想定できるが、それ以前の段階においてすでに科学観の相違が生じている可能性もある。後者の視点に立てば、理系を志望する生徒は、科学の肯定的側面を評価し、リスクをコントロール可能と考えるがゆえに、原発リスク認知が低く、原発支持が高いと予想できる。

ジェンダー　ジェンダーに関しては、女性の方が科学技術や環境リスクの危険性を認知しやすく、脱原発志向が高いことが実証的に示されている。国

際比較研究では多くの国において、女性の方が環境リスク認知が高いことが示されており（阪口 2009）、日本においても原発事故以前、以後にかかわらず、女性の方が原発に否定的な見解を持つ傾向がある[1]（柴田・友清 1999；高橋・正木 2012；岩井・宍戸 2013）。このジェンダー差の原因については、いくつかの説明がなされている。たとえば、アメリカにおける科学技術リスク認知の研究では、女性と非白人においてリスク認知が高いことが示されており、その背景には、そうした人々の科学技術からの便益の少なさや政府への信頼の低さがあると解釈されている（Finucane et al. 2000）。一方、環境意識の研究では、女性のケア役割による説明がなされている。T. J. ブロッカーと D. L. エックベルグ（1997：842）は、女性はケア役割の担い手として社会化されているため環境保護意識が高い傾向にあると指摘する。女性は子どもや家族を思いやり、介護するというケア役割の担い手として社会化されており、現に社会でケア役割を担うため環境リスクの危険性を感じやすいというわけである。もちろん、いまだ結婚していない高校生の段階では、性別役割分業やケア役割を実際に担うことはあまりないだろう。しかし、高校生の段階においても、将来ケア役割を担うものとして予期的社会化がなされていることも想定される。ここから、女子の方が原発リスク認知や脱原発志向は高いと考えられる。

価値観　これまで価値対立に焦点をあてて仮説をまとめてきたが、価値観とリスク認知・原発への態度の関連性を直接問う実証研究も存在する。そこでは主に原発リスク認知や脱原発志向に影響する価値観として、〈社会的格差への態度〉と〈既存秩序への態度〉が指摘されている。たとえば、平等主義・利他主義であるほど原発リスク認知は高まり、伝統主義的で規範意識が高いほど原発を支持する傾向にある（Kahan 2007; Whitfield et al. 2009; Peterson et al. 1990）。原発事故以降の日本社会においても、これら2つの次元の価値観が人々の原発リスク認知や脱原発志向に影響を与えていると予想される。

〈社会的格差の態度〉については、原発事故以降、原発の地方への集中や、

原発労働者の被爆がさまざまなメディアで問題化された。これは舩橋晴俊が原発事故以前から指摘していた〈環境負荷の外部転嫁〉のことを指す。すなわちそれは、社会内の一定の地域や集団が、自らの生産や消費活動を通して生み出された環境負荷を引き受けずに、それを空間的または時間的に離れた別の地域や集団に押し付ける構造である（舩橋 2005）。こうした構造は原発事故後、さまざまなメディアを通じて多くの人々に認知されるにいたったといえよう。このように原発にひそむ社会的格差が可視化した現在において、原発を支持する人々は、社会的格差を容認するという価値を有する傾向があると予想される。

　次に〈既存秩序への態度〉について説明しよう。原発に対する考えの背後には、政治や国家に対する態度が存在すると考えられる。日本や海外における原発をめぐる意見対立の構造を整理した中山茂（1981）は、脱原発のエコロジー派の主張を次のようにまとめる。その主張は、原子力が中央集権的なエネルギーであり、市民のコントロールが利かないがゆえに問題であり、自然エネルギーのような分散的で自主管理しうるオルタナティブ・テクノロジーへと移向すべきだというものである（中山 1981：178-179、192）。一方で、原発支持の立場からすると、脱原発派は公共の利益をかえりみない個人のエゴとみなされることもある[2]。ここには、政策決定を国家主導で行うべきか、地域や個人が主体となるべきかという対立があるように思われる。このように原発支持／不支持の背後には国家に対する態度が存在することから、政治への不信が強い人々は原発リスクを危険だと感じ、脱原発志向を高めると考えられる。また、想像の共同体としての国家を信じ、肯定する人々は原発を支持する傾向があると予想される。分析では、以上の学校タイプ、進路、ジェンダー、価値観の仮説を検証する。

3．高校生における震災・原発リスク意識

　従属変数：震災・原発リスク意識　震災および原発リスクに対する意識の質問項目は、以下の5項目である。原発を廃止すべきだという脱原発志向、

将来における原発・震災リスクの危険性を感じるという原発・震災リスク認知、震災と原発によって価値観が変化し、身近な人と話す機会が増えたという震災・原発の影響について、次の質問によってたずねている。

＜脱原発志向＞
・今後、国内の原子力発電所はすべて廃止すべきである
＜震災・原発リスク認知＞
・将来、地震によって、あなたが深刻な被害を受けるリスクはどの程度あると思いますか
・将来、原発事故によって、あなたが深刻な被害を受けるリスクはどの程度あると思いますか
＜価値観・生き方への影響＞
・東日本大震災と福島の原発事故をきっかけに、価値観やモノの考え方が大きく変わった
・東日本大震災をきっかけに、身近な人と話をする機会（電話やメールを含む）が増えた

高校生における原発支持の高さ　では、分析結果をみていこう。はじめに、原発・震災リスク意識の全体的傾向を確認する。図8-1は脱原発志向の度数分布である。「今後、国内の原子力発電所はすべて廃止すべきである」という意見について、賛成と答えた人が脱原発志向、反対と答えた人が脱原発志向反対、すなわち、原発支持を示す。図8-1から賛成（脱原発志向）24.2％、反対（原発支持）33.6％と、原発支持の方が10％程度多い。また「どちらともいえない」が4割と最も多く、原発について明確に意見を示すことに躊躇する生徒が多いことがうかがえる。

この分布を他の年齢層と比べると、高校生では原発支持が高い傾向にあるといえる。20～64歳の男女を対象に、同じ質問で脱原発への賛否をたずねたウェブ調査では、賛成（脱原発志向）が49.5％、反対（原発支持）19.5％と脱原発派の方が30％も多い[3]。もちろん、本調査も参照したウェブ調査も無

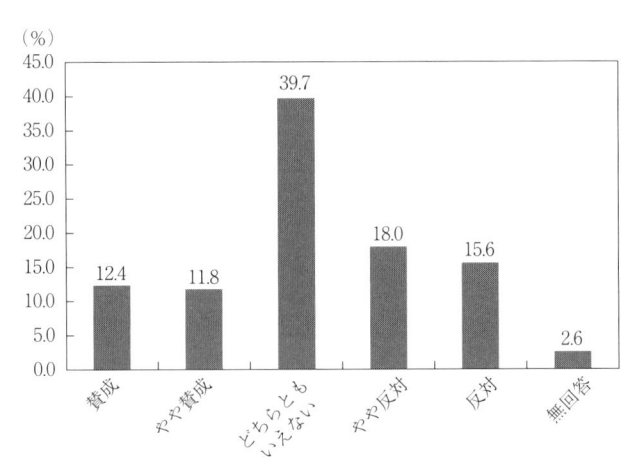

図8-1　脱原発志向の度数分布　N=6092

作為抽出による調査ではない点は留意しておく必要がある。ただ、他の全国調査でも10代、20代の若い世代においては、原発支持が高いことは明らかになっており（高橋・正木 2012）、既存の研究と整合的な結果といえるだろう。

次に、将来における震災・原発リスクの危険性の認知についてみてみよう。図8-2から、震災については、85.2％もの生徒が将来におけるリスクを認知していることがわかる。一方、原発事故のリスクについては64.0％と震災リスクに比べると低い。35.3％の生徒（「それほど大きくない」と「ほとんどない」との合計）は原発事故の被害を受けるリスクは大きくないと考えているのである。こうした結果がみられたのは、今回の調査が原発から一定の距離がある福岡・大阪・東京の高校生を対象としたことが関係しているだろう。

次の図8-3は、震災・原発によって価値観が変化したかをたずねた項目の度数分布であるが、価値観が変化した人と、しなかった人は、おおよそ半々に分かれていることがわかる。一方、図8-4から、震災をきかっけに身近な人と話す機会が増加したと答えた人の割合は2割にも満たず、少ないといえよう。

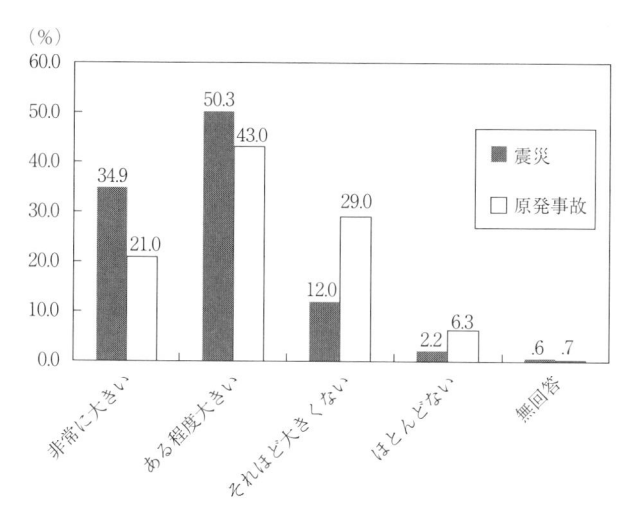

第8章　東日本大震災と原発事故以降のリスク意識

図8-2　震災・原発リスク認知の度数分布　N=6092

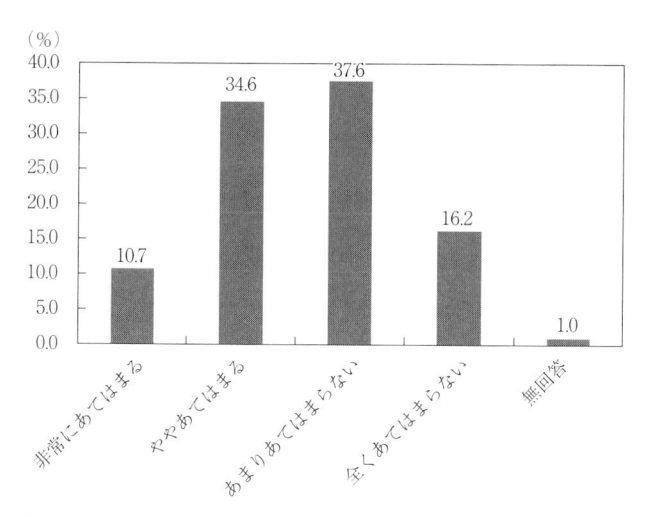

図8-3　震災・原発による価値観の変化の度数分布　N=6092

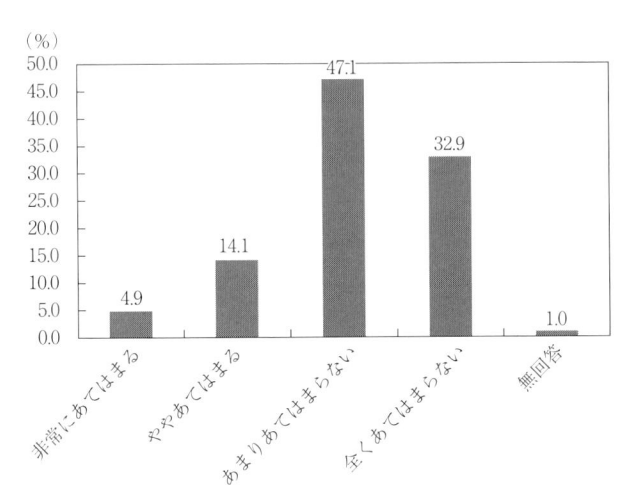

[グラフ: 非常にあてはまる 4.9、ややあてはまる 14.1、あまりあてはまらない 47.1、ほぼあてはまらない 32.9、無回答 1.0]

図8-4　震災を機に身近な人と話す機会が増加の度数分布　N=6092

学校タイプ・進路・ジェンダーと脱原発志向　では、高校生において、どのような要因が震災・原発リスクに対する意見の相違を生み出すのだろうか。先に示した仮説を検証しよう。ただし、5つすべての震災・原発リスク意識について詳しく結果をみると煩雑になるため、本章で特に注目する脱原発志向を中心にその形成要因について詳しくみていく。

図8-5は、地域、学校タイプ、進路、性別別に脱原発への賛否（今後、原発は廃止すべき）の分布を示したものである。「賛成」は脱原発支持を示し、「反対」は原発支持を示す。

まず図から、地域に注目する。地域は仮説では示さなかったが、本調査は福岡、大阪、東京で実施されており、この3つの都市間における脱原発志向の差をみておこう。東京では福岡や大阪に比べて、「どちらともいえない」が少なく「賛成」「反対」が多いものの、地域による差は大きいとはいえない。東京では、震災・原発事故後、交通機関が麻痺し、計画停電が実施されるなど、震災・原発事故の影響は大阪・福岡に比べると大きいと予想されるが、脱原発への賛否に大きな地域差はみられなかった。

次に、仮説で示した変数についてみていこう。学校タイプについては、エ

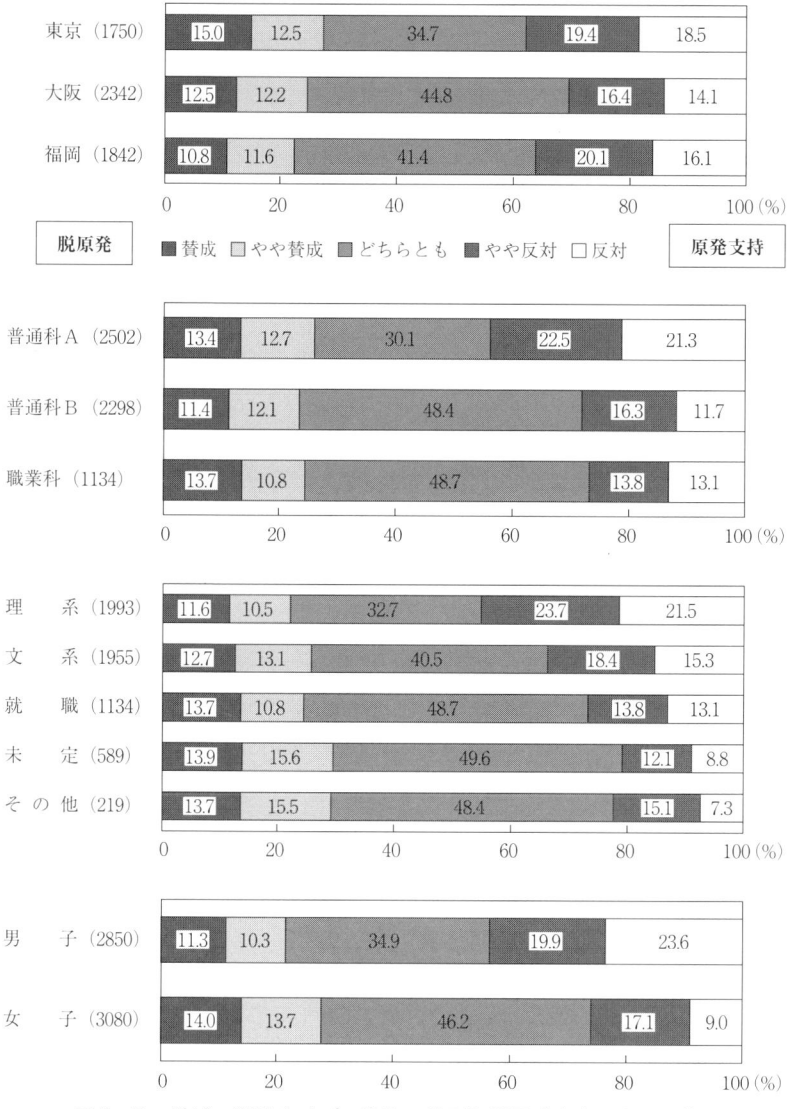

第8章　東日本大震災と原発事故以降のリスク意識

地域	賛成	やや賛成	どちらとも	やや反対	反対
東京（1750）	15.0	12.5	34.7	19.4	18.5
大阪（2342）	12.5	12.2	44.8	16.4	14.1
福岡（1842）	10.8	11.6	41.4	20.1	16.1

脱原発　■賛成　□やや賛成　■どちらとも　■やや反対　□反対　原発支持

学校タイプ	賛成	やや賛成	どちらとも	やや反対	反対
普通科A（2502）	13.4	12.7	30.1	22.5	21.3
普通科B（2298）	11.4	12.1	48.4	16.3	11.7
職業科（1134）	13.7	10.8	48.7	13.8	13.1

進路	賛成	やや賛成	どちらとも	やや反対	反対
理系（1993）	11.6	10.5	32.7	23.7	21.5
文系（1955）	12.7	13.1	40.5	18.4	15.3
就職（1134）	13.7	10.8	48.7	13.8	13.1
未定（589）	13.9	15.6	49.6	12.1	8.8
その他（219）	13.7	15.5	48.4	15.1	7.3

性別	賛成	やや賛成	どちらとも	やや反対	反対
男子（2850）	11.3	10.3	34.9	19.9	23.6
女子（3080）	14.0	13.7	46.2	17.1	9.0

図8-5　地域・学校タイプ、進路、性別と脱原発志向のクロス集計
　　　（すべてχ^2検定、1％水準で有意）

175

リート校である普通科Aでは、普通科Bや職業科に比べて、「どちらともいえない」が少なく、原発支持を示す「反対」が多い。ただし、脱原発を示す「賛成」の割合に大きな差はなく、原発支持を示す「反対」の差が顕著であることがわかる。原発支持の割合は、普通科Bと職業科では3割に満たないが、普通科Aでは4割以上に達する。仮説で示したように、エリート校においては原発支持が高いといえるだろう。

進路については、大学理系、大学文系、就職、未定、その他という進路別に脱原発への態度を示している。図から、仮説の通り、理系では脱原発が少なく、原発支持が多いことがわかる。原発支持4割以上、脱原発2割であり、理系では原発支持派は脱原発派の2倍もいることがわかる。ただし、学校タイプと同様に、脱原発「賛成」の差は大きくはない。理系であると「どちらともいえない」という中間回答が少なくなり、脱原発「反対」が増加するといえるだろう。

性別については、男子に比べて女子では、「賛成」が多く、「反対」が少ない。すなわち、女子では、脱原発志向が高く、原発支持が低いことがわかる。これまでの先行研究でも、女性で原発に否定的な意見が多いことが指摘されていたが、高校生においてもその傾向は確認された。

価値観と脱原発志向　次に価値観についてみていく。原発に対する意見の相違の背後には社会的格差と国家に対する価値の対立が存在するという仮説を検証するために、以下の価値項目と脱原発支持の関連性を確認する。社会的格差への態度の指標としては、「福祉サービス充実のために税金を上げることはやむをえない」という格差是正意識を用いる。国家への態度については、政治不信と国家主義の2つから項目から測定する。政治不信は、政治や官僚の腐敗認知と政治と市民の乖離性の認知である。国家主義については、自民族中心主義、愛国主義、戦争責任の3つの指標を用いる。なお、これらの項目は本書の他の章では社会観と名づけられているが、本章ではリスク認知の先行研究における表現にならって価値観と呼ぶ[4]。

第8章　東日本大震災と原発事故以降のリスク意識

<格差是正意識>
- 福祉サービスを充実させるために、税金を上げることもやむをえない

<政治不信>
- 政治家や官僚の中には、ワイロをもらうなど、自分の地位を悪用している人が多い
- 国民の意見や希望は、国の政治にはほとんど反映されていない

<国家主義>
- 自民族中心主義：日本の文化や伝統は、他の国よりも優れている
- 愛国主義：特別な行事の時には、国歌を歌ったり国旗をあげるべき
- 戦争責任への見解：太平洋戦争や植民地支配のことで、日本は被害を与えた国々に謝罪すべきである　※反対が国家主義

　これら価値項目の賛成・反対別に脱原発支持賛成の割合をみたものが下記の図8－6である[5]。図から、「福祉のために増税すべき」という考えに賛成の人は、脱原発支持度が高いことがわかる。また、政治不信については、政

項目	態度	割合(%)
格差是正：福祉のために増税すべき	賛成	31.2
	反対	23.0
政治不信：政治家・官僚の汚職	肯定	29.1
	否定	23.8
政治不信：政治に国民の意見反映されない	肯定	28.1
	否定	22.8
自民族中心主義：日本優れてる	賛成	26.3
	反対	29.9
愛国主義：国歌・国旗の支持	賛成	26.8
	反対	30.2
戦争責任：太平洋戦争を謝罪すべき	賛成	35.6
	反対	20.9

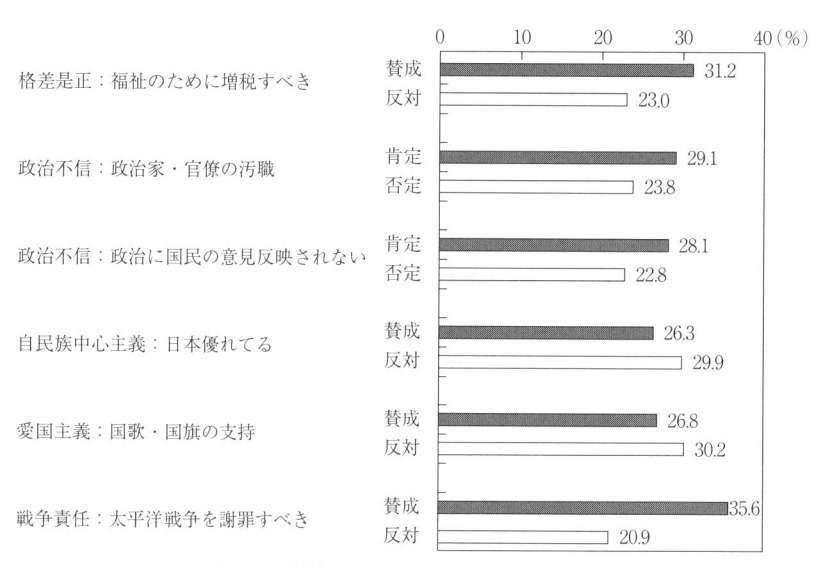

図8-6　格差・国家への態度別の脱原発支持度

治家や官僚の腐敗を認知する人や、政治に国民の意見が反映されないと考える人は、脱原発支持度が高いことがわかる。逆に言えば、政治への信頼は原発支持と結びついているといえるだろう。最後に、3つの国家観について確認したが、関連性がみられるのは、戦争責任への見解のみであった。自民族中心主義、愛国主義的な人々で原発支持が高いわけではなく、国家主義的な態度は必ずしも原発支持に結びつくとはいえない。一方、戦争責任への見解は強く関連しており、太平洋戦争を謝罪すべきだと考える生徒では、脱原発支持度が高いことがわかる。

　これまでの分析結果はおおむね仮説を支持するものだといえるだろう。エリート校である普通科A、大学理系を志望する生徒では原発を支持する傾向にある。また、女子は男子に比べて脱原発志向が高い。そして、格差是正意識や政治不信が脱原発支持と結びついており、国家観のなかでは戦争責任のみが脱原発支持と関連していた。これらはどれも2変数間の関連をみたものであるが、多項ロジスティック回帰分析を行い（表8-1）、他の要因を統制した上で効果を確認したところ、先のクロス集計でみられたものとほとんど同様の関連性が確認できた。表8-1の従属変数は賛成・中立（どちらともいえない）・反対であり、反対を基準カテゴリーにしている。ここでは賛成・反対の列の係数のみに注目しよう。普通科Aでは負の効果がみられ、脱原発に賛成が少なく、反対が多いことがわかる。また、女子ダミーは正の効果であり、女子の方が脱原発に賛成であることを示す。理系ダミーは負の効果であり、理系の方が脱原発賛成が少ないことを示す。また、価値観についてもクロス集計でみた通り、格差是正意識が高く、政治不信であり、戦争責任への自覚がある人々において、脱原発賛成が多いことがわかる。

震災・原発リスク認知と震災の影響　これまで脱原発志向に焦点を当てて、学校タイプ・進路・ジェンダー・価値との関連性についてみてきたが、他の震災・原発リスク意識についての結果も確認しておこう。紙幅の都合上、すべてのクロス集計は示さず、4つの震災・原発リスク意識を従属変数とした重回帰分析を行う[6]。表8-2から、原発リスク認知・震災リスク認知・

表8-1　脱原発志向（基準：反対）を従属変数とした多項ロジスティック回帰分析

	賛成／反対 B se exp(β)	わからない／反対 B se exp(β)	賛成／反対 B se exp(β)	わからない／反対 B se exp(β)
切片	-0.248 0.139	0.107 0.127	-1.32 0.192 **	-1.14 0.180 **
福岡	-0.246 0.092 0.78 **	-0.018 0.084 0.98	-0.311 0.095 0.73 **	-0.031 0.087 0.97
大阪	0.041 0.086 1.04	0.330 0.079 1.39 **	0.058 0.088 1.06	0.278 0.083 1.32 **
東京（基準）	─	─	─	─
蔵書数/100	0.004 0.021 1.00	-0.070 0.021 0.93 **	0.003 0.022 1.00	-0.052 0.021 0.95 *
女子ダミー	0.763 0.074 2.14 **	0.819 0.066 2.27 **	0.703 0.076 2.02 **	0.694 0.070 2.00 **
普通科A	-0.388 0.117 0.68 **	-0.967 0.107 0.38 **	-0.347 0.124 0.71 **	-0.765 0.114 0.47 **
普通科B	-0.225 0.109 0.80 *	-0.283 0.095 0.75 **	-0.207 0.112 0.81	-0.250 0.099 0.78 *
職業科（基準）	─	─	─	─
理系クラスダミー	-0.353 0.087 0.70 **	-0.159 0.079 0.85 *	-0.337 0.089 0.71 **	-0.114 0.082 0.89
成績：上の上	-0.009 0.126 0.99	0.362 0.115 1.44 **	0.006 0.129 1.01	0.189 0.121 1.21
成績：上の下	-0.038 0.119 0.96	0.150 0.110 1.16	-0.030 0.122 0.97	0.003 0.115 1.00
成績：下の上	-0.009 0.117 0.99	0.111 0.109 1.12	-0.024 0.120 0.98	-0.046 0.114 0.95
成績：下の下（基準）	─	─	─	─
格差是正：賛成			0.444 0.090 1.56 **	0.079 0.085 1.08
格差是正：中間			0.319 0.102 1.38 **	0.795 0.087 2.21 **
格差是正：反対（基準）			─	─
政治不信：肯定			0.366 0.115 1.44 **	0.217 0.110 1.24 *
政治不信：中間			0.153 0.129 1.17	0.645 0.118 1.91 **
政治不信：否定（基準）			─	─
戦争責任：賛成			0.962 0.093 2.62 **	0.717 0.092 2.05 **
戦争責任：中間			0.431 0.098 1.54 **	1.110 0.087 3.03 **
戦争責任：反対（基準）			─	─
疑似決定係数(Cox&Snell)	0.086		0.190	
N	5743		5712	

** $p<0.01$　* $p<0.05$

　震災による価値変化・震災による話す機会の増加について、学校タイプ、進路（理系ダミー）、性別の効果を確認する。表から、普通科Aのエリート校では、震災リスク認知以外のすべての項目で負の有意な効果を示すことがわかる。これは、普通科Aでは原発リスク認知は低く、価値観の変化や話す機会の増加といった震災の影響をあまり受けなかったことを示す。また、理

表 8-2 原発・震災に関する意識を従属変数とした重回帰分析

	原発リスク認知 B se β	震災リスク認知 B se β	震災による価値変化 B se β	震災による話す機会の増加 B se β
切片	2.770 0.042	3.160 0.036	2.394 0.044	1.984 0.040
福岡	-0.052 0.029 -0.028	-0.210 0.024 -0.134 **	0.042 0.029 0.022	-0.089 0.027 -0.051 **
大阪	-0.007 0.027 -0.004	0.039 0.023 0.026	-0.016 0.028 -0.009	-0.043 0.025 -0.026
東京（基準）	─	─	─	─
蔵書数/100	0.007 0.007 0.014	0.006 0.006 0.015	-0.020 0.007 -0.038 **	-0.017 0.007 -0.035 **
女子ダミー	0.091 0.023 0.054 **	0.021 0.019 0.014	0.141 0.024 0.080 **	0.111 0.022 0.068 **
普通科A	-0.143 0.036 -0.084 **	0.006 0.030 0.004	-0.301 0.037 -0.168 **	-0.299 0.034 -0.182 **
普通科B	-0.011 0.032 -0.006	0.017 0.027 0.011	-0.044 0.033 -0.024	-0.034 0.030 -0.020
職業科（基準）	─	─	─	─
理系ダミー	-0.063 0.028 -0.035 *	-0.064 0.024 -0.042 **	-0.120 0.028 -0.064 **	-0.085 0.026 -0.050 **
決定係数	0.012	0.024	0.052	0.049
N	5913	5916	5907	5907

** $p<0.01$　* $p<0.05$

系ダミーをみると、すべての項目において負で有意な値を示す。これは、理系進学の生徒はその他の生徒に比べて、震災・原発リスク認知が低く、震災の影響をあまり受けていないことを意味する。最後に、女子ダミーについても、震災リスク認知以外はすべて正で有意であり、女子は男子に比べて原発リスク認知が高く、震災の影響をより大きく受けたといえる。まとめると、エリート校、理系、男子では原発リスク認知や脱原発志向が低く、東日本大震災による影響をあまり受けていないといえるだろう。

4．リスクをめぐる意見の相違を生み出すもの

　本章では、青少年期に震災・原発事故を目にした高校生を対象として、彼ら彼女らの震災・原発リスク意識について実証分析を行った。そこからまず明らかになったことは、現代高校生における原発支持の高さである。震災・原発事故以降、全世代を対象とした全国調査でも、若年層で原発支持が高いことが示されているが（高橋・正木 2012；岩井・宍戸 2013）、高校生にお

いても原発支持が高いことが明らかになった。その原因としてはいくつかの解釈ができるだろう。たとえば、家族形成をしていないため自身の子どもへのリスク不安がないことや、選挙権がないため政治化する原発問題を身近に感じなかったことなどがあげられる。実際、「どちらともいえない」という中間回答が多いことから、原発に対して明確な意見を示すことにためらう生徒が多くいることをうかがえる。また、この結果だけを眺めれば、若者の保守化や政治的関心の低下を裏づける結果として解釈されるかもしれない。ただし、本章は高校生のみを対象とした分析であるので、そうした解釈は早計だろう。とはいえ、若年層、そして高校生の原発支持の高さはリスク社会のゆくえを予想する上でも注目すべき現象である。今後、全世代を含めた調査データの分析から、なぜ若年層において原発支持が高いのかを明らかにすることは重要な研究課題だといえよう。

このように高校生では原発支持が高い傾向がみられたものの、一定数の人々は脱原発志向を有していた。また原発・震災による価値変化についても、あったという人となかったという人が半々に分かれていた。このような震災・原発リスクをめぐる意見の相違はどのような社会的要因に起因するのかについて、本章では、学校タイプ・進路・ジェンダー・価値観に着目してみてきた。その結果、まず明らかになったのは、今後社会の中核になると予想される層において、原発リスク認知が低く、原発支持が高いこと、そして震災からの影響をあまり受けていないということである。これは、友枝が指摘するエリート校における保守意識の高さと適合的な結果だといえよう。彼ら彼女らは、将来、社会の中核になる可能性が高いため、国家を支持し、その政策を追認する傾向にあるのかもしれない。また普通科Aでは、脱原発支持が高いというよりも、中間回答が少なく、原発支持が高い。これは、エリート校では意見を明確にする傾向が強く、それが原発支持へと流れたことを示唆している。

また、将来、科学の専門家となりうる可能性の高い理系の生徒は、原発リスク認知と脱原発志向が低く、震災からの影響をあまり受けない傾向にあることがわかった。理系を志望する生徒は、科学の肯定的側面を評価し、リ

クをコントロール可能と考えるがゆえに、原発リスク認知が低く、原発支持が高いと考えられる。専門家と一般人のリスク認知の違いはすでに指摘されてきたものの、本研究の結果は、高校生という大学での教育を受ける以前の段階において、こうした差がすでに形成されていることを示している。

そして、女子は男子に比べて原発リスク認知と脱原発支持が高く、震災からの影響を受けやすい傾向にあることがわかった。ジェンダーによる原発リスク認知の差は多くの研究で示されているものの、高校生においても差がみられたことは重要な発見だといえるだろう。この結果は、いまだ家族形成をしていない段階で、ケア役割の予期的社会化によって形成された価値観が原発リスク認知や脱原発志向の高まりに影響していることを示唆している。

最後に価値観については、格差是正・政治不信・戦争責任への見解が脱原発支持と関連していることがわかった。震災と原発事故後、原発の背後にある差別構造が可視化するなかで、社会的格差の容認は原発支持と結びついていた。また、脱原発志向の背後には国家への不信があることがわかった。そして国家観のなかでも戦争責任への見解が、脱原発志向との関連性が強いことが示された。植民地支配を謝罪すべきだと考える生徒は脱原発志向が高く、謝罪すべきでないと考える生徒は原発支持度が高いのである。戦争責任と原発は異質な問題にみえるが、過去や未来という世代を超えた事象にいかに向き合うかという点では同じであり、そこに両者が強く結びつく原因があると考えられる。実際、ドイツでは、親世代の戦争責任を糾弾した学生運動世代が「世代責任の意識」を強く持ち、原子力施設反対運動において中心的役割を果たしたことが指摘されている（青木 2013）。以上のように原発への賛否の背後には社会的格差や国家に対する価値が存在する。原発について非常に激しい意見対立がみられるのは、それが単に1つのエネルギー政策の問題だけではなく、あるべき社会の方向性にかかわる問題でもあるからではないだろうか。

本章の分析からみえてきたのは、現代高校生における震災・原発に対する考えの相違であり、それは学校タイプ・ジェンダー・進路・価値観の違いによって大きく異なるということである。これを社会的亀裂といってしまうの

は少々大げさかもしれないが、青年期において、震災や原発をきっかけに何かを思い考えるなかで形作られた価値観は、彼ら彼女らの今後の人生に影響を持ち続けると考えられる。彼ら彼女らが大学教育を受け、職業に就き、家族形成をするなかで、本章で示されたリスクをめぐる価値対立はさらに強固なものになり、社会的・政治的対立となって表面化する可能性も十分に想定されるだろう。

[注]
(1) 2012年に実施された全国サンプリング調査では、他の要因を統制したうえで、女性は男性よりも原発廃止を望む傾向にある（岩井・宍戸 2013）。
(2) 青木聡子（2013）は、ドイツの原子力施設の立地をめぐる「中心部」と「周辺部」の認識のズレを分析するなかで、中心部の主張としてこうした論理がみられることを指摘している。
(3) SSP-W2013-2nd（2013年11月～12月に実施）。ただし、選択肢は異なる。「今後、国内の原子力発電所はすべて廃止すべきである」の質問に対して、度数分布は「そう思う」27.8％、「まあそう思う」21.7％、「わからない」29.29％、「あまりそう思わない」10.8％「そう思わない」8.7％（N=2922）。この研究は、SSPプロジェクト（http://ssp.hus.osaka-u.ac.jp/）の一環として行われたものである。SSP-W2013-2ndデータの使用にあたってはSSPプロジェクトの許可を得た。
(4) 本書では「価値観」を「社会観」より広い概念として捉えている。「価値観」の中身を特定したものとして、ジェンダー観、政治意識、社会観などがあると考える。
(5) なお、価値項目において中間回答を選択したものは、脱原発への態度でも同様に中間回答を選ぶ傾向にある。この中間回答を示すと傾向を読み取りにくいので、図8-6では表示していない。中間回答を含む価値観の効果は表8-1の多項ロジスティック回帰分析の結果から確認できる。
(6) これらの震災・原発リスク意識についてのクロス集計は阪口（2014）で示している。

[文献]

青木聡子、2013、『ドイツにおける原子力施設反対運動の展開』ミネルヴァ書房。

Beck, U., 1986, *Risikogesellschaft, Auf dem Weg in eine andere Moderne*, Suhrkamp（＝1998、東廉・伊藤美登里訳『危険社会』法政大学出版局。）

Blocker, T. J. and Eckberg, D. L., 1997, "Gender and Environmentalism: Results from the 1993 General Social Survey" *Social Science Quarterly*, 78（4）: 841-858.

Douglas, M. and Wildavsky, A. B., 1982, *Risk and Culture: An Essay on the selection of Technical and Environmental Dangers*, Berkeley, CA: University of California Press.

Finucane, M. L., P. Slovic, C. Mertz, J. Flynn, and T. A. Satterfield, 2000, "Gender, Race and Perceived Risk: the 'White Male' Effect", *Health, Risk & Society*, 2（2）: 159-172.

舩橋晴俊、2005、「原子力政策の内包する困難さについての社会学的考察」『むつ小川原開発・核燃料サイクル施設問題調査報告書』、1-30。

岩井紀子・宍戸邦章、2013、「東日本大震災と福島第一原子力発電所の事故が災害リスクの認知および原子力政策への態度に与えた影響」『社会学評論』64（3）、420-438。

Kahan, D. M., D. Braman, J Gastil, P. Slovic, and C. K. Mertz, 2007, "Culture and Identity-Protective Cognition: Explaining the White-Male Effect in Risk Perception", *Journal of Empirical Legal Studies*, 4（3）, 465-505.

小杉素子、2012、「一般人と専門家の溝——専門家も真空にいるわけではない」中谷内一也編『リスクの社会心理学』有斐閣、113-130。

―――、2013、『電力中央研究所研究報告書——東日本大震災後の人々の科学技術に対する考え方の変化』。

中山茂、1981、『科学と社会の現代史』岩波現代選書。

高橋幸一・正木みき、2012、「東日本大震災で日本人はどう変わったか」『放送研究と調査』2012年6月号、34-55。

Peterson, C. C., J. A. Lawrence, and I. Dawes, 1990, "The Relationship of Gender, Sex Role, and Law-and Order Attitudes to Nuclear Opinion", *Sex Roles*, 22（5/6）: 283-292.

阪口祐介、2009、「環境保護の支持と環境リスク認知の国際比較分析—二つの環境への関心の異なる規定構造」『ソシオロジ』164、109-124。

―――、2014、「現代高校生における震災・原発リスクに関する意識の規定構造

──リスク社会における社会的亀裂」友枝敏雄・平野孝典編『高校生の規範意識──第3回高校生調査（福岡・大阪・東京）　計量分析第一次報告』科学研究費補助金成果報告書、大阪大学、145-161。

柴田鉄治・友清裕昭、1999、『原発国民世論──世論調査にみる原子力意識の変遷』ERC出版。

友枝敏雄、2003、「高校生・高校教師の社会観と『新しい保守意識』」友枝敏雄・鈴木譲編『現代高校生の規範意識──規範の崩壊か、それとも変容か』九州大学出版会、129-148。

───、2009、「保守化の趨勢と社会観・政治的態度」友枝敏雄編『現代の高校生は何を考えているのか』世界思想社、115-138。

Whitfield, S. C., E. A. Rosa, A. Dan and T. Dietz, 2009, "The Future of Nuclear Power: Value Orientations and Risk Perception", *Risk Analysis*, 29（3）: 425-437.

第9章
震災後の高校生を脱原発へと向かわせるもの
―自由回答データの計量テキスト分析から―

阪口祐介・樋口耕一

1．問題意識

　東日本大震災と原発事故によるリスク意識への影響　2011年3月11日午後2時46分、東日本でマグニチュード9の大地震が起き、巨大な津波が太平洋沿岸部に甚大な被害をもたらした。その後、福島第一原子力発電所では炉心溶融、原子炉建屋の水素爆発が起き、放射性物質が外部に放出される原子力事故が起きた。震災による死者・行方不明者は1万8000人以上におよび、約40万戸の建物が全壊・半壊した。そして、原発事故によって、数十万もの人々が避難を余儀なくされた。

　このように戦後最大ともいえる被害をもたらした東日本大震災と原発事故は、数多くの人命や財産を奪っただけではなく、私たちが生きている社会や私たち自身の生き方をあらためて問い直させたといえよう。政官財が一体となった原子力複合体の政策決定、混迷する政府・東電の対応、マス・メディアの報道のあり方。原発事故後、さまざまな問題が表面化し、人々に認識されるに至った。一方で、事実はさておき「震災婚」という言葉が流行り、2011年度の「今年の漢字」は「絆」となったように、つながりを見直そうという気運が高まったようにもみえる。

　本章で焦点を当てるのは、こうした震災と原発事故のインパクトのなかで、高校生を脱原発へと向かわせたものとは何かということである。原発事故以前、そのリスクは可能性としては存在していたものの、ほとんどの人々は意識せずに日々を過ごしていたといえよう。しかし、原発事故は現実のものと

なり、人々の目の前に突き付けられた。この時、人々はどのように反応するのか。リスクを拒否し脱原発へと向かうのか、それともリスクを低く評価し、原発を支持しつづけるのか。そうした反応の違いは何によってもたらされるのか。本調査では、青少年期において震災と原発事故を目にした高校生を対象として、震災・原発事故に対する感想・意見を自由に記述してもらっている。この自由回答データを分析することで、震災・原発事故によって現実化したリスクに対する人々の反応を明らかにし、高校生におけるリスク意識の形成要因を把握することを目指す。

　本調査の対象者は中学2年生で東日本大震災と原発事故という出来事を目にし、約2年半を経て、この調査に答えている。いまだ社会人として働いた経験がなく、結婚・子育てという家族形成を経ていない青少年期において、震災や原発をきっかけに何かを思い考えるなかで形作られたリスク意識を解明することが本章の課題である。これまでの原発リスク意識の研究はほとんどが成人を対象としており、青少年期を対象としたものは少ない。本研究で提示する青少年期の分析結果を、成人が対象の先行研究と合わせて考察すれば、青少年期から成年にかけてリスク意識が形成されるプロセスをより深く理解できると考えられる。

　性別・進路とリスク意識：自由回答の分析から　震災と原発事故という未曾有の出来事を前にして、高校生を脱原発へと向かわせるものは一体どのようなものなのか。第8章では、そこにジェンダーと進路がかかわることを示した。すなわち、脱原発志向や原発リスク認知の社会的形成要因について、数量化した変数間の関連性を問う量的アプローチから、女子と理系以外のクラスにおいて原発リスク認知は高く、脱原発志向が高いことを明らかにした。これは既存の研究とも適合的な結果である。先行研究においても、女性の方が科学技術リスク認知や脱原発志向が高いという分析結果が得られ、その結果は、科学技術からの便益や政治権力の大小、ケア役割などから説明されている（Finucane et al. 2000; Blocker & Eckberg 1997）。また、高校生段階における理系クラスの分析はなされていないものの、科学技術の専門家は一般人

よりもリスクを低く見積もる傾向がある。その背景として、専門家は年間死亡者数のような統計的確率をもとにリスクを評価することや（Slovic et al. 1979）、専門家は科学を信頼しがちであるということが示唆されている（小杉 2012：119-120；小杉 2013）。

　しかし、これらの解釈は高校生の場合にもあてはまるのだろうか。いまだ就職や結婚、子育ての経験のない青少年期において、なぜ原発リスクに対する考えの男女差や進路による差が生じていたかについては、解釈としては示されていても実証的に明らかにされていない。こうした点について本章では実証的な手がかりを得たい。

　その際、従来の量的アプローチでは、あらかじめ用意した選択肢を数量化することで、人々の考えの全体的傾向を捉えるという方法がとられることが多い。ただし、これらのアプローチでは、震災・原発リスク認知や脱原発支持の割合がどの程度であるかを数量的に把握することには優れているが、人々が震災・原発からどのようなことを感じ・考えたのかについて、必ずしもすべてを明らかにできない場合がある。というのも、これらのアプローチでは、研究者が準備した選択肢のなかからしか回答をえらべないので、回答者は自身が強く感じたことを何でも自由に表現できるかわからない。たとえば、今回の震災・原発事故を機に、政府やメディアに対する不信を抱くようになったり、あらためてつながりの大切さに気づいた人も多いかもしれない。

　そこで、本章では、原発・震災について考え・感じたことを自由回答項目でたずね、そこに記入された内容の計量テキスト分析から、ジェンダーや進路の違いによる理由付け、ロジックの違いを明らかにする。そして、その結果をもとに、なぜ女子や理系以外の高校生が脱原発志向をいだきやすいのかについて推論する。

　このように本研究では、選択肢型の質問項目を使った量的分析の結果と、自由回答データの分析結果を組み合わせることで、現代高校生における原発・震災リスク意識の形成メカニズムをより詳細に把握する。従来の量的アプローチでは、変数間の関連性をもとに、なぜ差が生じたのかを分析者が想

像・推論するよりほかになかった。これは分析者の社会学的想像力が試される局面であるが、推論が容易な場合もあれば、決して容易でない場合も多かった。本章の問いについても、必ずしも推論が容易とは言いがたい。こうした場合には自由回答型の質問項目を用いて、いわばごく小規模なインタビュー（マイクロ・インタビュー）を行うことが大きな助けとなる。さらに「計量テキスト分析」の方法を用いれば、得られた自由回答データを体系的・計量的に分析することができる（樋口 2014：79）。

2．質問項目と得られたデータの概要

2013年に実施した第3回高校生調査では以下のような自由回答項目によって、震災と原発事故からどのようなことを感じ、考えたのかについてたずねた。

問17　2011年3月11日に発生した東日本大震災では、東北地方で大きな地震と津波がありました。そして福島県で原子力発電所の事故がおきました。あなたはこの東日本大震災について、どのようなことを感じたり、考えたりしていますか。何でもご自由にお答えください。

この自由回答項目に記入があったのは4,856ケース（79.7％）で、自由回答型の設問としては高い回答率であった（太郎丸 1999）。また記入有無について、地域・学校タイプ・性別・クラス・成績などによる顕著な偏りはみられなかった。これらの変数と回答有無とのクロス集計を行ったところ、有意差は散見されたものの、クラマーのVが0.1を超えるような顕著な差はみられなかった。記入のあったケースでは文字数の平均が59.1、標準偏差が56.3、最大が855であった。記入文字数についてみると、偏差値の高い学校（0.159）、女子（0.163）、文系・理系クラス（0.158）で文字数が多い傾向があった。カッコ内の値は分散分析から得られた eta の値である。記述内容のおおまかな内容をつかむために、KH コーダー（樋口 2014）を用いて共起ネットワーク

を作成した（図 9-1）。共起ネットワークとは、内容分析（content analysis）の分野では伝統的に用いられてきた視覚化の方法で（Osgood 1959; Danowski 1993）、どんな語が多く出現していたか、またどの語とどの語とがデータ中で結びついていたのかを表現する方法である。互いに結びついている語のグループから、データ中に多く出現していた主題を探索することができる[1]。なお図 9-1 では「ランダムウォーク」と呼ばれる方法によって（Pons & Latapy 2005）、互いに強く結びついた部分ごとに、語を自動的にグループ分けしている。同じグループ内の語同士については結びつきを実線で

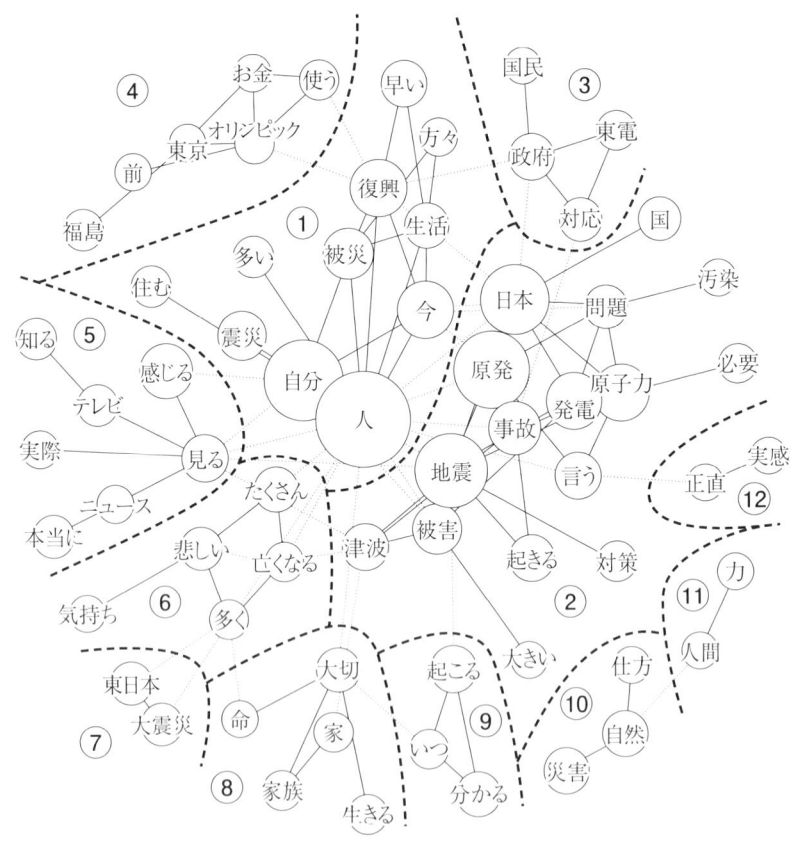

図 9-1　自由回答の共起ネットワーク

示し、グループをまたがる結びつきは点線で示した。また、グループ分けの結果を見やすくするために、太めの点線による仕切りを加えた。

　図9-1から、記入された回答には以下のような内容が多く見られたことがわかる。

　まず図9-1の①および②のグループには、震災一般や、原発事故一般をあらわす語が集まっている。例えば「震災」「被災」「復興」や「地震」「津波」「原発」「事故」などである。これらの語を含む具体的な回答としては「……震災は日本全体に大きな衝撃を与えた。……早く復興してほしい」(福岡・女子)や、「地震だけでも辛いのにその後も次々に悲しいことが」(大阪・女子)といったものがあった[2]。質問文でたずねている震災や原発事故について、当然ながら多くの記入があったことがわかる。また③の部分からは、「東電」や「政府」の「対応」に対する強い関心がうかがえるとともに、④の部分では「オリンピックに使うお金を東北に」(福岡・女子)という批判的な見方も見受けられる。

　⑤の部分からは、「テレビ」や「ニュース」のようなメディアを通じて、震災について「知っ」たり「感じ」たりしているという記入が多かったことをうかがえる。「テレビなどで家族や大切な人を失った方の話を聞いて、もしそれが自分の立場だったらと考えたらとても辛いです。本当にかなしいです」(東京・女子)、「テレビの前や人の話を聞くだけでなく、実際に現地に行きたかった」(東京・男子)などの回答があった。何を感じていたのかという内容は、人が「たくさん」「亡くなっ」て「悲しい」「気持ち」、そして「家族」や「命」の「大切」さなどであったことが、⑥と⑧の部分から読み取れる。実際の回答には「大きな地震がおきて自分の家がつぶれて、もう大切な人に会えなくなるって考えたら涙があふれて眠れなくなる」(大阪・女子)や、「本当に、命の大切さを感じました」(東京・男子)などがあった。

　さらに⑨⑩⑪の部分からは、「いつ」「起こる」か「分から」ないことや、「自然」「災害」に対しては「人間の力ではどうにもならない」(大阪・女子)という限界についての記述が多かったことを読み取れる。「自然の事やから仕方ない」(大阪・女子)、「いつ起こるか分からないから怖い」(東京・女

子)、「人間のはかなさを思いしらされた」(福岡・男子)などの回答があった。
　なお一方では、⑫の部分から、「正直実感がない」(大阪・男子)という人も一定数はあったようである。
　以上より、本章であつかう自由回答項目においては、震災や原発事故一般についての言及が当然多く見られたほか、事態に対応すべき主体である政府や東京電力と、状況を伝えるメディアについての言及が多かったことがわかる。また、どのような感情をいだいたかということも多く記入されており、その主な内容としては、多くの人が亡くなった悲しさや家族の大切さ、そして自然災害の強力さと人間の力の限界などであった。ごく大まかな要約ではあるが、これらが、自由回答項目に記入された主な内容であることがわかった。
　こうした内容と、図9-1に示した言葉同士のつながりを把握しておくことによって、ここから先の分析結果を解釈しやすくなるだろう。たとえば、ある言葉が男子の回答に特に多いといった分析結果が得られた際に、その言葉がどのような文脈で使用されていたのかをイメージしやすくなる。

3．性別と脱原発賛否による回答内容の違い

　前章の分析から、高校生が脱原発志向をいだくのかどうかに対して、性別が相対的に強い効果を示すことがわかった。そこでは学校タイプや文系理系の違いをコントロールしていたので、これらの要因とは直接関連しない、性別に固有の効果が存在するという結果である。それでは、この性別に固有の効果はどのようにして生じているのだろうか。
　この点を自由回答データから探索するために、まず、性別と脱原発への賛否をかけあわせた名義変数を以下のように作成した[3]。脱原発への賛否については、「今後、国内の原子力発電所はすべて廃止すべきである」に対して「賛成」「やや賛成」の人を「脱原発」に、「どちらともいえない」の人を「どちらとも」に、「反対」「やや反対」の人を「原発支持」に分類した。つまり

第9章 震災後の高校生を脱原発へと向かわせるもの

「脱原発」「どちらとも」「原発支持」の3種類に分類した。さらに、この3種類の値に対して、回答者が男子の場合は「男子」という言葉を加え、同様に回答者が女子の場合には「女子」という言葉を加えた。結果として、この名義変数は6種類の値、すなわち「男子脱原発」「男子どちらとも」「男子原発支持」「女子脱原発」「女子どちらとも」「女子原発支持」という6種類の値をもつ変数となった。

そして、この名義変数と、自由回答から自動的に取り出した語との対応分析を行った[4]。図9-2は対応分析によって抽出された最初の2つの成分を用いた同時布置図で、これらの成分の累積寄与率は69.0％であった。図9-

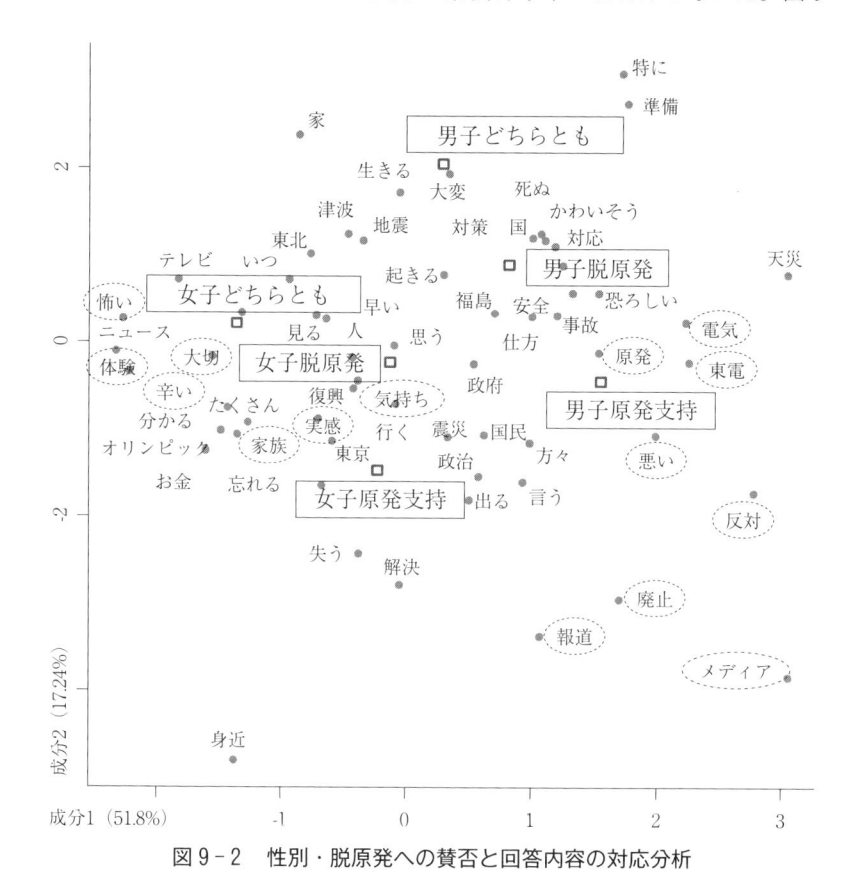

図9-2 性別・脱原発への賛否と回答内容の対応分析

193

2では、性別と脱原発への賛否をかけあわせた名義変数の値を長方形で囲んでいる。図9-2における点線の楕円は、筆者らが結果を解釈する際にとくに注目した語を囲んだものである[5]。

図9-2における名義変数の布置をみると、男子が右側ないしは右上に、女子が左側ないしは左下に布置されており、男女が左右に分かれている。また上から下にかけて、あるいは左上から右下にかけて「どちらとも」「脱原発」「原発支持」の順で脱原発への賛否が布置されている。男女に分かれた上で、さらに男女の中で賛否がおおむね同様の形・順序に分かれているという、読み取りやすい布置といえよう。

ここで名義変数の度数分布をみると、男子では「原発支持」がもっとも多いのに対して、女子では「どちらとも」がもっとも多い（表9-1）。こうした度数分布の違いから、性別による違いは、名義変数の「男子原発支持」と「女子どちらとも」の間に著しくあらわれているのではないかと考えられる。また図9-2においても「男子原発支持」と「女子どちらとも」は、原点(0,0)をはさんだ対極に布置されている。そこで、「男子原発支持」と「女子どちらとも」に特徴的な言葉に注目しつつ、図9-2の解釈を行っていく。

図9-2において「男子原発支持」に特徴的な語、すなわち原点(0,0)から見て、「男子原発支持」の方向に布置されている語としては、「原発」「電

表9-1　性別と脱原発への賛否のクロス集計

	脱原発志向			合計
	脱原発	どちらとも	原発支持	
男子	505	733	1023	2261
	22.34%	32.42%	45.25%	100.00%
女子	731	1085	664	2480
	29.48%	43.75%	26.77%	100.00%
合計	1236	1818	1687	4741
	26.07%	38.35%	35.58%	100.00%

$\chi^2 = 176.134$, df = 2, $p < 0.001$, クラマーの V = 0.193

気」「東電」のほか、「悪い」「反対」「廃止」「メディア」などがある。これらの語は実際の回答中では、それも「男子原発支持」の回答中では、次のように用いられていた。

- その後の東電の対応は悪かっただろうが、原発をそれだけで悪いというのはおかしい（東京・男子原発支持）
- 東日本大震災さえ起きなければ、原発事故も起こらず、電気供給が安定していた（福岡・男子原発支持）
- 今まで原発の恩恵を受けて生活をしてきた人が、事故が起きたとたんに反対運動をするのには違和感（福岡・男子原発支持）
- 震災がおこる前にメディアは原子力発電所のいい所ばかりを並べたてたにも関わらず、震災後に悪い所ばかりをのべたてたことに腹がたった（大阪・男子原発支持）
- たかが放射能程度でさわぎすぎだと思う。主にメディアと外国（東京・男子原発支持）
- 馬鹿げた感情論で原発廃止を訴えている人達が愚かしい（東京・男子原発支持）

男子の場合、総じて原発による安定した電力供給や、原発事故はあくまで東日本大震災というごくまれな出来事に起因するということに言及しつつ、感情的な脱原発志向からは努めて距離を置こうとしている様子をうかがえよう。

それに対して女子の場合には、「女子どちらとも」に特徴的な「体験」「怖い」「大切」のほかにも、「家族」「気持ち」「実感」など、より身近な感情や人間関係への言及が多かったことをうかがえる。実際の回答としても、以下のようなものがあった。

- 家族や友達の大切さを考えました（福岡・女子どちらとも）
- いつ、大切な人と離れるか分からないから、日ごろからもっと関わりを持とうと思った（大阪・女子どちらとも）
- 人の命が大切なものであると実感した（東京・女子どちらとも）
- 自然災害は予測が難しいし、人間に制御できないから怖いけど仕方のない

こと。しかし、発電所の事故は人災（福岡・女子どちらとも）
- 本当に怖いと感じた。当たりまえじゃなくなるということを改めて実感した（福岡・女子脱原発）
- 初めて原子力のおそろしさを身をもって体験した（大阪・女子脱原発）

　以上のような回答の違いから、女子の場合は、家族や友人のような身近な人間関係であったり、怖さ・おそろしさといった人の感情面を重視する傾向があったことをうかがえる。この傾向が、脱原発よりの意識を持つ１つの要因となっていたのであろう。それに対して男子の回答においては、身近な人間関係やその重要性についての言及が少なかった。また、感情的にならずに、電力供給やメディアによる報道の是非といった、より大きな仕組みについて考えようとする傾向を読み取れた。こうした傾向が脱原発志向に反対する意識につながっていたのだろう。

4．理系とその他のクラスにおける回答内容の違い

　次に、理系クラスとその他のクラスの違いがどのように生じたのかを探索する。クラスの違いは、性別・学校タイプなどをコントロールしてもなお、脱原発志向に対して一定の効果を示していた。具体的には、理系クラスでは脱原発志向に反対する傾向が強かった。この結果から、理系クラスであることに固有の効果が存在したことをうかがえるが、その効果はどのようにして生じていたのだろうか。

　この点について探索を行うために、クラスの種類をあらわす名義変数と、自由回答から自動的に取り出した語の対応分析を行った結果が図９-３である[6]。図９-３は対応分析によって抽出された最初の２つの成分による同時布置図で、これらの成分の累積寄与率は73.9%であった。また図９-３では、クラスの種類をあらわす名義変数の値を長方形で囲んでおり、筆者らが図を解釈する際に注目した語を点線で囲んでいる。

　図９-３における名義変数の布置を見ると、理系以外のクラスは総じて原点よりも左側にあるのに対して、理系クラスだけが原点よりも右側に布置さ

第9章　震災後の高校生を脱原発へと向かわせるもの

れている。ここから理系クラスの自由回答の内容には、ほかのクラスとは異なる特徴があったことを読み取れる。そして、その理系クラスの特徴として「天災」や「事故」、そして「放射能」「汚染」などへの言及が多かったことを図9-3から読み取れる。理系クラスにおける具体的な回答としては、「天災はある程度仕方のないことだけど原発事故は半分以上の割合を人間のミスが占めている」（福岡・女子・理系クラス）といったものがあった。ここから理系クラスにおいては、「天災」や「事故」といったリスクに関する言及が多く見られる一方で、それが脱原発志向に直接結びつくことはないようである。

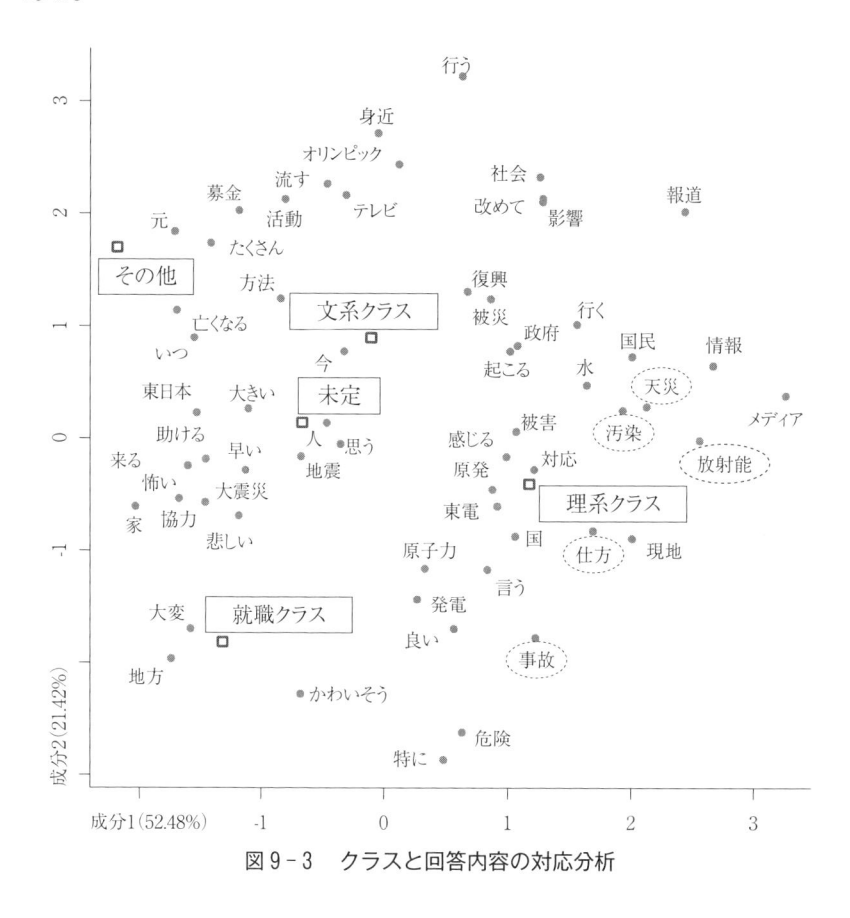

図9-3　クラスと回答内容の対応分析

ここで、理系クラスでは、リスクへの言及が脱原発志向に本当に結びついていないのかどうかを確認しておきたい。そのために、以下のような KH コーダーのコーディングルールを作成した。

＊原発リスク
事故 or 汚染 or 放射能 or 天災 or 震災 or 災害

　これを KH コーダーに入力すれば、「事故」「汚染」「放射能」などの語がどれか1つでも含まれている回答は、「＊原発リスク」に言及していたものと分類される。このような分類作業を「コーディング」と呼ぶ。こうしたコーディング作業を行うことで、自由回答で原発リスクに言及しているかどうかをあらわす2値変数（ダミー変数）を作成することができる。この2値変数を使って、原発リスクへの言及有無と、脱原発賛否とのクロス集計を行った結果が表9−2である。なお表9−2では、理系クラスとその他のクラスとを分けて、別々にクロス集計（3重クロス集計）を行っている。
　表9−2から理系の場合には、原発リスクへの言及有無と脱原発への賛否の間には有意な関連がないことがわかる。理系の場合、原発リスクに言及してもしなくても、脱原発に賛成するか反対するかとは関連がないという結果である。それに対して理系以外では1％水準で有意な関連があり、リスクに言及した人では「どちらともいえない」という中間回答が減少する傾向がある。そして、この減少分がどちらかというと脱原発側に多くまわっているようである。
　以上より、理系クラスでは他のクラスよりも「放射能」「汚染」といった原発リスクへの言及が多く見られるものの（図9−3）、そうしたリスクの認識が脱原発志向には直接つながっていないことがわかった（表9−2）。むしろ理系クラスでは脱原発に反発する傾向があった。原発リスクを強く認識しつつ、脱原発へといたらないのはなぜだろうか。その理由の1つは、次の回答に端的にあらわれているように、リスクをコントロールしうるものと見なしているからであろう。

表9-2 リスクへの言及と脱原発への賛否のクロス集計

		脱原発志向			合計
		脱原発	どちらとも	原発支持	
理系クラス	リスク言及なし	272 22.69%	379 31.61%	548 45.70%	1199 100.00%
	リスク言及あり	104 25.94%	108 26.93%	189 47.13%	401 100.00%
	合計	376 23.50%	487 30.44%	737 46.06%	1600 100.00%
理系以外	リスク言及なし	660 26.29%	1108 44.14%	742 29.56%	2510 100.00%
	リスク言及あり	194 32.01%	209 34.49%	203 33.50%	606 100.00%
	合計	854 27.41%	1317 42.27%	945 30.33%	3116 100.00%

理系クラス：$\chi^2 = 3.643$, df = 2, n.s. クラマーのV = 0.048
理系以外：$\chi^2 = 19.085$, df = 2, $p < 0.001$, クラマーのV = 0.078

- 地震や津波は天災であり仕方のないことだとも思う。しかし、原子力発電所での事故は事前に対処していれば防ぐことのできるものであり、どうして対策を考えていなかったのかと疑問に思う（福岡・女子・理系クラス）
- 発電所の事故はふせごうと思えばふせげた。完ぺきには無理でも被害を小さくすることはできた（東京・男子・理系クラス）
- 原子力発電所の事故は、きっかけは天災かもしれないけれど、一種の人災であると感じます（東京・女子・理系クラス）

5．ジェンダーや進路によるリスク評価の差はなぜ生じるのか

　本章では、震災・原発事故という未曽有の出来事を前にして、高校生がそれらをどのように意味付けたのか、そしてジェンダーや進路によって震災・原発への捉え方にどのような差があるのかについて、自由回答の計量テキス

ト分析によって探ってきた。
　はじめに、自由回答の共起ネットワークを示し、彼ら彼女らが震災・原発について多様な意味付けを行っていることを示した。震災・原発事故だけではなく、政府や東電、メディアに対する反応も存在し、多くの人が亡くなった悲しさや家族の大切さ、そして自然災害の強力さと人間の力の限界についても言及されていた。一方で、正直実感がないといった意見も存在した。
　次に、ジェンダーや進路の違いによる理由付け、ロジックの違いを明らかにすることで、なぜ女子や理系以外の高校生が脱原発志向をいだきやすいのかについて検討した。その結果、男子と女子では、震災・原発事故という同じ出来事を目にしても、そこから考え・感じたことが大きく異なることが明らかになった。女子はより身近な人間関係を想起しながら恐怖を感じる一方、男子は、社会の大きな仕組みについて考えようとするのである。このような傾向の差がリスク認知や脱原発志向のジェンダー差を生む原因になったと考えられる。
　こうした本章における結果は、T. J. ブロッカーと D. L. エックベルグが示した女性のケア役割についての解釈とも一致するだろう。すなわち、女性は子どもや家族を思いやり、介護するというケア役割の担い手として社会化されており、現に社会でケア役割を担うことが多い。ゆえに女性は環境保護意識が高いという解釈である。自由回答から示された女子の方が男子よりも身近な人間関係を想起しながら恐怖を感じる傾向があるというジェンダー差は、高校生という段階においてすでに、そうしたケア役割の内面化が進んでいることを示している。
　次に、進路の差については、理系クラスでは、「放射能」「汚染」「天災」「事故」といったリスクを認識しつつ、その上でリスクは人間にとってコントロール可能なものと見なす傾向があった。先行研究では、科学技術の専門家は、一般人に比べて科学技術リスクを低く見積もり、科学に未知の危険はなく、人間はコントロールできると考える傾向があることが示されている（小杉 2012：119-120）。逆にいえば一般人は、科学に未知な危険があり、人間にはコントロールできないと考える傾向にあると言えよう。本研究の結果

は、大学での教育を受けておらず、職業を通じての社会化もなされていない高校生という段階において、すでに理系クラスの生徒では、科学はリスクをコントロールできるものと認識していることを示す。そして、この科学観の違いが進路による脱原発志向の差を生んでいたといえよう。

　このように震災・原発事故という未曽有の出来事を前にしても、高校生の反応は一様でなく、異なったリスク意識が形成されていた。すなわち、現代高校生を脱原発へと向かわせたものは、悲劇を身近な他者に関連付けて考えるという態度であり、科学はコントロールが容易ではないという信念であった。他方で、原発支持へと向かわせたものは、身近な他者よりも大きな制度に思考をめぐらせる態度であり、科学はコントロール可能であるという信念であった。これらはすでに先行研究において解釈としては指摘されていたが、本章では、先行研究が示す解釈のなかで、震災後の高校生に当てはまるものとそうでないものとを、計量テキスト分析によって実証的に区別することができたといえよう。たとえば、専門家がリスクを小さく見積もるのは、年間死亡者数のような統計的確率から判断したり、科学はコントロール可能という信念を持つからという解釈が示唆されていた。しかし、統計的情報から判断するからという解釈については、理系クラスの高校生には当てはまらなかった。また原発への態度のジェンダー差については、これまで科学技術からの便益の少なさ、政治不信、ケア役割などから説明がなされてきたが、高校生という青少年期においてはケア役割の予期的社会化説が当てはまるといえよう。

　そして、ここで明らかになった結果は、成年期において原発へのリスク意識が形成されるプロセスを解明するための、重要な布石となりうるだろう。青少年期においてはジェンダー差はケア役割の内面化に起因する一方で、成年期以降は政治不信や科学技術からの便益といった要因によって差異化されていくことも考えられる。また、青少年期においてすでに確認された理系・文系による科学観の相違が、その後、彼ら彼女らが高等教育を受け、職業による社会化を経るなかで、さらに拡大し、原発へのリスク意識に影響を与えることも想定できる。これらの詳細なプロセスを検証・考察することは今後

の課題であるが、青少年期と成年期、双方の結果を考察することで、リスク意識の形成プロセスをより詳細に理解できるといえるだろう。

[注]
(本章の第1節および第5節を主に阪口が、それ以外を主に樋口が担当した。)
(1) ここで言う主題とは、テキスト中に繰り返し出現するパターンから明らかになるデータ中の主要な題目という、Stone (1997) の定義に準じるものである。
(2) 回答を引用した際の傍点による強調は、すべて筆者らによる。また、1つの回答全体ではなく、回答の1部を抜粋して引用している。
(3) 名義変数とは、値と値の間に、大小・高低・多寡のような序列を付けられない変数のことである。たとえば学歴や収入であれば、多いものから順に並べられるので名義変数ではないが、性別は名義変数である。
(4) 助詞・助動詞のように、どのような文章中にでもあらわれる一般的な語は分析から省いた。さらに、名義変数の値が変化すれば、出現割合が大きく変化するような語を機械的に選択した。具体的には50回以上出現していた160語をまず選択し、そのうち変化が比較的顕著な60語に絞って分析を行った。これは、あまりに多くの語を分析に用いると、布置図が語で黒く埋まってしまうためである。
(5) ここで分析に用いているのは、自由回答から機械的に取り出した語であるため、分析者の問題関心には関連しない語も含まれてしまう。よって、すべての語について解釈を行うことは現実的でないので、どの部分に分析者が注目したかを明示しつつ、部分的に解釈を行っている (樋口 2014：85)。
(6) 3節の対応分析の場合と同様に、分析に用いる語を機械的に選択した。

[文献]
Blocker, T. J. and Eckberg, D. L., 1997, "Gender and Environmentalism: Results from the 1993 General Social Survey" *Social Science Quarterly*, 78(4), 841-858.
Danowski, J. A., 1993, "Network analysis of message content" W. D. Richards Jr. & G. A. Barnett eds. *Progress in communication sciences IV Norwood, NJ: Ablex*, 197-221.
Finucane, M. L., P. Slovic, C. Mertz, J. Flynn, and T. A. Satterfield, 2000, "Gender, Race and Perceived Risk: the 'White Male' Effect", *Health, Risk & Society*, 2(2): 159

172.

樋口耕一，2014，『社会調査のための計量テキスト分析』ナカニシヤ出版．

岩井紀子・宍戸邦章，2013，「東日本大震災と福島第一原子力発電所の事故が災害リスクの認知および原子力政策への態度に与えた影響」『社会学評論』64(3)：420-438。

小杉素子，2012，「一般人と専門家の溝――専門家も真空にいるわけではない」中谷内一也編『リスクの社会心理学』有斐閣：113-130。

―――，2013，『電力中央研究所研究報告書――東日本大震災後の人々の科学技術に対する考え方の変化』．

Osgood, C.E., 1959, "The Representational Model and Relevant Research Methods" I. de S. Pool ed. *Trends in Content Analysis*, Urbana, IL: University of Illinois Press, 33-88.

Pons, P. and Latapy, M., 2005, "Computing Communities in Large Networks Using Random Walks," *ArXiv Physics E-prints*, http://arxiv.org/abs/physics/0512106.

阪口祐介，2014，「現代高校生における震災・原発リスクに関する意識の規定構造」第65回関西社会学会大会，於・富山大学，5月25日。

Slovic, P., B. Fischhoff, and S. Lichtenstein, 1979, "Rating the Risks", *Environment*, 21: 14-39.

Stone, P. J., 1997, "Thematic Text Analysis: New Agendas for Analyzing Text Content," C. W. Roberts ed. *Text Analysis for Social Sciences*, Mahwah, NJ: Lawrence Erlbaum, 35-54.

太郎丸博，1999，「自由回答の回答率と回答の長さ――調査法および回答者の社会的属性が及ぼす影響」川端亮編『非定型データのコーディング・システムとその利用』平成8年度～平成10年度科学研究費補助金研究成果報告書，大阪大学，139-155。

（コラム）調査票調査を深く理解するための基礎知識
―調査票の作成からデータの統計分析へ―

1. 調査票の作成の仕方

2. 平均値の差の検定、一元配置の分散分析

3. クロス集計表の分析

4. 因子分析

5. 重回帰分析

1. 調査票の作成の仕方

　実際に被調査者になって、調査票（質問紙）に記入したことのある人なら、調査票の作成なんて、誰でも簡単にできることだという感想を抱いてしまうに違いない。しかし調査票の作成には、それなりの技術が必要であり、調査票としての一定の基準を満たしていないと、正確な情報を収集することができない。そのような基準として、質問項目の分量、質問文と回答形式、質問項目の並べ方（配置）、プリテストの実施ということがある。

質問項目の分量

　調査票調査には、大別して、調査員が被調査者に面接・質問しながら調査票に記入していく他記式調査と、被調査者自身が調査票に記入していく自記式調査とがある。他記式調査の場合、面接時間を30～40分で想定しているから、その時間に完了する分量にしなければならない。したがって質問項目数の目安は、1問の分量によって異なってくることを考慮しても、大体30問前後となる。自記式調査の場合も、もちろん質問内容によって異なってくるが、記入時間の上限の目安として20分を想定することが多い。理想を言えば、10分から15分で記入できる調査票がのぞましい。高校生調査の質問項目の分量は、第1回調査、第2回調査、第3回調査で少しずつ異なるが、毎回12分から15分で記入できることをめざして作成してきた。

質問文と回答形式

　質問文を平明な文章で表現することが、調査票作成においてはもっとも重要である。被調査者が容易かつ誤解なく理解できる質問文にするために、避けるべき質問文として次のようなものがある。

(1) 曖昧な表現：たとえば「自然環境の保護について賛成ですか」という質問文では、「自然環境の保護」の意味が不明瞭であるため、賛成した人の意味内容を一義的に確定することができない。同様にして「まちづくりがうまく進んでいますか」という質問文では、「うまく進んでいる」と回答した人も、まちづくりのどの側面に注目して回答したのかわからないので、よい質問文とは言えない。

(2) 難しい言葉：たとえば「京都議定書に賛成ですか」という質問文は、「京都議定書」という言葉が難解であり、被調査者のどの程度の人が、正確に理解して回答したのかが疑問なので、よい質問文ではない。

(3) ダブルバーレル質問：ダブルバーレルの原義は、2つの銃をくっつけて、2発同時に発射できるようにした双胴銃のこと。質問文に2つ以上の項目（意味）が含まれた質問文のことである。たとえば「無業者に対する就労支援や経済援助に賛成ですか」という質問文に賛成と回答した人は、「就労支援」に賛成したのか、「経済援助」に賛成したのか、あるいは「就労支援および経済援助」に賛成したのかがわからないので、質問文としては失敗である。

(4) ステレオタイプ化した表現：多くの人々に固定化されたイメージのある言葉を質問文に用いるのはよくない。たとえば「国際貢献」「人道支援」という言葉にはプラスイメージがある。プラスイメージのある言葉については、回答者が肯定的な回答をする傾向があるので、質問文には使用しない方がよい。これに対してマイナスイメージのある言葉については、回答者が否定的な回答をする傾向があるので、こちらも質問文には使用しない方がよい。

また、以上のような難点を回避するためのみならず、過去の調査結果との比較を可能にするために同一の質問文を用いることがある。高校生調査では、3時点の比較ができるように同一の質問文を用いているところがかなりある。さらに言えば第2回調査（問19）、第3回調査（問22）で実施した政治的有効性感覚、権威主義についての質問項目は、すでに用いられている質問文を使用している。

回答形式には、自由回答（オープンアンサー）法と選択肢法とがある。自由回答法は、被調査者に文字通り自由に回答してもらうもので、第3回高校生調査の問17で、東日本大震災に対する気持ちを尋ねた質問がこれにあたる。本書の第9章では、この問17の回答をKHコーダーを用いて分析し、被調査者の回答の分類を試みている。選択肢法とは、あらかじめ調査者が選択肢を用意し、回答者はその選択肢を選ぶという回答形式である。いうまでもなく、調査票調査では多くの人数のデータを扱うので、圧倒的に選択肢法を用いることが多い。選択肢法によって得られたデータは数値化されているので、その後の処理も簡単である。

質問項目の並べ方（配置）

被調査者が調査に協力する意欲をもってもらうために、心理的ストレスのかからない質問項目を調査票の前半におき、答えづらい質問項目は後半におくというのが原則である。高校生調査では、第1回調査、第3回調査で、被調査者の学業成績を質問しているが、この質問項目は最後に配置されている。また前の質問項目の影響を受けて、後の質問項目の回答が変化することもあ

る。これをキャリーオーバー効果という。質問項目の並べ方（配置）については、これがもっともよいという絶対的な基準はないが、各質問項目の独立性を確保しながら、被調査者が前の質問項目から後の質問項目へと、回答しやすいように並べることが肝要である。

プリテストの実施
　調査票を作成したら、いきなり調査を実施するのではなく、プリテストを行った上で調査を実施するのが調査票調査の手続きにおける基本である。通常プリテストは、10名前後の人に協力してもらい、調査に要する時間を測定するとともに、回答しづらい質問文や選択肢のチェックを行うものである。プリテストの結果、調査に要する時間が想定した以上に長かった場合には、調査票を削減する。回答しづらい質問文や選択肢については修正する。第3回高校生調査のプリテストについては、大阪大学の学部のゼミに出席している学生10名に協力してもらった。

[文献]
安田三郎・原純輔、1982、『社会調査ハンドブック[第3版]』有斐閣。
盛山和夫、2004、『社会調査法入門』有斐閣。
轟亮・杉野勇編、2010、『入門・社会調査法』法律文化社。

（友枝敏雄）

2．平均値の差の検定、一元配置の分散分析

検定とは何か
　本書を含めて、統計をあつかった文章には「検定」や「有意」といった言葉が何度もあらわれる。この「検定」というのは、「統計的有意性検定」を短く書いたもので、その意味は決して難しくはない。簡単に書くと「検定」とは、得られた結果が「誤差の範囲」だったのか、そうでなかったのかを推測することである。
　たとえば高校生に10段階で自分の幸福度を尋ねたところ、男性の平均が6.1点、女性の平均が6.5点だったとする。この男女の差は「誤差の範囲」に過ぎず、男女の間には幸福度の差はないのか。それとも、はっきりした差が

（コラム）調査票調査を深く理解するための基礎知識

あったと言えるのか。検定によって、このどちらなのかを推測できる。検定の結果、差があったと言えそうな場合には、統計的に意味が有る差ということで、「有意」な差があったと書く。

検定による推測① 「母集団でも差はあったか？」

検定では「誤差の範囲」であったかどうかを推測するのだが、この推測の考え方には大きく分けて2種類がある。1つ目は、アンケートに答えてくれた人の回答をもとに、答えていない人まで含めた全体のことを推測しようという考え方である。答えていない人のことなど分かるはずがないと思うかもしれないが、ランダム・サンプリングを行えば推測が可能になる。

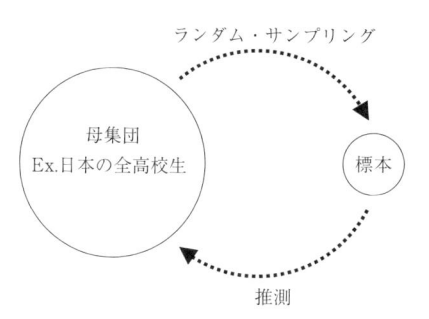

図-1 サンプリングと推測

ランダム・サンプリングとは、くじ引きの原理で回答者を選ぶことである。たとえ日本の全高校生について知りたい場合でも、全員に回答してもらうというのは、多くの場合は非現実的だろう。しかし、くじ引きで選んだ1000人に回答してもらうことなら十分可能である。このとき、調べようとした人たち全体のことを母集団と呼び、くじ引きで選んだ一部の人たちのことを標本と呼ぶ。

きちんとランダム・サンプリングを行うことで、標本に含める回答者が偏らないようにしていれば、標本の集計結果から母集団のことを推測できる。標本で見られた男女差が、ランダム・サンプリングによってたまたま生じたような「誤差の範囲」のものなのか。すなわち、母集団にはそうした男女差があったとは限らないのか。それとも母集団でも男女差があったと見なせるような「有意」な差なのか。検定によって、このどちらなのかを推測できる。

検定による推測② 「ランダムなできごとの結果か？」

それではランダム・サンプリングをしていなければ検定には意味がないのかというと、決してそうではない。標本から母集団を推測する以外にも、検定を使って、別の意味での推測を行うことができる（Bohrnstedt & Knoke 1988＝1990：104）。たとえば、回答の前日に偶然なにか幸福なできごとがあったかどうかといった、なんらかのランダムな過程によって、たまたま幸福度に男女差が生じたのか。この意味で「誤差の範囲」なのか。それとも男女の間に、幸福度に差をもたらすような、ランダムではない違いがあったのか。全数調査であっても、この意味での推測のために検定を行う場合がある。また本書における検定も、この意味での推測のために行われているものが多い。なお、どちらの考え方で検定を行う場合も、その手順や計算式は同一である。

以上のような検定の考え方は、平均値の差の検定だけでなく、本書に登場するほかの種類の検定にも同様にあてはまる。

平均値の差の検定

幸福度の平均に男女間で有意な差があるかどうかを推測するためには、F検定という方法を利用できる。この方法は分散分析（ANOVA：Analysis of Variance）とも呼ばれ、名前の通り、数値の分散に注目する方法である。幸福度の場合で考えれば、数値の分散とは、個々の回答者ごとの幸福度の回答のばらつき、ないしは回答の変動のことである。分散分析では（1）男性・女性といったグループ内の幸福度の回答のばらつきと、（2）グループ間の回答のばらつきとを計算する。（1）に比べて（2）が十分に大きければ、すなわちグループ間の幸福度のばらつきが十分に大きければ、検定の結果は有意となる。

（2）を（1）で割ったものがF値と呼ばれ（ここでは平均平方と呼ばれる値で割り算を行う）、F値の分布表と照らし合わせることで有意かどうかを判断する。検定の結果は、たとえば「誤差の範囲である確率は0.03である」といった形で、確率的に示される。社会科学分野の慣例として、通常はこの確率が0.05よりも小さければ「5％水準で有意（$p < .05$）」、0.01よりも小さければ「1％水準で有意（$p < .01$）」と呼ぶ。言葉をかえると、誤差の範囲である可能性が5％よりも小さければ、「有意」とみなして良いという慣例になっている。

ほかの種類の検定と同じようにF検定も、回答者数が5,000といった大きな数になると、かなり小さな差であっても「有意」という結果になりがちである。したがって回答者数が多い場合には、単に有意かどうかということだ

けでなく、平均値の差がどのくらいの大きさなのかを見ることも重要である。また、男女のようなグループ分けを行うことで、幸福度の変動をどれだけ説明できたかを示す値、イータ2乗を見ることも有効である。もしイータ2乗が0.15であれば、グループ分けによって幸福度の変動のうち15%を説明できたことが分かる。

　なお「男性」と「女性」のように、平均を比較したいグループの数が2つの場合には、F検定だけでなくt検定という方法も利用できる。F検定とt検定は、どちらを用いても同じ結果になる。またF検定のことを、一元配置の分散分析と呼ぶ場合もある。

分析事例

　本書第6章「性別役割分業意識の変容」の図6-5では、普通科A・普通科B・職業科という3グループ間で、平均値に有意な差があったどうかをF検定によって確認している。F値には有意であったこと（$p<0.01$であったこと）が併記してあり、2つの因子得点いずれについても、学校タイプごとの平均値に有意な差があったことがわかる。

[文献]

Bohrnstedt, G. W. & D. Knoke, 1988, *Statistics for Social Data Analysis* 2nd *ed.* Itasca, IL: F. E. Peacock Pub.（=1990、海野道郎・中村隆監訳『社会統計学——社会調査のためのデータ分析入門』ハーベスト社。）

土田昭司・山川栄樹、2011、『新・社会調査のためのデータ分析入門——実証科学への招待』有斐閣。

（樋口耕一）

3．クロス集計表の分析

クロス集計表の作成

　社会調査の主な目的は、社会現象に関する2つ以上の概念間の因果関係を経験的に探究することである。たとえば「女性の方が原発に否定的な意見が多い」という仮説について推論や説明を行った上で、「性別」と「原発への賛否」の関連性を確かめる。特に2つの離散変数のあいだの関連性を確認し

たいときに役立つのがクロス集計表である。離散変数とは、人やモノ、事象が持つ特性の種類や質に従って分類したもので、例として性別や人種、学歴などがあげられる。

　クロス集計表は以下の手順で作成する。仮説において原因にあたるものが独立変数、結果にあたるものが従属変数である。下記の表-1のように、独立変数の「性別」を行にして値ごとに、従属変数である「原発への賛否」の度数分布を示したものがクロス集計表である。このとき同時に、行の総数を100とした相対度数（行パーセント）を示すことが一般的である。下記の表-1において、男性と女性、それぞれにおいて原発支持・不支持の行パーセントを比べると、女性に比べて男性では原発支持の割合が高く、女性では原発不支持の割合が高いことがわかる。ここから「女性は男性よりも原発に否定的な意見が多い」と言えそうである。なお、行の合計の度数は行周辺数、列の合計の度数は列周辺度数という。右下の450という値は全体の標本数を示す。

表-1　性別と原発への賛否のクロス集計表（架空）

		原発への賛否		
		支持	不支持	計
性別	男性	100 40%	150 60%	250 100%
	女性	58 29%	142 71%	200 100%
計		158 35%	292 65%	450 100%

χ^2検定

　表-1のクロス集計表から「女性の方が原発に否定的な意見が多い」ことが読み取れた。しかし、この結果から母集団においても同じことが言えると結論づけることはできない。なぜなら、表-1のクロス集計表は標本についての結果であり、母集団において2つの変数が関連することが示されたわけではないからである。そこでχ^2検定という方法を用いて、標本の結果から母集団について2つの変数が関連しているか否かを確認する必要がある。

　χ^2検定の手順を説明しよう。ここでの関心は、母集団において「性別と原発への賛否という2つの変数に関連がある」という仮説を検定することで

ある。このとき「2つの変数に関連がある」ことを直接示すのではなく、「2つの変数に関連がない」という仮説を否定することで「2つの変数に関連がある」ことを示すという手順を踏む。「2つの変数に関連がない」という仮説を帰無仮説と呼び、「2つの変数に関連がある」という仮説を対立仮説と呼ぶ。母集団において「2つの変数に関連がない」という帰無仮説が正しいとしたとき、標本でみられるような結果が生じる可能性が非常に低ければ帰無仮説を誤りと判断し、対立仮説「2つの変数に関連がある」が正しいと判断するという流れになる。

- 帰無仮説「2変数に関連がない」→誤りと判断（帰無仮説の棄却）→対立仮説を採択
- 対立仮説「2変数に関連がある」

詳しく説明しよう。「2変数に関連がない」という帰無仮説が正しいとする。このときのクロス集計表は、表-2のように、独立変数の値ごとの行パーセントは周辺度数の行パーセントと同じになる。この状態を統計的独立と呼び、その際の各セルの値を期待度数と呼ぶ。i行j列の期待度数 F_{ij} は、i行周辺度数×j列周辺度数÷標本数Nで求めることができる。この統計的独立状態の期待度数から、標本のクロス集計表の度数がどの程度、ズレているかを示す指標が χ^2 値である。χ^2 値はすべてのセルについて、（セルの度数－期待度数）の2乗÷期待度数を合計することで求めることができる。表-1の χ^2 値は5.690である。

表-2 性別と原発への賛否のクロス集計表（期待度数、統計的独立の状態）

		原発への賛否		
		支持	不支持	計
性別	男性	88	162	250
		35%	65%	100%
	女性	70	130	200
		35%	65%	100%
	計	158	292	450
		35%	65%	100%

では、帰無仮説が正しく、母集団において2変数に関連がないとして、χ^2値5.9が起こる可能性はどのくらいだろうか。帰無仮説が正しいとして母集団から無作為に抽出された標本のクロス集計表から算出されるχ^2値は、χ^2分布という確率分布に従うことがわかっている。ゆえに、標本のクロス集計表から算出したχ^2値がとる確率を求めることができる。なお、χ^2分布は自由度によって分布の形が異なる。自由度は（行のカテゴリー数r−1）×（列のカテゴリー数c−1）で求められる。表−1のχ^2値は5.690、自由度1であり、帰無仮説が正しいとして、この値が起こりうる確率は0.017である。このとき確率が0.050（5％）より小さいと、そのようなズレはめったに起こらないので、「2変数に関連がない」とした帰無仮説を誤りと判断し、「2変数に関連がある」という対立仮説を採択する。もし、χ^2値の確率が5％以上であれば、それくらいのズレならばよく起こるので、「2変数に関連がある」とは言えないと判断する。

　このχ^2値を用いて2変数の関連度の強さを測る指標として、クラマーの連関係数（V）がある。この指標は「χ^2値÷χ^2の最大値」の平方根をとることで求められ、関連度が最大で1、最少で0になる。他にも関連度の強さを測る指標として、オッズ比や、変数が順序尺度の場合はグッドマンとクラスカルの順位相関係数などが存在する。

分析事例

　本書ではほとんどの章においてクロス集計表が示されている。その一つである性別と脱原発への賛否のクロス集計表を実際にみてみよう（第9章の表9−1）。表から、男子では原発支持が45.25％に対し、女子では26.77％であり、女子の方が20％も原発支持が少ないことがわかる。性別と脱原発への賛否に有意な関連性はみられるのだろうか。自由度2のχ^2分布においてχ^2値176.134が起こりうる確率は1％以下である（p＜0.001）。ここから「性別と脱原発への賛否は関連する」と判断する。

[文献]

Bohnstedt, G. W. and D. Knoke, 1988, *Statistics for Social Data Analysis, 2nd ed.*, （＝1990、海野道郎・中村隆監訳『社会統計学──社会調査のためのデータ分析入門』ハーベスト社。）

盛山和夫、2004、『統計学入門』放送大学教材。

（阪口祐介）

（コラム）調査票調査を深く理解するための基礎知識

4．因子分析

複数の変数をまとめる

　社会調査データを用いて仮説を検証するためには、仮説において示される概念を操作化し、観察可能な数値へと変換することが必要である。たとえば、〈生活満足度〉という概念を、「あなたは生活に満足していますか、（選択肢：1満足していない、2あまり満足していない、3まあ満足している、4満足している）」という質問によって操作化し、生活満足度（1～4）という変数を作成する。この数値（変数・測定値）によって分析の焦点となる概念を測定し、仮説を検証することが可能になるのである。

　このとき、1つの項目（質問）によってある1つの概念を測定することが比較的多いが、問題関心によっては複数の項目によって1つの概念を測定したり、多数の項目をまとめてより少数の概念を測定することもある。たとえば、「生活満足度」という概念を捉えるために、「仕事の満足度」「余暇の満足度」「人間関係の満足度」「家計に対する満足度」という4つの項目について尋ね、それらを1つの「生活満足度」にまとめるような場合である。このように複数の変数（量的変数）をまとめたい時によく用いられる方法として、主成分分析と因子分析があげられる。両者は「複数の変数をまとめる」という点では似ているが、その方法は異なる。主成分分析が各変数に重みを付けた上で合成得点を作成するのに対して、因子分析は各変数に共通して影響を与える潜在変数を作成する。以下では本書において多く用いられている因子分析について詳しく説明しよう。

因子分析とは何か

　因子分析とは、多数の観測変数を少数の因子にまとめる方法である。観測変数はその名の通り実際に観察される値であるが、因子自体は観測されない潜在的な変数である。「複数の観測変数の値の大小は、それらに共通する原因といえる共通因子（潜在変数）の値の大小によって説明される」という考えをもとに因子を作成する（足立 2006：75）。たとえば、前述の4つの満足感を1つにまとめる際は、4つの満足度の観測変数に影響する1つの生活満足度の共通因子があることを仮定した下記の図のモデルを立て、因子を作成する。

215

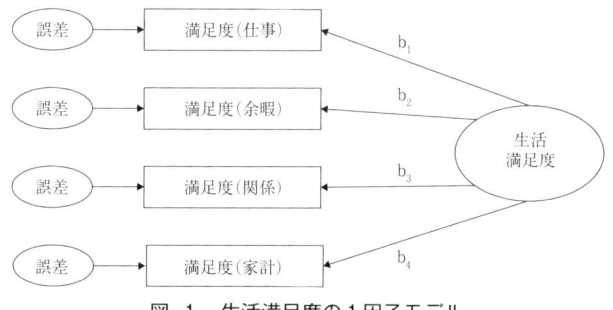

```
誤差 → 満足度(仕事)  b₁ ↖
誤差 → 満足度(余暇)  b₂ ← 生活
誤差 → 満足度(関係)  b₃ ←  満足度
誤差 → 満足度(家計)  b₄ ↙
```

図-1　生活満足度の1因子モデル

図-1は以下の数式で表される。それぞれの式は、観測変数を従属変数、因子を独立変数とした回帰分析である（切片は省略）。このb_1～b_4のパス係数は因子から各観測変数への効果の大きさであり、因子負荷量と呼ばれる。この値の大きさをみながら、作成された因子の概念について解釈することになる。たとえば、仕事や家計に対する満足度への因子負荷量が大きければ、その因子は物質的な側面に対する満足度を反映したものと解釈することができる。

満足感（仕事）＝ b_1×生活満足度＋誤差
満足感（余暇）＝ b_2×生活満足度＋誤差
満足感（関係）＝ b_3×生活満足度＋誤差
満足感（家計）＝ b_4×生活満足度＋誤差

因子は4つの観測変数に共通する原因なので共通因子と呼ばれ、これに対し誤差は独自因子と呼ばれる。共通性とは、回帰分析における決定係数のことであり、独立変数である因子によって観測変数がどの程度、説明されるかを示す指標である。共通性と独自性を足すと1になる。たとえば、「満足感（仕事）＝ b_1×生活満足度＋誤差」の回帰分析の決定係数が0.60であったとしよう。このとき、共通性は0.60であり、独自性は0.40になる。

上記の例では1因子を仮定していたが、2因子以上を仮定したモデルで因子分析を行うこともできる。2因子以上のモデルでは、因子からすべての観測変数にパス係数を引く探索的因子分析と、分析者の仮説をもとにパス係数を引く確証的因子分析のいずれかを選択する。本書において因子分析を用いた章ではどれも探索的因子分析を使用している。なお、因子数が2つ以上の探索的因子分析モデルは複数の解があり識別されないため、「回転」という手続きによって解にたどりつく方法をとる（足立 2006：107）。たとえば因

子間の相関を0とするバリマックス回転や、因子間の相関を仮定するプロマックス回転という手法が存在する。

分析事例

　高校生の価値観の変容について分析を行った第4章では、図-2で示される2因子モデルで探索的因子分析を行い、5つの質問項目から2つの価値志向因子を抽出している。表4-3の因子負荷量に注目しよう。これは2つの因子から各観測変数への効果を意味する。表から1つ目の因子は「高い地位」「高い収入」「競争に勝利」に強い効果を持っており、「社会経済的地位志向」と名付けられている。2つ目の因子は「趣味をもつ」「のんきに暮らす」に強い効果を持っており、「自己充足志向」と名付けられている。特に「趣味をもつ」への効果が強いので、「自己充足指向」は趣味の重視をより反映した価値志向であると解釈できる。

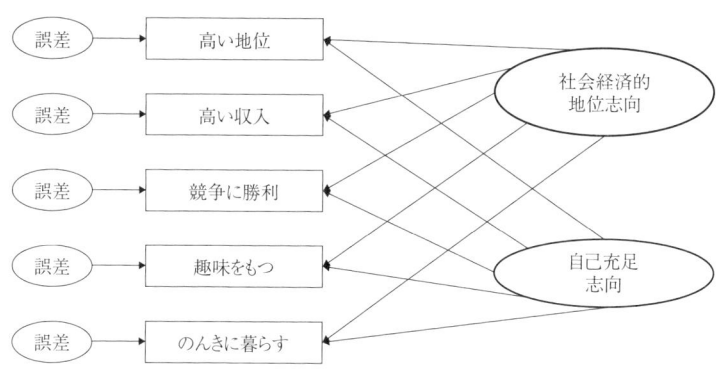

図-2　高校生の重視する価値観についての2因子モデル

[文献]
足立浩平、2006、『多変量データ解析法——心理・教育・社会系のための入門』ナカニシヤ出版。

（阪口祐介）

5．重回帰分析

　裕福な人ほど、さまざまな活動に積極的に取り組む傾向にあることが、各種の社会調査から明らかになっている。裕福であれば、さまざまな活動のための費用を支出しやすいので、これはもっともな結果である。しかし、図書館に行くというような、それほどお金のかからない文化的な活動の場合にはどうだろうか。やはり、裕福な人ほどよく図書館に行くのか、それとも裕福さは関係がないのか。この問いを例にして、本コラムでは相関係数と重回帰分析について解説する。

相関係数

　裕福な人ほど図書館によく行く傾向があるかどうかを調べるためには、相関係数（r）が役に立つ。2つの変数があって、一方の値が大きくなるほど、もう一方の値も大きくなる傾向があるならば、これら2変数の間に「正の相関がある」という。また一方が大きくなるほど、もう一方が小さくなる場合には「負の相関がある」という。2つの変数の相関係数（r）を計算すれば、正の相関がある場合は正（プラス）の値になるし、負の相関があれば負（マイナス）の値になる。相関係数（r）は-1から1までの値をとり、相関が強いほど1または-1に近い値となり、相関がまったく無い場合には0となる。

$r = 0.113$（$p<.01$，N=1821）

| 世帯年収 |　| 図書館に行く |

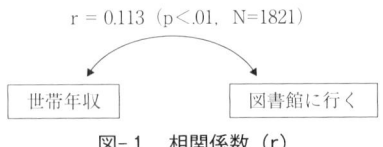

図-1　相関係数（r）

　さっそく「社会階層と社会移動」全国調査（SSM2005）のデータを使って相関係数を計算すると、結果は0.113となり、この相関係数は1％水準で有意であった（図1）。弱いながらも、正の相関があることが分かる。なお裕福さをあらわす変数としては世帯年収を用い、「図書館に行く」については「（1）ここ数年したことがない」から「（5）週に1回以上」までの5段階でたずねた設問を用いた。

　正の相関があったということは、裕福な人ほど図書館によく行くという結果である。図書館に行くのにかかる費用は、多くの場合は交通費くらいであろう。したがって図書館での読書は、貧富の分け隔てなしに楽しめる趣味で

あってもよいはずである。にもかかわらず、年収の高い人ほどよく図書館に行っているという、一見すると少し不思議な結果が得られた。

ただし、慌てて結論を出してはいけない。相関係数があらわすのは、あくまで片方の数値が大きくなるほど、もう片方も大きくなるという相関関係に過ぎない。これは、片方が原因となって、もう片方の数値に影響を及ぼすという因果関係ではない。多くの場合、統計分析が我々に教えてくれるのは相関関係があったかどうかということだけである。その背後にどんな因果関係があったのかは、我々自身で考えなければならない。

重回帰分析

それではこの場合には、どんな因果関係が考えられるだろうか。なぜ、世帯年収が高い人ほど図書館に行くという、一見すると少し不思議な相関関係が生じたのだろう。仮説として考えられるのは図2のような因果関係である。すなわち①学歴が高い人は、図書館の使い方や図書館の便利さを学んだことで、学校卒業後も図書館をよく利用するようになる。同時に②学歴の高い人は、収入の高い仕事に就いたり、収入の高い配偶者を得る場合が多いので、世帯年収が高くなる。この結果、学歴という共通の要因から影響を受けるため、直接の因果関係がないにもかかわらず、③図書館に行く頻度と世帯年収の間には見かけ上の相関関係が生じる。こうした見かけ上の相関関係のことを擬似相関と呼ぶ。

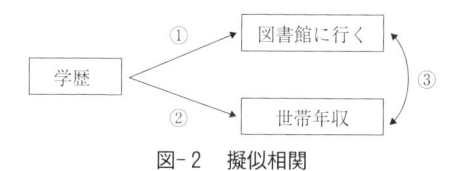

図-2 擬似相関

この仮説があてはまるかどうかを確かめるために役立つのが、重回帰分析である。というのも重回帰分析では、学歴が同じ人たちだけで計算しても、世帯年収と「図書館に行く」との間に相関があるのかどうかを確認できる。学歴が同じ人たちだけで計算するというのは、学歴の影響を取り除くということである。この操作によって、もしも世帯年収と「図書館に行く」の相関がなくなってしまうなら、本当は学歴による影響であったという因果関係（図2）が示唆される。

重回帰分析の結果を表1に示す。学歴をあらわす変数としては教育年数を用いた。標準化係数（β）というのが、「ほかの変数の影響を取り除いて計

表-1　「図書館に行く」の重回帰分析

	非標準化係数 B	se	標準化係数 (β)	t	有意確率
（定数）	-.085	.167		-.509	.611
世帯年収	.009	.006	.034	1.430	.153
教育年数	.156	.013	.275	11.706	.000

N = 1821、調整済み R2乗 = .081

算した相関係数」だと考えてよいだろう。表-1から、学歴の影響を取り除いた結果、世帯年収と「図書館に行く」との相関は0.034にまで縮小し、有意ではなくなったことが分かる。ここから、図-1において世帯年収と「図書館に行く」の間に相関があるように見えたのは、学歴の影響による擬似相関（図-2）であったと考えられる。裕福さと図書館に行くかどうかの間には、直接の関連はなかったようである。

より詳しく結果を読む

　表1では世帯年収と教育年数の2つしか投入していないが、3つ以上の変数を投入することももちろん可能である。例えば4つの変数を投入した場合には、「他の3つの変数の影響を取り除いて計算した相関係数」を得ることができる。

　標準化係数（β）は、相関係数のように-1から1までの範囲に調整（標準化）されているので、変数同士を比較するのに適している。例えば、世帯年収と「図書館に行く」の関連と、教育年数と「図書館に行く」の関連と、どちらが強かったのかといった比較に適している。一方で非標準化係数（B）を見れば、「教育年数」の値が1大きくなったときに、「図書館に行く」の値がどう変化するかを予測できる。表1の場合、教育年数の非標準化係数（B）は0.156なので、1年長く学校教育を受けると、「図書館に行く」の値が0.156大きくなると予測できる。

　最後にRの2乗は「決定係数」とも呼ばれ、「図書館に行く」という変数の分散・ばらつきを、投入した変数によってどの程度説明できたかをあらわしている。表1の場合には、世帯年収と教育年数によって、「図書館に行く」という変数のばらつきを8.1%説明できたことが分かる。

　なお「社会調査データベースSRDQ」（http://srdq.hus.osaka-u.ac.jp）では、SSM2005をはじめとする20種類以上の調査データを、ウェブページ上で誰で

もすぐに分析できる。もちろん図 1 や表 1 と同じ分析が行えるし、必要に応じて長松奈美江（2010）を参照しつつ何種類かの重回帰分析に挑戦することで、理解がいっそう深まるだろう。

［文献］
2005 年 SSM 調査研究会（代表：佐藤嘉倫）、2005、「『社会階層と社会移動』全国調査（SSM2005-J）」SRDQ 事務局編『SRDQ：質問紙法にもとづく社会調査データベース』(http://srdq.hus.osaka-u.ac.jp、2015 年 1 月 28 日)。
長松奈美江、2010、「重回帰分析」川端亮編『データアーカイブ SRDQ で学ぶ社会調査の計量分析』ミネルヴァ書房、61-78。

（樋口耕一）

あとがき

　第3回高校生調査の計量データを分析したものが、一冊の書籍になりました。

　第2回高校生調査を実施した2007年から5年たった2012年秋、第3回高校生調査を実施するとしたら、6年おきですから、「来年（2013年）に実施しなければならないなあ」と思案しておりました。第3回調査を実施する決断はなかなかつきませんでした。というのは、社会調査というものは、それ相応の時間と体力を要しますし、継続調査とはいえ、調査のデザインと計量分析のための仮説がしっかりしていないと、優れた研究にはならないからです。最終的に第3回調査を実施することを決断したのは、2回の調査でははっきりしない時点間の変化が、3回の調査になると3時点12年間の変化になるので、おそらく明確になるのではないかという、限りなく思い込みに近い確信が私に生まれたからです。

　しかしながら過去2回の調査票とほぼ同じ調査票を用いて、同じ地域で実施するだけでは、計量分析としてはさすがに面白くありません。そこで第3回調査に新機軸を加えることにしました。序章にも記しましたように、新機軸はつぎの2点です。

　第1は、福岡県、大阪府のみならず、東京都でも調査を実施し、より日本社会の縮図となるようなデータを収集したことです。東京調査の実施では、本書の執筆者である山田真茂留氏と久保田裕之氏、さらには早稲田大学の院生諸君（高橋かおりさん、酒井宏明君、川窪耕平君）が活躍してくれました。

　第2は、2011年3月11日に発生した東日本大震災をふまえて、リスクというものが高校生にどのように認識されているのかを明らかにしようとしたことです。この第2の新機軸は、本書の第8章、第9章の執筆者である阪口祐介氏と樋口耕一氏のアイディアによるものであり、調査票に適切な質問文を入れることができましたので、当初の予想を超えた優れた分析となりました。

優れた分析結果であることは、2014年5月25日の第65回関西社会学会大会（富山大学で開催）での阪口氏および樋口氏の研究発表が、関西社会学会奨励賞を受賞したことにも示されています。

また計量分析の論文を執筆することが初めてだった杉村健太君、多田隈翔一君、平松誠君が粘り強く精進してくれたことは、つくづく教師冥利につきると思います。

1冊の書籍にしてあらためて考えてみると、少々手前味噌となりますが、本書の意義は2つあるといってよいでしょう。第1は、高校生の意識を計量データの分析によって客観的に明らかにしたことです。しかも今回の計量分析は、1時点のデータではなく、3時点の12年間のデータにもとづく分析ですから、2時点のデータでも確定しがたい趨勢を明瞭に示したことです。本書前半のテーマである「規範への同調傾向」や「保守化の進行」は、2001年から2007年までの6年間にもみられたのですが、2013年データを加えることによって、2007年から2013年までの6年間にさらに強化されていることが明らかになりました。科学的な知見としての信憑性が一層強固なものになっているといえます。第2は、2013年調査の新機軸として震災・原発に関する高校生の意識を分析したので、これにもとづいて21世紀の日本における「科学技術（とりわけ原発）と社会のあり方」を考えるきっかけを提供できたことです。

評論的な書物やマスコミでよく語られる批判とはまったく違って、規範意識を高めつつ保守化への志向を強めている現代の高校生の姿を計量分析によって活写している本書は、若者研究に一石を投じるとともに、リスク社会ともいわれる日本社会の将来を展望することを可能にしているのではないかと考えています。

調査実施の過程では、小野田正利先生（大阪大学教授）には、調査に協力して頂ける高等学校の紹介で大変お世話になりました。御礼を申し上げます。

福岡県と大阪府で調査にご協力頂きました16の高校にはすべて、私が調査

の協力のお願いに上がりました。また第 3 回調査で初めて実施した新天地ともいうべき東京都の10の高校には、前述した久保田裕之氏がお願いの挨拶に行ってくれました。福岡県と大阪府では、さすがに第 2 回調査を実施した2007年から 6 年もたつと、ほとんどの高校で校長先生が交代しておられました。しかしながら福岡県の場合は 3 回目、大阪府の場合には 2 回目（正確に言うと 9 校のうち 8 校が第 2 回調査と同じ高校）ということで、快く調査に協力してもらえたことは本当に有難いことだと思いました。

調査の実施にあたり、日本学術振興会から交付された2013年度-2015年度科学研究費基盤研究（B）「リスク社会における若者の意識と将来社会の構想―第 3 回高校生調査の実施―」（研究代表者：友枝敏雄）を使用することができました。日本学術振興会に感謝申し上げます。

第 3 回高校生調査がスムーズに実施できたのは、やはり調査に協力して下さった高等学校の先生方および生徒の皆さんのおかげです。調査に協力して下さった皆さんに心より御礼を申し上げます。

本書の刊行にあたり大阪大学出版会の落合祥堯さんに大変お世話になりました。落合さんの適切なアドバイスにより、時宜にかなった学術書になったと思っております。心より感謝します。

　　　2015年 3 月
　　　　　　梅の太宰府天満宮を満喫しつつ

　　　　　　　　　　　　　　　　　　友枝　敏雄

［付録］　2013年高校生調査・調査票
　　福岡県・大阪府・東京都　基礎集計

高校生の生活と価値観に関する調査

大阪大学大学院　人間科学研究科
代表者　友　枝　敏　雄（大阪大学教授）
実　施　2013（平成25）年9月

お願い

このアンケートは、高校生であるみなさんが、現在どのような生活をし、将来をどのように展望しているかをお聞きするものです。

この調査は、みなさんひとりひとりがどのような人で、どのような考え方を持っているかを調べるものではありません。みなさんの回答をコンピューターに入れて総合的に集計・分析し、わが国の高校生にみられる全般的な傾向を明らかにすることが、この調査の目的です。

私たちの研究会は、この調査の結果をもとに、学校や社会のあり方など、高校生を取りまく状況が少しでもよくなる方法を、さまざまな人びとと一緒に考えていこうとしています。質問の中には、答えたくないようなものもあるかもしれません。しかし、そのような質問も、高校生を取りまく問題を正しくとらえるために、どうしても必要なものです。この点をご理解くださり、みなさんの率直な考えを教えていただきますよう、お願いいたします。

この調査は、回答者のプライバシーの保護にはじゅうぶん注意しています。記入が終わったアンケート用紙は封筒に入れて提出してもらいますので、高校の先生がみなさんの回答を見ることはありません。集計に際しては、封筒の順番をよくかき混ぜた上で開封します。ですから、どの封筒が誰のものなのかを調べることはできませんし、回答した内容があなたの学校やご家庭で問題になることは絶対にありません。安心して、ありのままの気持ちや意見を書いてください。

アンケートへの答え方

各質問に対して、あてはまる番号に○印をつけていってください。

回答例　質問：あなたは車が好きですか……1．は　い　　2．いいえ

問1から順番にすべての質問に答えていってください。ただ、一部、あなたの答えや性別によって、次に答える質問が変わる場合があります。その場合はアンケート用紙の指示にしたがって進んで下さい。

なお、選択肢の中で「その他」に○をつけた場合には、（　　）の中にその内容をできるだけくわしく書くようにしてください。

また、集計データ（学校全体の平均など）については、学校にお知らせすることもあります。

アンケートの提出について

記入を終えたアンケートは、いっしょに配られた封筒に入れ、のりづけした上で提出してください。封筒やアンケート用紙に、氏名やクラス名などを書く必要はありません。

集計者記入欄（ここには何も書かないでください）

問1　はじめに、あなた自身のことについて少しお聞きします。次の中から1つずつ選んで○印をつけてください。

a．あなたの性別	1．男　性　49.0　　2．女　性　50.9	無回答 0.1
b．いま所属しているクラス（理系か文系かなど）	1．理系クラス　　2．文系クラス　　3．就職クラス 　　36.1　　　　　　31.7　　　　　　6.7 4．まだ決まっていない　11.3 5．その他（具体的に　　　　　　　　）　13.0	無回答 1.1

問2　あなたは高校卒業後の進路をどのようにしたいと考えていますか。次の中から1つ選んで○印をつけてください。

```
1．大学の理科系学部に進学する       31.4
2．大学の文科系学部に進学する       27.4
3．短期大学に進学する              2.6
4．専門学校・各種学校に進学する      9.6
5．就職する                      13.4
6．これからの成績しだいで決める      5.4
7．まだ決めていない                8.5
8．その他（具体的に          ）    1.0
```

　　　無回答　　　　　　　　　　0.8

問3　あなたの友だちについて少しお聞きします。次の中から1つずつ選んで○印をつけてください。
　a．あなたには、友だちと呼べる人が何人くらいいますか。

1．1〜5人　4.8　　2．6〜10人　8.8　　3．11〜15人　9.4　　4．16〜20人　13.7 5．21〜50人　23.8　　6．51人以上　37.1　　7．特にいない　1.9	無回答 0.5

a-1．上の質問で「1」「2」「3」「4」「5」を選んだ人にお聞きします。それでは、その中で親友と呼べる友だちは何人くらいいますか。（　）内に数字を記入してください（「7．特にいない」を選んだ人は、bに進んでください）。

親友と呼べる友だち…（　　　　　）人くらい　平均5.87人（無回答　4.8）

b．（全員にお聞きします）友だちの中で、異性の友だち（恋人として交際している人を含む）は何人くらいいますか。

1．1〜5人　25.2　　2．6〜10人　15.9　　3．11〜15人　8.7　　4．16〜20人　7.7 5．21〜50人　9.3　　6．51人以上　7.5　　7．特にいない　23.8	無回答 2.1

問4 あなたはふだん、友だちやクラスメイトとどのようなつきあい方をしていますか。あてはまる番号を1つずつ選んで○印をつけてください。

	そうしている	どちらかといえばそうしている	どちらかといえばそうしていない	そうしていない	無回答
a．友だちとの関係は、わりとあっさりとしている	1　25.7	2　50.6	3　18.7	4　4.7	0.3
b．友だちと意見が異なっていても、態度や表情にあらわさないようにしている	1　19.1	2　42.1	3　29.7	4　8.9	0.2
c．クラスのリーダーとなって苦労するより、他の人にしたがう方だ	1　28.3	2　43.4	3　21.1	4　6.6	0.6
d．友だちには、自分の欠点や悩みを気づかれないようにしている	1　17.3	2　38.4	3　32.1	4　11.5	0.8
e．同じクラスの人が何か困っている時には、力になってやりたいと相談に乗ってあげる	1　27.1	2　50.9	3　17.0	4　4.6	0.4

問5 これまで「友だち」という言葉を用いていくつか質問してきましたが、あなたが考える「友だち」とはどのような人ですか。あてはまる番号に1つずつ○印をつけてください。

	あてはまる	ややあてはまる	あまりあてはまらない	あてはまらない	無回答
a．クラスメイト	1　25.9	2　41.0	3　21.3	4　11.6	0.3
b．日頃、自分が話をする人	1　66.5	2　27.5	3　3.7	4　2.0	0.4
c．携帯電話やインターネットでメールを交換する人	1　27.8	2　37.0	3　21.9	4　12.6	0.7
d．顔見知りの人	1　9.0	2　23.8	3　41.3	4　25.0	0.9
e．よくいっしょに遊ぶ人	1　81.9	2　14.4	3　2.1	4　1.2	0.4
f．悩み事を相談できる人	1　79.3	2　14.4	3　3.6	4　2.4	0.3

問6 学校の先生についてお聞きします。あなたの考えやおこないにもっとも近い番号を1つずつ選んで○印をつけてください。

	そう思う	どちらかといえばそう思う	どちらかといえばそう思わない	そう思わない	無回答
a．先生と意見が異なっていても、態度や表情にあらわさないようにしている	1　21.3	2　43.5	3　25.7	4　9.2	0.4
b．学校の先生とは、ふだん気軽に話ができる関係だ	1　13.7	2　36.0	3　34.0	4　15.8	0.5
c．一般的にいって、学校の先生には敬意をはらうべきだ	1　39.6	2　45.7	3　9.2	4　4.9	0.5
d．学校の先生とは、授業のとき以外にも、いろいろと話をしてみたい	1　18.4	2　33.0	3　31.2	4　16.9	0.5
e．自分は先生から期待されている	1　4.1	2　18.8	3　40.2	4　36.3	0.6

問7　学校の校則について、あなたはどのように考えていますか。あてはまる番号に1つずつ○印をつけてください。

	そう思う	どちらかといえばそう思う	どちらかといえばそう思わない	そう思わない	無回答
a．学校で集団生活をおくる以上、校則を守るのは当然のことだ	34.7	52.2	9.9	3.1	0.1
b．いまの学校の校則には不要なものが多い	32.9	28.3	27.0	11.5	0.3
c．納得できない校則がある場合、親しい先生にはそのことをうち明けたい	18.1	25.7	32.3	23.7	0.2
d．校内の風紀や秩序を保つため、ゆきとどいた校則指導をおこなうべきだ	10.5	38.4	34.4	16.5	0.1

問8　日頃の勉強について、あなたはどのように考えていますか。あてはまる番号に1つずつ○印をつけてください。

	そう思う	どちらかといえばそう思う	どちらかといえばそう思わない	そう思わない	無回答
a．近年の激しい受験競争は、生徒の人間性をゆがめている	16.6	30.9	37.2	15.0	0.3
b．学歴が高くないと、おとなになっていい仕事につけない	30.5	37.4	18.3	13.6	0.2
c．学校で学ぶことが、将来何の役に立つのかわからない	18.0	31.3	34.3	16.1	0.3
d．高い学歴を得るために、いっしょうけんめい努力すべきだ	29.5	44.6	18.5	7.1	0.3
e．できることなら、成績別のクラス編成にしてほしい	8.3	12.7	37.1	41.8	0.2
f．学校教育をゆとりあるものにするため、授業時間を減らすことに賛成である	19.1	24.8	37.1	18.6	0.3
g．すぐに役立たないにしても、勉強がわかること自体がおもしろい	22.9	40.2	26.4	10.3	0.2
h．学校にいるときよりも、学校の外での生活の方が楽しい	31.1	31.0	31.5	6.0	0.4

問9　社会のルールを守らないことをかっこいいと思うことがありますか。次の中から1つ選んで○印をつけてください。

1．よくある	2．たまにある	3．あまりない	4．ほとんどない	無回答
0.9	9.2	32.0	54.7	3.2

問10 あなたは**将来どのような職業**につきたいですか。次の中から**1つ**選んで○印をつけてください。

1．農業・林業・漁業	0.8
2．ブティックなど小売店の店主や店員、またはセールスマンなど販売に従事する職業	2.7
3．理容師や美容師、調理師、介護福祉士やスチュワーデスなどのサービスに従事する職業	6.8
4．自動車整備や電気工事、大工など技能的職業、あるいは工場で自動車や電気製品などを作る工程に関わる職業	8.7
5．運転手、船長、パイロットなど運輸に携わる職業、あるいは無線を用いて通信作業に従事する職業	1.0
6．会社の事務職（一般事務員、受付事務員、会計事務員など）	4.3
7．公務員の事務職	3.7
8．自衛官、警察官、消防員、ガードマンなどの保安や警備に関わる職業	1.9
9．議員、官公庁の課長以上、または経営者や重役などの管理的職業	2.2
10．医師、薬剤師、弁護士、研究者、税理士など	16.1
11．教師、記者、アナウンサー、プログラマー、技術者、作家、コピーライターなど	13.1
12．看護師、歯科衛生士、栄養士、カウンセラー、保育士、デザイナーなど	11.2
13．歌手やタレント、スポーツ選手など	3.8
14．その他（具体的に　　　　　　　　　　　　　　　　　　）	1.7
15．考えていない	8.8
16．わからない	10.9
無回答	2.1

問11 あなたにとって、次のようなことはどのくらい**重要**でしょうか。あてはまる番号に**1つずつ**○印をつけてください。

	重要である	やや重要である	あまり重要でない	重要でない	無回答
a．高い地位につくこと	1　17.4	2　43.2	3　32.1	4　7.2	0.1
b．高い収入を得ること	1　41.3	2　46.7	3　9.8	4　2.0	0.1
c．他人との競争に勝つこと	1　24.7	2　39.0	3　28.6	4　7.5	0.2
d．社会のためにつくすこと	1　34.8	2　43.5	3　16.2	4　5.2	0.3
e．その日その日を、のんきにクヨクヨしないで暮らすこと	1　35.8	2　43.8	3　16.2	4　3.9	0.2
f．仕事や家庭のほかに、打ち込める趣味を持つこと	1　61.0	2　32.1	3　5.6	4　1.2	0.1

問12　将来の職業生活について、あなたはどのように考えていますか。あてはまる番号に1つずつ〇印をつけてください。

	そう思う	どちらかといえばそう思う	どちらともいえない	どちらかといえばそう思わない	そう思わない	無回答
a．きまった職業にはつかず、フリーターで生活したい	1.1	1.8	6.3	14.7	76.0	0.1
b．遠い将来の目標のために、したいこともしないで生きるよりも、現在の欲求に忠実に生きるべきだ	11.1	20.6	31.6	22.3	14.2	0.2
c．一生の仕事になるものを、できるだけ早く見つけるべきだ	38.1	36.5	16.0	6.5	2.5	0.5
d．ひとつの会社にとらわれるより、その時々に有利な会社で働きたい	7.2	15.4	35.2	25.6	16.1	0.6
e．年齢に関係なく、仕事ができるかどうかで給料や地位（役職）が決まる会社で働きたい	28.6	32.3	27.1	7.6	3.9	0.3
f．仕事よりも、趣味や自分の生活を優先させたい	12.0	24.3	38.0	19.2	6.2	0.3
g．会社に勤めるよりも、自分で会社をつくったり店をもったりしたい	10.0	13.2	24.1	26.4	25.9	0.3
h．何を基準に進路を決めてよいか、わからない	21.1	22.5	23.8	14.4	17.8	0.4

問13　あなたは、次にあげることにどの程度満足していますか。あてはまる番号に1つずつ〇印をつけてください。

	満足している	どちらかといえば満足している	どちらかといえば満足していない	満足していない	無回答
a．現在の成績	2.9	18.1	39.2	39.7	0.1
b．校則など学校のきまり	12.5	33.8	31.0	22.4	0.2
c．学校の先生	13.7	45.6	26.9	13.2	0.6
d．学校での友人関係	35.5	47.9	12.0	4.3	0.4
e．あなたの生活全般	17.9	46.3	25.1	10.5	0.2
f．現在の日本社会	4.1	32.6	39.9	23.0	0.4

問14 あなたは、結婚したあとの生活をどのようにしたいと思いますか。結婚する前は何らかの定職についているという前提のもとで、お答えください。
  a. **女子のみお答えください**（男子はこの質問をとばして、bに進んでください）
     あなたは結婚しても仕事を続けるつもりですか。次の中から1つ選んで○印をつけてください。

女子用	1. できれば、結婚後もずっと仕事を続けたい	30.4
	2. 結婚したら仕事をやめ、ずっと家庭に入るつもりだ	3.6
	3. 子どもが生まれたら仕事をやめ、ずっと家庭に入るつもりだ	6.3
	4. 子どもが生まれたら仕事をやめ、子どもの成長後、また仕事をはじめるつもりだ	28.9
	5. その時になったら、考えるつもりだ	22.4
	6. 結婚するつもりはない	6.8
	7. その他（具体的に　　　　　　　　　　　　　　）	0.7
	無回答	0.9

  b. **男子のみお答えください**（女子はこの質問をとばして、問15に進んでください）
     あなたが結婚した場合、配偶者（妻）となった人には仕事を続けてもらいたいですか。次の中から1つ選んで○印をつけてください。

男子用	1. 結婚後もずっと仕事を続けてもかまわない	27.0
	2. 結婚したら仕事をやめ、ずっと家庭に入ってほしい	4.4
	3. 子どもが生まれたら仕事をやめ、ずっと家庭に入ってほしい	11.9
	4. 子どもが生まれたら仕事をやめ、子どもの成長後、また仕事をはじめてほしい	15.9
	5. その時になったら、考えるつもりだ	29.0
	6. 結婚するつもりはない	6.6
	7. その他（具体的に　　　　　　　　　　　　　　）	4.4
	無回答	0.8

問15 （全員にお聞きします）あなたは次にあげる意見をどう思いますか。あてはまる番号に1つずつ○印をつけてください。

	そう思う	どちらかといえばそう思う	どちらともいえない	どちらかといえばそう思わない	そう思わない	無回答
a. 男性は外で働き、女性は家庭を守るべきである	5.9	15.7	24.7	21.5	32.1	0.1
b. 男の子と女の子は、ちがった育て方をするべきである	10.3	21.7	26.8	17.9	23.1	0.2
c. 家事や育児には、男性よりも女性がむいている	10.6	26.9	28.5	15.2	18.6	0.2
d. 専業主婦という仕事は、社会的にたいへん意義あることだ	17.2	26.5	35.5	11.4	9.1	0.3
e. 結婚や出産を理由に、女性は仕事をやめるべきではない	13.8	17.3	39.9	16.1	12.7	0.2
f. 外で働く仕事の方が、家事や育児よりも大切な意味を持つ	3.0	6.5	40.1	25.6	24.6	0.2
g. 結婚しても必ずしも子どもをもつ必要はない	25.5	24.3	26.2	14.7	9.0	0.3
h. デートは男性から女性を誘うべきだ	15.4	21.2	37.6	9.8	15.8	0.1
i. デート代は男性が支払うべきだ	12.7	19.0	32.1	12.9	23.1	0.1

問16 次のような日常のできごとに、あなたはどのような感じをもちますか。あてはまる番号に1つずつ○印をつけてください。

	抵抗を感じる	やや抵抗を感じる	あまり抵抗を感じない	抵抗を感じない	無回答
a．電車やレストランの席などで、女性が化粧をする	1 42.8	2 34.0	3 17.8	4 5.3	0.2
b．電車やお店の入り口付近の地べたに座る	1 70.7	2 21.4	3 6.1	4 1.8	0.2
c．電車やバスの車内で、携帯電話やスマートフォンを使って話しこむ	1 50.0	2 34.2	3 11.7	4 3.9	0.2
d．エレベーターや電車のドアなどで、降りる人を待たずに乗りこむ	1 71.1	2 24.7	3 3.2	4 0.8	0.3
e．年上の人に対してタメ口で話す	1 50.3	2 35.1	3 11.5	4 2.9	0.2
f．他人のプライバシーに首を突っこむ	1 53.3	2 38.2	3 7.2	4 1.1	0.2
g．友だち仲間の都合よりも、自分の都合を優先させる	1 43.0	2 41.8	3 12.4	4 2.6	0.2

問17 2011年3月11日に発生した東日本大震災では、東北地方で大きな地震と津波がありました。そして福島県で原子力発電所の事故がおきました。あなたはこの東日本大震災について、どのようなことを感じたり、考えたりしていますか。何でもご自由にお答えください。

記述あり　79.7
記述なし　20.3

問18 あなたは次のことについて、どのくらい関心がありますか。あてはまる番号に1つずつ○印をつけてください。

	関心がある	どちらかといえば関心がある	どちらかといえば関心がない	どちらともいえない	関心がない	無回答
a．ブランド品（ヴィトン・エルメスなど）のこと	1 11.4	2 19.4	3 15.4	4 21.4	5 32.2	0.2
b．「おしゃれ」（ファッション誌など）のこと	1 28.0	2 29.0	3 14.2	4 12.3	5 16.2	0.2

問19 あなたは次のことを、どのくらいの頻度でしていますか。あてはまる番号に1つずつ○印をつけてください。

	よくする	ときどきする	あまりしない	全くしない	無回答
a．電車やバスの車内で、携帯電話やスマートフォンを使って話しこむ	1 3.2	2 8.7	3 26.7	4 61.1	0.3
b．年上の人に対してタメ口で話す	1 4.0	2 25.0	3 38.4	4 32.4	0.3
c．友だち仲間の都合よりも、自分の都合を優先させる	1 3.7	2 30.6	3 52.7	4 12.7	0.3

問20 あなたは次にあげる意見に賛成ですか、それとも反対ですか。あてはまる番号に1つずつ○印をつけてください。

	賛成	やや賛成	どちらともいえない	やや反対	反対	無回答
a．学者が言っていることの多くは、現実的ではなく、社会問題の解決にはあまり役に立たない	1 5.1	2 16.1	3 54.0	4 17.7	5 4.6	2.5
b．政治家や官僚の中には、ワイロをもらうなど、自分の地位を悪用している人が多い	1 22.0	2 29.2	3 28.3	4 6.2	5 11.7	2.6
c．われわれが生活をあまり変えなくても、科学が環境問題を解決してくれるだろう	1 2.6	2 7.4	3 27.0	4 34.4	5 26.0	2.6
d．地球環境の悪化を防ぐためならば、生活が不便になってもかまわない	1 6.5	2 20.5	3 36.8	4 22.5	5 10.9	2.7
e．今後、国内の原子力発電所はすべて廃止すべきである	1 12.4	2 11.8	3 39.7	4 18.0	5 15.6	2.6
f．福祉サービスを充実させるために、税金を上げることもやむをえない	1 12.3	2 27.0	3 32.2	4 16.8	5 9.1	2.7
g．日本で働きたい外国人のために、政府はもっと工夫をするべきだ	1 25.3	2 34.8	3 27.7	4 5.6	5 4.0	2.7
h．太平洋戦争や植民地支配のことで、日本は被害を与えた国々に謝罪すべきである	1 14.3	2 18.9	3 41.5	4 10.2	5 12.3	2.7
i．国のために、自分のやりたいことが制限されてもかまわない	1 2.2	2 6.0	3 27.2	4 31.4	5 30.4	2.8
j．日本の文化や伝統は、他の国よりも優れている	1 20.6	2 28.8	3 39.9	4 4.8	5 3.3	2.7
k．特別な行事の時には、国歌を歌ったり、国旗をあげるべきだ	1 14.7	2 19.1	3 45.3	4 10.7	5 7.6	2.6
l．しきたりや慣習には時代遅れになっているものも多いから、意味がないものはとりやめていくべきだ	1 9.2	2 13.0	3 37.8	4 22.0	5 15.5	2.5

問21　あなたは次のようなリスクが、どの程度あると思いますか。あてはまる番号に**1つずつ**○印をつけてください。

	非常に大きい	ある程度大きい	それほど大きくない	ほとんどない	無回答
a．将来、震災によって、あなたが深刻な被害を受けるリスク	1 34.9	2 50.3	3 12.0	4 2.2	0.6
b．将来、原発事故によって、あなたが深刻な被害を受けるリスク	1 21.0	2 43.0	3 29.0	4 6.3	0.7
c．将来、あなたが学校を卒業した後、正社員としての安定した仕事につけないリスク	1 27.6	2 50.4	3 17.5	4 3.6	0.8

問22　あなたは次のような考え方について、どう思いますか。あてはまる番号に**1つずつ**○印をつけてください。

	そう思う	どちらかといえばそう思う	どちらともいえない	どちらかといえばそう思わない	そう思わない	無回答
a．政治のことは難しすぎて自分にはとても理解できない	1 19.0	2 34.1	3 19.0	4 18.1	5 7.0	2.6
b．政治のことはやりたい人にまかせておけばよい	1 9.9	2 15.9	3 24.6	4 26.0	5 20.9	2.7
c．国民の意見や希望は、国の政治にはほとんど反映されていない	1 22.8	2 34.9	3 28.6	4 8.8	5 2.2	2.8
d．権威ある人々にはつねに敬意をはわらなければならない	1 8.0	2 21.8	3 34.1	4 20.4	5 12.9	2.9
e．以前からなされてきたやり方を守ることが、最上の結果を生む	1 4.2	2 9.5	3 39.0	4 25.5	5 19.0	2.9
f．伝統や慣習にしたがったやり方に疑問を持つ人は、結局問題をひきおこすことになる	1 4.8	2 11.9	3 47.1	4 21.5	5 11.8	2.9
g．この複雑な世の中で何をなすべきか知る一番よい方法は、指導者や専門家に頼ることである	1 4.4	2 13.0	3 38.9	4 24.3	5 16.4	3.0

問23　あなたには兄弟姉妹がいますか。あてはまる番号**すべて**に○印をつけ、その人数を記入してください。

1．兄（　　人） 0人71.0、1人22.5、2人3.2、3人0.2、4人0.1	2．姉（　　人） 0人71.2、1人22.5、2人3.0、3人0.3	無回答 3.0
3．弟（　　人） 0人68.7、1人24.5、2人3.4、3人0.4、4人0.0	4．妹（　　人） 0人68.5、1人25.4、2人2.9、3人0.1	
5．子どもは自分ひとりだけである　13.2		

問24　あなたのご家庭には次のものがありますか。あてはまる番号**すべて**に○印をつけてください。どれもない場合は「9．どれもない」に○印をつけてください。

1．文学作品（夏目漱石、芥川龍之介など）55.9　2．インターネット接続回線　87.8 3．自分のパソコン　26.9　4．自分のスマートフォン　76.1　5．自分のパスポート　45.6 6．タブレット端末（iPad、Nexus7、Xperia Tabletなど）30.7　9．どれもない　1.0	無回答 0.8

問25　あなたのご家庭には本が何冊くらいありますか。雑誌、マンガ、教科書や参考書は含めずに、あてはまる番号に○印をつけてください。

1．0～10冊　17.5	2．11～25冊　19.5	3．26～100冊　31.7	無回答
4．101～200冊　13.8	5．201～500冊　10.7	6．501冊以上　4.9	1.9

問26　あなたご自身のことについてお聞きします。あてはまる番号に1つずつ○印をつけてください。

	非常に あてはまる	やや あてはまる	あまり あてはまらない	全く あてはまらない	無回答
a．友人といるより1人でいる方が落ち着く	1 12.4	2 52.1	3 29.7	4 4.9	0.8
b．浅く広くより、1人の友人との深いつきあいの方を大切にしている	1 22.4	2 44.2	3 28.6	4 4.0	0.9
c．少数の友人より、多方面の友人といろいろ交流する方だ	1 12.7	2 30.7	3 45.6	4 10.1	0.8
d．いろいろな友人とのつきあいがあり、それぞれ話す内容は違う	1 34.8	2 51.0	3 11.6	4 1.7	0.9
e．自分の気持ちや考えを、言葉や態度で示すようにしている	1 19.7	2 48.8	3 27.5	4 3.2	0.9
f．目の前で相手に泣かれると、正直言って、うっとおしく感じる方だ	1 13.7	2 24.5	3 41.0	4 19.9	1.0
g．友人には欠点や間違いを指摘できる	1 18.0	2 46.3	3 29.6	4 5.2	1.0
h．親友でも本当に信用することはできない	1 10.9	2 25.2	3 39.7	4 23.1	1.1
i．東日本大震災をきっかけに、価値観やモノの考え方が大きく変わった	1 10.7	2 34.6	3 37.6	4 16.2	1.0
j．東日本大震災をきっかけに、身近な人と話をする機会（電話やメールを含む）が増えた	1 4.9	2 14.1	3 47.1	4 32.9	1.0

問27　最後に、あなたの学校での成績と部活動についてお聞きします。あてはまる番号に1つずつ○印をつけてください。体育系の部活動と文化系の部活動の両方に入っている人は、一番力を入れている部活動に○印をつけてください。

a．学校での成績（同学年の中での成績）	1．上の方　　　　　　11.1 2．中の上くらい　　　32.8 3．中の下くらい　　　30.0 4．下の方　　　　　　22.8	無回答 3.2
b．あなたの部活動 　部活動をかわったり途中でやめた人は、現在の状況についてお答えください	1．体育系の部活動に入っている　　40.1 2．文化系の部活動に入っている　　28.3 3．部活動には入っていない　　　　29.0	無回答 2.6

質問は以上です、ご協力ありがとうございました。
配布された封筒に入れて、提出してください。

索　引

【あ行】

愛国主義　176-178
アイデンティティ　29,57,70,104
青木聡子　182,183
浅野智彦　13,30,33,58,70,75,79
アスピレーション　16,84
新しい保守意識　102,123,140
荒牧草平　85
イクメン　127,128
一元配置の分散分析　208,211
逸脱への憧れ　8,14,15,17-25,28,31,33,
　102
1.5次関係　73
イングルハート　78
因子得点　47,83,124,125,138,140,141,
　211
――負荷量　44,45,65,83,96,100,124,
　137,216,217
――分析　8,44,45,50,53,64,82,100,105,
　137,138,215,217
失われた10年　1
失われた20年　9,78,95
SSM調査（社会階層と社会移動全国調査）
　78,80,96
F検定　210,211
大内裕和　34
大多和直樹　16,30
尾嶋史章　13,17,28

【か行】

外交に関する世論調査　107
階層志向性　78
貝塚茂樹　34
χ^2検定　155-157,212
χ^2分布　214
科学技術リスク認知　169,187
格差是正意識　176-178
確証的因子分析　124,216
学校外相対充実　8,45-50,53
学校タイプ　7-9,11,14,16,17,22-28,31,
　40,42,43,45,46,49,56,80,83-89,91-94,
　96,101,106,107,115,121,122,125,138-
　140,142,144,151,153,155,157-162,164,
　167,170,174,176,178,179,181,182,189,
　192,196,211
亀山俊朗　150
環境リスク認知　169
擬似相関　219,220
ギデンズ　29
規範意識　3,6,8,9,13-18,22,25,28,30,
　31,33-37,39,40,42-53,56,60,61,65,71,
　74,102,169
――――の規定要因　8,36,43,44,47,52
規範への同調性　8,9,14,15,20-22,25,28-
　31,35-37,40,42-44,46-53,55,56
帰無仮説　213,214
木村好美　13,15,28,29,31,35,36,44,47,
　51,145
客観的リスク　143,147-151,153,157,160,
　163
凶悪犯罪　13-15
教育達成　16,84,89,93
共起ネットワーク　189,190,200
教師・校則満足度　8,45-50,52
共同体意識　34

金の卵　80,95,96
グラノヴェッター　59
クラマーのV　55,56,132,189,199,214
グローバル化　10,107,117,122,125
クロス集計（集計表）　131,135,136,178,183,189,194,198,199,211-214
クロンバックのα　31,111,113
ケア役割（の内面化）　11,169,182,187,200,201
計量テキスト分析　11,188,189,201
KHコーダー　189,198,207
結合型　59,60,67
決定係数　216,220
欠乏仮説と社会化仮説　78
権威主義　6,10,31,44,45,47-49,51-53,108-110,113-115,117-123,125,207
原発（原子力発電所）　4,11,12,124,166-172,174,176-183,186-189,191-201,211,212,214
――事故　11,12,166,167,169-172,174,180,182,186-189,191,192,195,197,199-201
――支持　11,168,170-172,174,176-178,180-182,188,192-195,201,212,214
――リスク（認知）　11,166-174,178-183,187,188,198,203
公共の場における規範意識　8,45,47-51,53
公重視因子　105-107,112,114,115,121,122,125,140
校則意識　8,14,15,17,18,20-22,25-28,31,33,43,46,53
合理的選択　52,102
国際化志向因子　105-107,125,140
国民生活に関する世論調査　77,80,96
心の豊かさ　77,83,96
個人化　117,123,124
個人主義　14,117

小杉礼子　79,147,168,188
国家主義　176-178
国歌・国旗　103,104,112
固定化仮説　138
コミュニケーション稀薄化論　59,60,63,67-70,73,75
雇用不安　2,10,135,142,143
コントロール可能　12,168,182,200,201

【さ行】

阪口祐介　151,169,183,184,214
サンプリング　183,209
ジェンダー（差、関係）　3,6,11,12,138,142,144,145,167-170,174,178,181-183,187,188,199-201
自記式（調査）　3,5,206
自己決定　93,117
自己充足志向　9,83,86-89,92,96,217
自己責任（論）　117
静かなる革命　78,91
失業リスク認知　150,151
自民族中心主義　176-178
社会関係資本（論）　59,60,67
社会経済的地位（志向）　9,80,82,83,85-96,217
社会調査データベースSRDQ　220
社会的なるもの　117,123
重回帰分析　8,43,44,47,49,52,110,113,115,119,120,125,140,141,143,144,178,180,218-221
自由回答（オープンアンサー）（データ、法、型、項目）　11,187-189,192,193,196-200,202,207
集合調査法　5
集団主義と個人主義　14
主観的リスク（認知）　143,149-153,160,161,163
手段的合理性とコンサマトリー的価値観

238

索　引

14
順位相関係数　62,214
順序ロジスティック回帰分析　157,158
少子化　131,132
少年法改正　13
消費社会　10,140,142,144
消費文化への同調性　10,140,142,144
職業による社会化　168,201
所有財　6,118,119,121-123,140,153,158,163
震災リスク認知　171,178-180
鈴木譲　3,16,18,152
諏訪哲二　13,14
政治的有効性感覚　6,10,108-115,117-123,125,207
政治不信　11,176-178,182
成績　6,11,45,46,84,85,118,119,121-123,126,136,140,151,153,156-162,189,207
性別役割分業意識（規範）　6,10,127,128,133-135,137,138,140,142-144,211
絶対主義と相対主義　14
専業主婦（志望）　10,129,130,132-136,143,145
千石保　13,14
戦後日本の政治空間　123
戦争責任　11,176-178,182
選択肢法　207
相関係数　31,53,56,62,83,214,218-220
蔵書数　6,45,47,118,119,121-123,140,142,153,158,164
ソーントン　58,59,72

【た 行】

対立仮説　213,214
高橋征仁　13,15,28,30,31,36,43,44,46,47
高松里江　150,160

他記式（調査）　206
ダグラスとウィルダフスキー　167
多項ロジスティック回帰分析　178,179,183
脱（反）原発（志向、支持）　11,166-171,174,176-183,186-188,192-201,214
脱物質主義　78,83,91
ダブルバーレル質問　207
ダミー変数　45,46,198
太郎丸博　79,95,147,150,162,165,189,203
団塊の世代　57
男女共同参画社会　128,142,144
地位達成　84,85,89,90,92-96
地位欲求不満説　16,22,31
中国との関係　107
調査票（質問紙）　206
強い紐帯　59,67
伝統志向因子　105-107,111,112,114,115,117-119,121-123,140
土井隆義　29
道徳の教科化　13,34-36,51,52
友枝敏雄　3,53,78,102,104,105,121,122,125,140,167,168,181,208
トラッキング　84,122

【な 行】

内容分析　190
中村高康　163
中山茂　170
ナショナリズム　102,118,123
2001年調査（福岡データ）　3,7,36,81,102,103,105,108,126,140
2007年調査（福岡・大阪データ）　3,7,10,12,31,36,61,81,102-105,108,110,111,113,114,123,126,130,140
2013年調査（福岡・大阪・東京データ）　4,5,7,10,31,51,61,64,102,104,105,108,

239

110,111,113,114,118-123,126,140,143,153
日常生活場面における規範意識　6,8,30,33,35-37,43,44,51,53,102
人間関係における規範意識　8,45,47,49-51,53
ネオリベラリズム　117

【は行】

芳賀学　73
橋渡し型　59,60,67
パットナム　59
バブル経済崩壊　1,78
林 拓也　95
犯罪リスク認知　151
東日本大震災　1,4,6,11,104,171,180,186,187,189,195,207
非正規雇用（リスク）　10,11,79,80,95,104,117,124,143,147-153,155-165
─────リスク認知　10,11,145,151-153,155-162
ひとり　66,67,69-71,74,75
非標準化係数（B）、非標準化偏回帰係数　115,123,125,220
標準化係数（β）、標準化偏回帰係数（β）　141,219,220
平等志向　131,138,139,144
広さ重視　66-72,74-76
深さ重視　66-71,74,75
「広さ重視」と「深さ重視」の両立　60,66-72,74-76
福岡・大阪2時点統合データ　7,12,18,21,61,64,75
福岡3時点統合データ　7,8,15,17,22,35,37,80,124,134,142
物質主義　78,82,83,91
フラートンとワレス　150
フリーター　79,150,163

プリテスト　206,208
ブロッカーとエックベルグ　169,200
平均値の差の検定　208,210
平成24年度学校基本調査報告書　4,5
ベック　29,168
ヘブディジ　58
偏差値得点　83,86,96,124
母集団　124,209,210,212-214
保守化　3,10,102-104,107,108,110,112,122,125,128,140,142,144,181,185
堀有喜衣　79,93
本田由紀　79,147,150-152,161,163

【ま行】

マイルズ　58,59,72
前田雅英　13,14
耳塚寛明　16,31,85
無業者　79,80,163,207
物の豊かさ　9,77,78,80,82,83,91,94-96
森康司　128,140

【や行】

山田昌弘　131,132
友人満足度　8,45-50,52,53,74
予期的社会化　169,182,201
米川英樹　85
弱い紐帯（の強さ）　59,67

【ら行】

ライフコースイメージ　130,132-137,143,145
ランダム・サンプリング　209,210
ランダムウォーク　190
リーマンショック　1,104
離散変数　211,212
リスク　1,2,4,6,9-11,29,94,95,131,132,135,136,140,142,143,145,147-153,155-163,166-172,174,176,178-183,186-188,

197-203
────認知（意識）　6,10,11,143,148-153,155-171,174,176,178-182,186-188,200,202
流動化仮説　138
労働市場　79,80,92,93,95,96,148,150
労働力調査　148

【わ行】

ワーキング・プア　117
若者の交友圏　59,60
────モラル崩壊　33-35
輪切り選抜　16

執筆者紹介

(編著者)
友枝敏雄(ともえだとしお)［序章、第5章、コラム］
1951年　熊本県熊本市生まれ
現在：大阪大学大学院人間科学研究科教授
主要業績：『モダンの終焉と秩序形成』、有斐閣、1998年
　　　　　『言説分析の可能性』(共編著)、東信堂、2006年
　　　　　『Do！ソシオロジー　改訂版』(共編著)、有斐閣、2013年
　　　　　『グローバリゼーションと社会学』(共編著)、ミネルヴァ書房、2013年

(執筆者、執筆順)
平野孝典(ひらのたかのり)［第1章］
1985年　岡山県岡山市生まれ
現在：京都女子大学現代社会学部非常勤講師
主要業績：「暴力を抑制する構造的条件――殺人率の計量分析から」『年報人間科学』第32巻、大阪大学大学院人間科学研究科社会学・人間学・人類学研究室、2011年
　　　　　「社会的統合が自殺観に与える影響」『フォーラム現代社会学』第12巻、関西社会学会、2013年

杉村健太(すぎむらけんた)［第2章］
1989年　北海道札幌市生まれ
現在：大阪大学大学院人間科学研究科博士前期課程修了
主要業績：「高校生の規範意識と同調行動」、大阪大学大学院人間科学研究科修士論文、2015年

小藪明生［第3章］
1972年　埼玉県所沢市生まれ
現在：早稲田大学文学学術院助教
主要業績：「社会理論としてのパットナムの社会関係資本論について」『社会学年誌』第50号、早稲田社会学会、2009年
「文化的雑食性の実相——ハイ＝ポピュラー間分節の稀薄化」（共著）『社会学評論』第63巻第4号、日本社会学会、2013年

山田真茂留［第3章］
1962年　東京都練馬区生まれ
現在：早稲田大学文学学術院教授
主要業績：『〈普通〉という希望』、青弓社、2009年
『非日常性の社会学』、学文社、2010年

多田隈 翔一［第4章］
1990年　福岡県大牟田市生まれ
現在：大阪大学大学院人間科学研究科博士前期課程修了
主要業績：「現代社会における価値観の変化——高校生の地位志向の趨勢と非正規雇用リスクに注目して」、大阪大学大学院人間科学研究科修士論文、2015年

森　康司［第6章］
1976年　長崎県長崎市生まれ
現在：久留米大学商学部非常勤講師
主要業績：「スポーツ実践とジェンダー観——大学生意識調査から」『人間科学共生社会学』第5号、九州大学大学院人間環境学研究院、2006年
「性別役割分業意識の復活」友枝敏雄編『現代の高校生は何を考えているか——意識調査の計量分析をとおして』、世界思想社、2009年

執筆者紹介

平松　誠（ひらまつ まこと）［第7章］
1991年　富山県下新川郡入善町生まれ
現在：大阪大学大学院人間科学研究科博士後期課程
主要業績：「都市化が社会関係に与える影響——ソーシャル・サポートに着目して」、大阪大学大学院人間科学研究科修士論文、2015年

久保田裕之（くぼた ひろゆき）［第7章］
1976年　群馬県桐生市生まれ
現在：日本大学文理学部社会学科准教授
主要業績：『他人と暮らす若者たち』、集英社、2009年
　　　　「若者の自立／自律と共同性の創造——シェアハウジング」牟田和恵編『家族を超える社会学——新たな生の基盤を求めて』、新曜社、2009年

阪口祐介（さかぐち ゆうすけ）［第8章、第9章、コラム］
1981年　大阪府八尾市生まれ
現在：桃山学院大学社会学部准教授
主要業績：「失業リスクの趨勢分析——非正規雇用拡大の影響と規定構造の変化に注目して」『ソシオロジ』170号、2011年
　　　　「犯罪リスク認知の規定構造の時点間比較分析——犯罪へのまなざしの過熱期と沈静化期」『犯罪社会学研究』38号、2013年

樋口耕一（ひぐち こういち）［第9章、コラム］
1978年　奈良県香芝市生まれ
現在：立命館大学産業社会学部准教授
主要業績：「情報化イノベーションの採用と富の有無——ウェブの普及過程における規定構造の変化から」『ソシオロジ』176号、2013年
　　　　『社会調査のための計量テキスト分析』、ナカニシヤ出版、2014年

大阪大学新世紀レクチャー

リスク社会を生きる若者たち
高校生の意識調査から

2015 年 4 月 10 日　初版第 1 刷発行　　　［検印廃止］
2017 年 3 月 31 日　初版第 3 刷発行

　編著者　友枝敏雄

　発行所　大阪大学出版会
　　　　　代 表 者　三成賢次

　　　〒565-0871　吹田市山田丘2-7
　　　　　　　　　大阪大学ウエストフロント
　　　TEL 06-6877-1614（直通）
　　　URL：http://www.osaka-up.or.jp

　印刷・製本　亜細亜印刷株式会社

Ⓒ Toshio TOMOEDA et al. 2015　　　　　Printed in Japan
ISBN 978-4-87259-500-0 C3036

Ⓡ〈日本複製権センター委託出版物〉
本書を無断で複写複製（コピー）することは、著作権法上の例外を除き、禁じられています。本書をコピーされる場合は、事前に日本複製権センター（JRRC）の許諾を受けてください。